LA DANSE DU SOLEIL

MICHEL SIBRA

LA DANSE DU SOLEIL

FAYARD

Le Prix du Quai des Orfèvres est décerné chaque année sur manuscrit anonyme, par un jury présidé par M. le Directeur de la Police judiciaire de la Préfecture de police, 36, quai des Orfèvres. Il est proclamé par M. le Préfet de police.

Novembre 1997

Certaines libertés concernant les règles de procédures, relevées par les membres du jury, sont les marques de la fiction.

Pour Elisabeth C.

Samedi 13 décembre

Il avait plu toute la nuit, une pluie glacée à ne pas mettre un rat dehors. La végétation dans le bois désert était figée par le froid. Des feuilles résistaient encore, refusant de faner ou d'abandonner leurs tiges, mais le prochain coup de vent allait les balayer sans pitié. Les oiseaux, trop accaparés à chercher des vers dans le sol détrempé, se taisaient. Ce bout de terre semblait sans vie, abandonné. Pourtant, des mains malhabiles avaient construit une hutte, ronde et haute de deux mètres, bien trop vaste pour un abri de chasse. Des planches, des branches, de la tôle composaient un bric-à-brac qui dénotait le peu de goût du constructeur. Un peuplier, connu pour le bruissement de ses feuilles en été, coiffait cette cahute bâtie autour du tronc. Ce matin, l'arbre respectait le silence transi de la nature.

Des volutes de fumée blanche, si légères qu'on aurait pu les confondre avec la brume matinale, perçaient le toit de l'édifice et s'évaporaient presque aussitôt. Des bûches humides devaient finir de se consumer à l'intérieur. Des lambeaux de tissu rouge, délavés par le temps et noués aux rameaux de l'arbre, flottaient comme les décorations d'un Noël païen. Une statuette en bois polychrome, pendue par le cou, était retenue par un bout de chanvre cloué dans l'écorce. Elle avait une figure sombre, un nez crochu, une crête de coq et un sexe humain dressé contre son ventre verdâtre. Le visiteur égaré aurait pu y reconnaître le signe d'une volonté malveillante ou le désir obscur de conjurer des forces noires. Ces éléments conféraient au lieu une ambiance malsaine.

La tenture damassée, empesée et rongée d'humidité qui obstruait l'unique ouverture s'agita comme au théâtre avant les trois coups. Une main rageuse l'écarta. Un dos rond, dissimulé sous une couverture rouge, apparut. Un individu quitta l'abri à reculons, tirant à lui un cadavre nu et peint. Des bandes jaunes et noires lui striaient les bras, la poitrine et les jambes comme la carcasse d'un zèbre. Mais il s'agissait de celle d'un homme. Sa tête ballottait au rythme des secousses et ses talons creusaient des rigoles dans le sol boueux. Il portait à l'emplacement du cœur une plaie profonde et des déchirures au-dessus des tétons. La pluie rosissait les blessures et délavait les peintures.

Tel un prédateur traînant sa proie, l'homme tirait le corps sous le couvert. Le mort semblait résister, ralentissant l'allure comme s'il cherchait à se fondre dans cette glaise couleur de tombe. Le tueur soufflait à chaque traction. Le plaid sur ses épaules virait au rouge sombre à mesure que l'eau gonflait les fibres. Dans un effort hargneux, il arracha le cadavre englué et le tira sur un sol affermi par les racines des grands arbres.

Le chemin restant à parcourir était un jeu d'enfant.
Il suffisait de suivre l'allée forestière dessinée par les
chaussures de randonneurs. L'homme connaissait ce
tracé par cœur. Marchant toujours à reculons, il ne
prenait même pas la peine de regarder derrière lui.

Le son familier d'un moteur de péniche remontant
la Seine lui annonça qu'il approchait du but. Il jeta un
coup d'œil par-dessus son épaule. Derrière les ramifications décharnées des arbres enracinés sur la berge
coulait le fleuve aux eaux tumultueuses.

Le tueur lâcha les poignets du mort et se redressa
en cambrant les reins. L'effort lui avait coûté. Il écarta
une branche. L'embarcation passait mollement devant
lui. Malgré la pluie, des chemises et des culottes pendaient à un fil et rappelaient que la vie était là, à
quelques brasses. Il aperçut le capitaine dans la timonerie aux vitres embuées. La chaleur supposée de la
cabine lui arracha un frisson. La pluie avait traversé
la couverture. Il agrippa le cadavre par ses longs cheveux noirs, poisseux de glaise, et le tira jusqu'à la
berge. Du pied, il le fit rouler dans l'eau. Une racine le
retint à moitié immergé. L'homme laissa échapper un
grognement de colère. Il allait devoir prendre des
risques pour dégager le corps. Mais les vagues, provo-
quées par le passage de la péniche, se brisèrent sur la
rive et libérèrent le cadavre qui surnagea quelques
mètres avant de sombrer.

L'individu, le cœur léger, rebroussa chemin. La tête
dans les épaules, voûté comme une vieille femme,
mais sautillant d'un air guilleret, il s'éloigna dans la
profondeur du bois.

Un corps mort ne coule jamais définitivement. Il remonte toujours à la surface, au moins une fois, pour narguer les vivants. Celui-là navigua sans hâte, entre deux eaux, durant une bonne heure. Il fit même quelques pirouettes macabres dans le tourbillon des crues hivernales avant de s'échouer dans une anse infecte. Des auréoles colorées de mazout stagnaient à la surface où flottaient toutes sortes d'objets imputrescibles : bouteilles en plastique, sacs-poubelle, baigneur borgne en Celluloïd... Les poissons, pris dans cette nasse, n'y survivaient pas. Asphyxiés, empoisonnés aussi sûrement qu'au mercure, ils crevaient en un clin d'œil, la gueule ouverte et le ventre en l'air. Dans ce cloaque, les petites fesses blafardes du cadavre paraissaient presque propres.

Des chaînes d'amarrage rouillées, parallèles à des rails de chemin de fer, s'enfonçaient dans le fleuve. Elles tractaient sur la terre ferme un bateau fantôme voué à la destruction. Les anneaux d'acier, tendus, vibrants, menaient à un treuil industriel que l'oxydation n'avait pas épargné. Son moteur Diesel eut un hoquet. Il émit un pet nauséabond et se tut. La péniche cessa de ramper sur le sol luisant de graisse.

L'homme qui régnait en maître sur ce monde infernal se nommait Gab Lucas. Il était déchireur de bateaux. Deux jours lui suffisaient pour désosser la carcasse d'un monstre de cent tonnes. Il attaquait d'abord les flancs avec un chalumeau au plasma liquide. Sous la pointe incandescente, une tôle d'un centimètre d'épaisseur fondait comme du beurre. Après le passage de ce Vulcain de banlieue, les péniches ressemblaient à des boîtes de conserve écrasées par le pied d'un géant. La répartition en tas des différents éléments prenait plus de temps.

L'univers de Gab Lucas était bruyant, chaotique et puant. Mais il s'y sentait chez lui et voulait que cela se sache. Un panneau à l'entrée mettait en garde les visiteurs. Si leur intention n'était pas de lui acheter de la ferraille, ils pouvaient aller se faire voir ailleurs. Cet environnement apocalyptique et l'affection d'une chienne bâtarde, surnommée La Glue, suffisaient à son bonheur.

Ce matin-là, droit dans ses bottes en caoutchouc et dans sa salopette de mécano raide de crasse, une casquette de base-ball des Redskins de Washington enfoncée jusqu'aux yeux, le ferrailleur se moquait pas mal de la pluie. Il jubilait à l'avance. Déchirer des embarcations était sa passion. Il y puisait une satisfaction sensuelle qui lui rappelait ses lointains orgasmes, compensant ainsi une vie sexuelle proche du néant. Armé du bec de son chalumeau au plasma, il attaquait ses victimes avec le respect d'un gentleman. De même que les Anglais honorent les bateaux en leur attribuant le féminin, Gab Lucas parlait à ses péniches comme à des dames.

Il colla des lunettes de soudeur sur ses yeux, dévissa la manette de la bouteille de gaz et fit jaillir la flamme d'un briquet.

– Bordel de Dieu ! Chiottes de merde ! brama-t-il.

La bouteille était vide. La Glue aboya furieusement. Les blasphèmes de son maître la mettaient en transes. Il ôta ses lunettes. Au même moment, il aperçut la paire de fesses du cadavre qui croupissait dans l'eau.

– La Glue, ferme-la ! Tu me troubles !

Il se rapprocha de l'anse putride pour en avoir le cœur net. Sa volte-face fut si vive que la chienne, surprise, dut cavaler derrière lui sans cesser d'aboyer, croyant à un nouveau jeu. Gab Lucas courait comme un forcené vers sa masure, plantée au milieu des tôles déchirées.

À présent, le ferrailleur s'en voulait de s'être jeté sur le téléphone avec autant d'empressement pour appeler la gendarmerie de Villennes. Trop tard, le mal était fait. Un cadavre de chien lui aurait fait de la peine. Persuadé que ces petites bêtes valent mieux que bien des humains, il l'aurait sans aucun doute tiré sur la berge pour l'enterrer décemment. Une carcasse de vache – on trouve de tout dans la Seine – lui aurait inspiré du dégoût. Il l'aurait repoussée au large avec une perche sans rien dire à personne. Mais là, tout de même, le cadavre d'un homme…

Un malaise le submergea. Ses jambes ne le portaient plus. Une sueur froide ruissela le long de son épine dorsale. Le cœur au bord des lèvres, il dut s'asseoir.

La camionnette de la maréchaussée arriva peu après. Les gendarmes constatèrent avec bon sens qu'il s'agissait bien du corps d'un homme. Ce fut ensuite un ballet d'automobiles. Un fourgon des pompiers, tractant un Zodiac, s'annonça par sa sirène à deux tons, suivi d'une ambulance du SAMU. La section criminelle de la police de Versailles et les hommes de l'identité judiciaire avec leur matériel débarquèrent enfin en terrain conquis.

Lucas n'appréciait pas cette intrusion. Il les surveillait du coin de l'œil. Cependant, les pompiers, revê-
tus de leurs combinaisons rouges de plongeurs,
pataugeant dans le magma stagnant de l'anse, excitaient sa curiosité. Pas plus que lui, ils ne se souciaient
de la pluie qui continuait de tomber. Il les vit saisir le
cadavre pantelant par les chevilles et les poignets et le
déposer sur une civière. Le flash d'un homme de
l'identité judiciaire éclaboussa le corps flasque, révélant crûment les peintures et les plaies sur la poitrine.

C'est alors que la situation dégénéra. Deux inspecteurs eurent l'outrecuidance de poser des questions au
déchireur de péniches. Les questions de routine d'une
enquête préliminaire. Il fallait bien qu'ils exercent leur
métier. Lucas démarra au quart de tour.

– Vous ramassez votre zèbre, là, et vous vous bar-
rez. J'ai appelé les poulets ! Vous allez pas en plus me
sucer le sang !

Les policiers aimaient qu'on leur parle poliment. Ni
plus, ni moins. Le ton monta si vite que les gendarmes
durent s'en mêler. Lucas, hors de lui, dut être maîtrisé.
Il exigeait des excuses. Un vrai dialogue de sourds.
L'un des enquêteurs trouva une formule charmante
pour qualifier ce ferrailleur irascible :

– Putain, j'ai jamais vu une bite d'ours pareille !

Un chat tigré, le pelage couleur terre de savane, lor-
gnait par le hublot d'une péniche. Le dégoût se lisait
dans ses yeux vert d'eau. Avec cette pluie qui tombait
sans discontinuer depuis la veille, il ne croyait plus à
ses chances de coincer un mulot égaré ou de surprendre une merlette étourdie. Il serait encore quitte

pour avaler du mou en boîte ! Il eut un soupir accablé, presque humain.

Dans son dos, un homme surgit. L'animal préféra décamper. Heol Skolvan avait dépassé la quarantaine. Il était torse nu. Ses cheveux noirs en désordre attestaient de la mauvaise nuit qu'il venait de passer. Il colla le front contre la vitre. Ses traits, malgré un nez un peu épais, étaient fins. La tristesse qui maquillait ses yeux masquait mal la dureté de son regard.

Le Bois de Boulogne, où sa péniche était amarrée, ressemblait à une profonde et lugubre forêt. Une voiture passa sur la route, dite allée du Bord-de-l'Eau, en soulevant une bruine qui retomba immédiatement. Le chuintement des roues ne lui parvint même pas. Il frissonna, tira à lui une couverture rouge et s'en enveloppa. Il resta un moment sans bouger, le regard perdu sur les grands arbres qui entouraient les aires de jeux au-delà de la route. D'ordinaire, des rugbymen tapaient dans un ballon et leurs cris joyeux couraient jusqu'à lui. Ce matin, ils avaient préféré rester sous la couette. Une image insolite accrocha toutefois son regard. Un cheval, monté par une femme coiffée d'une bombe, digne sous la pluie, trottait autour du terrain de rugby.

La douche n'eut pas l'effet souhaité. Les sombres images de la nuit qui avaient peuplé son sommeil continuaient de s'accrocher à sa mémoire. Il les noya dans un bol de café brûlant au goût amer. Il enfila ensuite un col roulé en Cachemire sur un t-shirt et entreprit de préparer son sac de voyage. Ce rituel finissait par le lasser. Il ne passait jamais plus d'une nuit ou deux à l'hôtel, mais il lui fallait bien emmener du linge de rechange et sa trousse de toilette. Les cinq heures de route lui pesaient moins que cette brève obligation. Puisqu'il faisait ce même voyage tous les week-ends, peut-être devrait-il laisser des vêtements dans une garde-robe de l'hôtel ? Il se jura d'en parler à la patronne. Bien décidé à ne pas traîner, il mit un terme à ses réflexions en tirant la fermeture Éclair du sac. C'était sans compter avec le chat, qui se rappela à son bon souvenir en le faisant trébucher.

– Bon Dieu, toujours dans mes pattes, celui-là !

Skolvan n'avait pas de sympathie particulière pour les chats. Il les trouvait hypocrites, lascifs et, au contraire de l'avis général, terriblement dépendants. Comme chaque week-end, il allait devoir faire appel à la générosité de sa voisine pour que cette bestiole ne crève pas de faim ou ne pisse pas de rage sur le tapis du salon. Il en avait hérité d'une femme venue passer quelques nuits dans son lit. Un matin, il l'avait priée de s'en aller. Elle était partie sans protester en oubliant le chat. La preuve qu'elle n'était attachée ni à l'un ni à l'autre. Il ne connaissait pas le nom de l'animal et avait oublié celui de la maîtresse. Un jour où des enfants regardaient une cassette de Winnie l'ourson, le personnage de Tigrou le frappa. Il colla ce nom au chat, qui semblait s'en satisfaire, puisqu'il répondait lorsqu'on l'appelait.

Skolvan traversa le salon vers la cuisine à l'américaine. Habiter sur une péniche le rassurait. L'instabilité du plancher, ce mouvement perpétuel qui épousait le clapotis né du passage des bateaux, lui garantissaient qu'il était vivant. Cette attirance pour l'eau remontait à ses origines bretonnes. Son enfance avait été bercée par les récits de capitaines au long cours, d'oncles terre-neuvas qui pêchaient la morue à la ligne ou de lointains parents cap-horniers qui allaient troquer du charbon au Chili. Il avait d'ailleurs la passion des gravures marines du début du siècle, représentant des navires baleiniers, des marins intrépides, dressés dans des chaloupes, le bras armé d'un harpon, prêts à frapper à mort la mythique baleine blanche du capitaine Achab. Il collectionnait également les hameçons et les pointes de harpons qu'il faisait encadrer avec soin.

Skolvan tira la porte du réfrigérateur et s'empara d'une boîte de pâté pour chats déjà ouverte. Ce ragoût en gelée lui souleva le cœur. Certains matins, cette odeur infecte, mélangée aux effluves des moteurs des péniches et aux relents fades du fleuve, lui coupait carrément l'appétit. Dire que les écologistes considéraient le Bois de Boulogne comme le poumon de la capitale! Ces jours-là, la peau de Tigrou ne valait pas chère. L'envie démangeait Skolvan de le fourrer dans un sac et de le balancer par-dessus bord.

Il versa avec répugnance le reste de la boîte dans une assiette et la déposa sur le sol. Le chat tourna autour en reniflant la pâtée. Le mou n'était pas à son goût. Il s'éloigna, la queue dressée, montrant avec ostentation son petit trou de balle rose. Skolvan n'apprécia pas cette indécente exubérance.

– Parfait! Tu vas te la sauter! enragea-t-il.

Il vida le contenu de l'assiette dans la poubelle. Au fond de lui-même, il savait bien qu'il ne ferait pas de mal à cet animal. Le soir, quand il rentrait, après une journée de cours ou de recherche en bibliothèque, il le cherchait sans l'avouer. Lorsqu'il le voyait approcher, le dos cambré, la queue pointée vers le plafond, il esquissait un sourire. Pour autant, le chat se gardait bien de venir se frotter contre les jambes de son nouveau maître. Il avait appris à ses dépens que celui-ci n'était guère caressant.

Skolvan rouvrit le réfrigérateur et saisit une brique de lait. Avec largesse, il en remplit un bol. Son regard s'arrêta sur le bac à légumes. Derrière la paroi en plastique, il distingua la chaussette en laine qui protégeait son Colt 45. À la femme de ménage, qui au début s'interrogeait sur la présence de cet objet indigeste dans le frigo, il avait répondu que seuls les héros de cinéma dissimulaient leurs armes à feu sous leurs oreillers. À moins d'avoir une fringale, le bac à légumes était le dernier endroit où un cambrioleur aurait l'idée de venir fouiller. Cette arme n'avait aujourd'hui plus de raison d'être. Comme les autres reliques de sa vie passée, il aurait dû s'en débarrasser. Le Bois de Boulogne, même la nuit, était un endroit relativement sûr. D'ailleurs, il ne craignait rien, ni personne, si ce n'est lui-même et ses propres angoisses. Mais ce pistolet était trop chargé de sens dramatique pour qu'il le jette comme une vulgaire pièce de quincaillerie. Skolvan laissa la porte du réfrigérateur se refermer d'elle-même.

Vêtu d'un blouson de cuir, une imitation luxueuse des *fly jackets* de la dernière guerre, son sac au bout du bras, Skolvan se dirigea vers l'escalier dressé au milieu du salon. L'ordinateur resté allumé retarda son départ. Les poissons multicolores, les méduses translucides, les crabes rampants du repos d'écran s'agitaient dans un ballet aquatique. Il se dit que cet ersatz d'aquarium pourrait distraire Tigrou un moment. Au lieu d'éteindre l'appareil, il redressa le dessin sous verre d'un enfant. La naïveté du trait et du sujet était touchante : une famille idéale, le père, la mère et le fils unique, main dans la main, sur fond de maison et de soleil radieux. Ce dessin était depuis si longtemps sur sa table de travail qu'il ne le remarquait même plus. Pourquoi alors avait-il tendu la main vers le cadre déséquilibré ? Parce qu'il allait rejoindre Benjamin ? Il ne manquait jamais un week-end. Cette virée hebdomadaire en Bretagne pour voir son fils était sacrée. Parce qu'il aimait l'ordre ? Sa vie, jusqu'à ces dernières années, avait été un véritable chaos… Skolvan poussa un grognement agacé après lui-même et se jeta dans l'escalier.

Une passerelle métallique reliait le quai à la péniche. Une grille, surmontée d'une herse meurtrière pour décourager les voleurs, faisait office de porte. Une caméra vidéo surveillait l'entrée et complétait l'appareillage de protection. Skolvan ne possédait pas d'objets de valeur, mais se méfiait des vandales prêts à tout saccager pour une poignée de billets. Des années de recherches étaient archivées dans sa bibliothèque. Il ne souhaitait pas découvrir ce travail ruiné en une nuit par une bande de casseurs. Il ferma la grille à double tour et franchit la passerelle.

Depuis le terrible accident de voiture qui avait coûté la vie à son épouse, il y avait bientôt huit ans, Skolvan ne roulait plus qu'en Volvo. On disait cette

auto très sûre. Le poids de la culpabilité l'avait transformé en conducteur modèle. Il respectait à la lettre le
code de sécurité routière, ne dépassait jamais les limi-
tations de vitesse et se soumettait avec régularité aux
contrôles techniques.

Le break était garé au pied de l'ancien sémaphore
des pompiers du Bois de Boulogne, une construction
boursouflée et baroque. Une femme, appuyée sur une
canne sous un parapluie de golfeur, récupérait du
courrier dans une boîte aux lettres. Elle pivota à l'approche de Skolvan.
– Bonjour, Heol…
– Bonjour, Anna.
Sa voix était douce et son sourire charmeur. De
toute évidence, elle s'efforçait de lui plaire. Anna vivait
seule. Son mari l'avait quittée un beau jour sans crier
gare. Il faut dire que, peu de temps auparavant, elle
avait perdu une jambe au Kurdistan irakien. Infirmière, elle avait voulu mettre ses compétences au service de l'humanité malade de la guerre. Une mine
antipersonnel avait soufflé ses dernières illusions et sa
jambe gauche jusqu'à mi-cuisse. Son mari avait préféré
prendre la fuite en balbutiant qu'il ne pourrait jamais
se résoudre à l'idée de faire l'amour à une femme uni-
jambiste. Elle avait alors quarante ans. Aujourd'hui,
elle marchait presque normalement grâce à une pro-
thèse en plastique et à des bas de contention.
Skolvan l'aimait bien. Il se doutait qu'elle était
amoureuse de lui. Cette sollicitude ne lui déplaisait
pas. Il en tirait même quelques avantages. Ainsi était-
elle devenue la gardienne attitrée de Tigrou.

– Vous pouvez vous occuper du chat pendant mon absence ?

– Pauvre Tigrou, vous l'abandonnez encore. Vous savez que vous lui brisez le cœur ? soupira-t-elle.

Skolvan, saisissant l'allusion, se contenta de répondre par un sourire désolé. Il ouvrit la portière de la Volvo, jeta le sac sur le siège passager et s'installa au volant.

– Je récupère votre courrier ?… Vous viendrez le chercher chez moi à votre retour, cria Anna.

Skolvan lui fit un geste d'assentiment et claqua la portière. La voisine, à l'abri du parapluie, resta à le regarder boucler sa ceinture, mettre le contact, puis le clignotant, et démarrer. Elle attendit que la Volvo ait disparu pour rebrousser chemin vers sa péniche en prenant fermement appui sur sa canne.

Une heure à peine s'était écoulée lorsque deux hommes se présentèrent devant la grille de la péniche de Skolvan. Sortis d'une voiture passe-partout, une R19 grise, ils avaient rejoint presque sans hésiter la passerelle. Ils étaient chaudement vêtus : manteau de laine pour l'un, imperméable molletonné pour l'autre. Celui qui marchait devant avait le nez fort, le menton conquérant et le regard froid. L'autre ressemblait à un collégien bien élevé au visage asymétrique. Il laissa son aîné presser la sonnette. Le voyant rouge de la caméra de surveillance s'alluma. À la troisième tentative, Anna apparut à la poupe de sa péniche au milieu d'une forêt de plantes vertes. L'ouverture de son parapluie de golfeur alerta les deux hommes.

– Monsieur Skolvan n'est pas là ? lança l'homme le plus âgé.

– Que lui voulez-vous ? questionna Anna.

Elle entendait que sa prérogative de gardienne soit respectée.

– Brigade criminelle.

L'homme exhiba brièvement une carte tricolore. Ses mains étaient mieux au chaud dans les poches de son manteau.

– Commandant Hubert. Et voici le lieutenant Dunoyer.

Il présenta son collègue sans lâcher Anna des yeux. Le jeune homme salua d'un hochement de tête poli la voisine qui leur trouva des airs de représentants de commerce. Elle se faisait une autre idée des policiers en civil, plutôt comme dans les feuilletons télé : barbes de trois jours, blousons de cuirs et jeans troués. Elle aurait aimé revoir la carte pour en avoir le cœur net, mais elle n'osa pas insister.

– Il est en Bretagne comme tous les week-ends. Il rentre lundi.

– Vous n'auriez pas la clé, par hasard ?

Hubert avait posé la question avec une telle innocence qu'on lui aurait donné le bon Dieu sans confession. Anna hésita et finit par répondre :

– Si…

Hubert eut un sourire vorace. Il savait qu'il n'avait plus qu'à tendre la main pour recueillir la clé comme un fruit mûr. Anna chercha un réconfort dans le regard du jeune homme. En vain. Dunoyer détourna les yeux vers la herse, évaluant leurs chances de la franchir s'ils n'obtenaient pas cette clé.

Anna leur ouvrit elle-même la porte de la péniche. Lorsqu'elle voulut les accompagner, ils la prièrent poliment mais fermement de retourner s'occuper de ses plantes vertes. Cette agressivité feutrée lui sembla plus conforme à la réalité. Ainsi apprit-elle que les hommes de la brigade criminelle sont souvent fort polis et rarement habillés comme des voyous, laissant ces originalités vestimentaires à leurs collègues de l'Antigang. Ils consacrent beaucoup de temps à tirer des sonnettes. Une femme seule ouvre plus volontiers sa porte à un homme qui a le tour d'oreille bien net et le nœud de cravate bien mis. Les joues rasées de frais, parfumées à l'eau de toilette, sont donc la règle dans les combles du quai des Orfèvres, là où se niche la brigade.

Hubert était rentré à la Criminelle à l'âge de vingt-cinq ans. Près d'un quart de siècle plus tard, il y était encore. Les opinions des patrons qui s'étaient succédé à la tête de ce service divergeaient sur son compte. Certains se félicitaient de son opiniâtreté, d'autres lui reprochaient son entêtement. Mais tous s'accordaient pour reconnaître qu'il était un bon flic. La brigade criminelle était sa maison, sa famille. Il la défendait bec et ongles, comme une mère défend son petit. À cinquante ans passés, on ne lui connaissait pas de liaison. Il vivait seul dans un appartement du XVIIIe arrondissement, hérité de sa mère. Des collègues malveillants le soupçonnaient d'être homosexuel. Hubert, rompu au jeu de la dissimulation, s'amusait à laisser planer le doute. Un jour, il déjoua une filature. Son collègue trop curieux en fut pour ses frais : Hubert appela la police, prétendant être harcelé par un pervers sexuel. On resservait encore cette histoire aux jeunes qui intégraient le service. Immanquablement, elle faisait rire.

Dunoyer était un jeune homme de bonne famille. Il n'avait pas achevé ses études de droit. Son père, mortifié que son fils ne devienne pas un ténor du barreau, le contraignit à passer le concours de l'école des commissaires. L'échec fut tout aussi cuisant, mais donna naissance à un embryon de vocation. Le cancre voulait bien devenir flic. Les appuis paternels eurent du poids. Après l'école, les stages, le diplôme d'officier de police, il intégra, avec le grade de lieutenant, la sacro-sainte brigade criminelle. On le plaça d'office sous la houlette de ce vieux routier de commandant Hubert qui le chaperonnait comme une nounou, laissant même entendre qu'un jour, grâce à lui, ce « morveux » deviendrait un grand flic...

Les policiers s'arrêtèrent au pied de l'escalier central de la péniche. Tigrou, les griffes plantées dans la laine d'un tapis péruvien, leur faisait face. Son poil hérissé, ses babines retroussées, sa truffe plissée ne laissaient aucun doute sur ses intentions. Il était bel et bien décidé à défendre son territoire.

Hubert, tout comme les facteurs ou les colporteurs, détestait les animaux domestiques. Un jour, un lapin d'appartement lui avait bouffé le bas de son pantalon en flanelle. Il l'avait envoyé valdinguer à l'autre bout de la pièce d'un coup de pied vengeur. Ulcéré, le propriétaire avait menacé de porter plainte. Lorsqu'il se trouvait face à une bête caractérielle, prête à griffer ou à mordre, il ressentait des picotements au bout des doigts, démangé par l'envie de dégainer et d'exploser cette boule de poils d'une balle de revolver.

Tigrou se dit qu'il avait peut-être les yeux plus gros

que le ventre. Il détala et alla se cacher sous un lit. Hubert, soulagé, fit sauter la clé dans le creux de sa main.

– On n'est pas bien, là ?

Dunoyer se contenta de hausser les épaules. Il se dirigea vers la bibliothèque d'un pas faussement nonchalant. La différence de température avec l'extérieur commençait à se faire sentir. Le jeune homme déboutonna son manteau, dénoua avec nervosité son cachecol comme s'il étouffait et essuya du revers de la main la moiteur de son front.

– On est censé chercher quoi ? demanda-t-il d'une voix trop haut perchée.

– Le fouille-merde est à classer dans la catégorie du flic vertueux, répondit Hubert d'un ton sentencieux.

Dunoyer n'était pas certain d'avoir bien compris. Il tordit le cou pour lire les titres sur les tranches des livres. Les rayons débordaient d'une collection impressionnante d'ouvrages consacrés aux homicides sanglants du XXe siècle, depuis Jack l'Éventreur jusqu'aux tueurs en série les plus actuels : Edmund Emil Kemper, John Wayne Gacy, Jeffrey Dahmer, Ted Bundy, Henry Lee Lucas… Cette littérature recelait toutes les dérives, les dépravations, les turpitudes de l'âme humaine. Dunoyer en avait froid dans le dos. Chaque titre évoquait des crimes abominables commis par des pervers, des vicieux, des malades mentaux. Les images lui sautaient aux yeux comme des gifles en pleine figure : *Le Tueur à la hache de La Nouvelle-Orléans ; Le Meurtrier au bain d'acide ; Les Diaboliques de la lande ; Le Cannibale de Milwaukee ; L'Ogre de Rostov ; L'Éventreur du Yorkshire…*

– C'est un collègue qui a écrit ça ! s'exclama Hubert
en extirpant un volume d'un rayon. *Chasseur de tueurs*
de Robert Ressler, un type du FBI ! Tu l'as lu ?

Dunoyer, sans cesser de parcourir des yeux les étagères, fit non de la tête. Il s'intéressa à des bandes
magnétiques d'interviews de tueurs emprisonnés.
Hubert remit le livre à sa place et s'empara d'une communication scientifique du ministère de la Défense.

– Putain, on est loin de la collection Harlequin ! siffla-t-il entre ses dents.

– Et alors, je lis bien des polars !

Cette fanfaronnade lui valut un ricanement sarcastique de Hubert, qui ne lui faisait jamais de cadeau. Il
lui colla sous le nez la revue.

– Au lieu de dire des conneries, regarde ! *Cannibalisme et Crimes sexuels !* Signé Heol Skolvan ! Ça t'inspire ? Tu comprends à qui on a affaire ?

Dunoyer jeta un coup d'œil distrait à la couverture.
Cannibalisme et Crimes sexuels ! Cherchant à masquer
son malaise, il détourna les yeux, ouvrit un album et
fit mine de s'y intéresser.

Hubert abandonna le jeune homme et la revue avec
le même mépris. Il se dirigea vers les marines suspendues aux murs. Les histoires de boucaniers lui inspi-
raient depuis toujours une sainte horreur. S'il avait
vécu à cette époque, il aurait sans doute pourchassé
ces flibustiers sur toutes les mers du globe au nom du
roi. Comme quoi, on ne se refaisait pas ! Il ne s'attarda
donc pas sur les gravures anciennes. En revanche, les
hameçons et les pointes de harpons excitèrent sa
curiosité. Il pêchait à l'occasion – Saint-Hubert n'était-
il pas le patron des chasseurs ? – Ferrer une carpe fré-

tillante lui procurait parfois des frissons au bas du ventre. Ce plaisir violent de prendre la vie à une créature le troublait. Pour cette raison, il n'en avait jamais parlé à personne.

Son regard soupçonneux s'arrêta sur les attaches d'un objet qui manquait au milieu d'un panneau décoratif. De toute évidence, il s'agissait d'une imposante pointe de harpon.

– Hé, Dunoyer !

Absorbé par les photos de l'album, le jeune lieutenant tourna la tête. Il mit un certain temps avant de voir ce que Hubert voulait lui montrer.

– Et alors, il est Breton ! Il aime la pêche !

Hubert pensa que ce gamin mal élevé mériterait une bonne raclée.

– La pêche au gros, oui ! Deux bras, deux jambes, deux couilles !

Dunoyer préféra l'ignorer. Il replongea dans l'album où il avait trouvé un sujet à sa convenance : le récit en images de la naissance de la police scientifique. Le livre était illustré de photographies de meurtres sordides et de suicides spectaculaires tirées des archives de la préfecture. On y découvrait maître Bertillon, l'inventeur de l'anthropomorphie, exhibant avec fierté ses *Tableaux synoptiques des traits physionomiques humains pour servir à l'étude du « Portrait Parlé »*. En un mot : le portrait-robot.

Dunoyer constata avec satisfaction que la police judiciaire avait fait des progrès dans la simplification des formules. Aujourd'hui, on parlait de IPPP, DCSP, STIJ, etc. C'était moins poétique, mais plus efficace.

– Hé, lieutenant ! lança Hubert d'un ton moqueur.

Le jeune homme tourna une fois de plus la tête vers son collègue et écarquilla les yeux d'étonnement. Hubert brandissait le pistolet de Skolvan.

– Là, dans le bac à légumes, enveloppé dans une chaussette!… Oui, mon gars, une chaussette! Colt 45 Gold Cup chromé, crosse en ivoire! Le même que le général Patton! Épatant, non?

Hubert avait vraiment le don de tomber sur l'objet compromettant, la preuve manquante, la marque maladroitement effacée. Il affichait un sourire éclatant.

– Il a raison de le tenir au frais! Ça pourrait se gâter!

Skolvan arriva bien avant la nuit. L'anticyclone des Açores semblait vouloir s'installer sur la Bretagne. Le ciel était bleu de glace. À l'endroit où le soleil avait fondu dans la mer, une bande de lumière ensanglantait l'horizon. Des rochers de granit rose aux formes molles étaient amoncelés sur une grève à marée basse. Skolvan aimait ce spectacle fugitif lorsqu'il filait en voiture sur le pont qui enjambe l'aber de Ploumanac'h.

Les Côtes-d'Armor étaient son pays. Il y avait passé toute son enfance dans une maison familiale, grosse demeure austère, perdue dans la campagne. À la mort de ses parents, il avait décidé de ne jamais y retourner. Il abandonna même sa part d'héritage au profit de sa sœur qu'il ne voyait quasiment jamais. Chaque week-end, il préférait se rendre dans un hôtel discret, à quelques kilomètres de l'institution où Benjamin était pensionnaire. L'établissement, en dehors de la saison touristique, ne possédait même pas d'enseigne. La patronne mitonnait des ragoûts juteux de marcassins que son mari braconnait, secret que les clients, pour la plupart des habitués, partageaient avec délices.

Skolvan gara la Volvo devant la pension pudiquement appelée Centre de rééducation et de réadaptation fonctionnelles en milieu marin. Son emplacement était remarquable. Une volée de marches permettait d'accéder à la plage de Ploumanac'h directement du jardin qui ceinturait la lourde bâtisse haute de trois étages.

Les environs étaient déserts. Seuls le ressac lointain de la marée montante et le concert hystérique des mouettes se faisaient entendre. Les pensionnaires devaient être au réfectoire pour le dîner ou bien déjà dans leurs chambres. Une chaise de paralytique encombrait le perron. Skolvan gravit prestement les marches, la poussa de côté et disparut à l'intérieur.

Il ressentait une sourde appréhension chaque fois qu'il rendait visite à Benjamin. L'état de son fils l'inquiétait moins que celui, parfois désespéré, de pauvres enfants brisés par les accidents ou la maladie. Certains étaient lourdement handicapés et souffraient de séquelles irréversibles. Il arpenta le couloir du premier étage. Les portes fermées de part et d'autre donnaient sur des chambres silencieuses. Parfois un cri lointain de souffrance ou de joie résonnait, rappelant au visiteur qu'il ne se trouvait pas dans un endroit ordinaire. Il ralentit l'allure et s'arrêta devant une chambre. Il laissa échapper un soupir douloureux avant de saisir fermement la poignée et d'entrer.

Benjamin était assis sur le bord de son lit, les yeux ancrés sur le ciel qui virait peu à peu au magenta.

– Bonjour, Benjamin.

L'enfant tourna la tête et, découvrant son père, n'exprima rien. Son visage aux traits parfaits était lisse. Son regard froid traversa Skolvan comme s'il n'existait pas. Il était beau comme un ange, un ange que le démon habitait depuis sept ans, depuis le jour où sa tête avait fracassé les vitres de la voiture emportée dans un tonneau mortel sur une route de Bretagne.

L'accident avait plongé le gamin dans le coma, une partie du lobe temporal droit irrémédiablement détruite. Les médecins laissèrent peu d'espoir à Skolvan. Si son fils remontait un jour du gouffre dans lequel il avait sombré, il ne serait plus qu'un légume. Mais le miracle se produisit. Les radiographies révélèrent que les terminaisons nerveuses de la partie endommagée du cerveau se connectaient progressivement à une zone voisine, saine et peu active. Benjamin sortit du coma, retrouva l'usage des bras et des jambes, mais ne prononça plus jamais une parole. Son intelligence intacte lui permit de réapprendre à lire et à écrire, mais le poussa, jusqu'à ce jour, dans un silence obstiné.

Skolvan s'assit à côté de lui et lui ébouriffa les cheveux d'un geste tendre. Le gamin détourna les yeux vers la fenêtre et le ciel qui rosissait. Les mouettes y tournoyaient dans un ballet compliqué. À chaque fois qu'il apercevait sur le crâne de son fils la cicatrice en forme de Z, là où les cheveux ne poussaient plus, un frisson le parcourait. Cette blessure lui faisait aussi mal que si son propre crâne éclatait contre une vitre. Au-delà de son sentiment de culpabilité – il conduisait la voiture cette nuit-là –, il ressentait physiquement la souffrance de Benjamin.

Skolvan se tourna vers son voisin de lit. Camille était un autiste de dix-sept ans. Longtemps anorexique, il s'était installé dans une maigreur alarmante. Un jour sur deux, les cuisiniers le surprenaient à fouiller les poubelles à la recherche d'épluchures de pommes de terre. Les infirmières voyaient dans ces manifestations culinaires son secret désir de ressembler à un petit cochon bien gras. C'était un grand escogriffe, gentiment débile, qui, lui non plus, ne parlait pas. Il se contentait de rire, la bouche béant sur des dents mal chaussées qui lui donnaient l'air d'un diable hilare. Il était l'opposé de Benjamin. Cependant, le grand dégingandé à la tignasse noire et au physique inquiétant s'entendait comme larron en foire avec le petit blond au visage d'ange.

– Salut, Camille! Ça va comme tu veux? lança Skolvan d'un ton engageant.

Camille, recroquevillé sur son lit, répondit par un caquetage aimable sans cesser de se balancer d'avant en arrière. Il pouvait avoir ce mouvement de pendule pendant des heures sans se lasser. Skolvan sortit des poches de son blouson des cadeaux : des bonbons acidulés, enveloppés dans de la Cellophane rouge, pour Camille; une boîte rectangulaire dans du papier coloré pour Benjamin. Il lança les friandises au grand escogriffe qui recula en hoquetant de peur. Découvrant la nature du paquet, l'adolescent, soulagé, manifesta bruyamment sa satisfaction en riant et en tapant des poings.

Skolvan déposa l'autre cadeau sur les genoux de son fils.

– Pour toi. Tu peux l'ouvrir, dit-il avec tendresse.

Benjamin considéra l'objet avec froideur, puis, du bout des doigts, presque avec répugnance, se mit à peler le papier avec une méticulosité maniaque. Parfois, Skolvan l'emmenait manger du crabe dans un restaurant du front de mer. Le déjeuner pouvait durer trois heures. Benjamin décortiquait son crustacé sans jamais relever le nez. Lorsque la chair était débarrassée du moindre cartilage, il mélangeait le tas avec la mayonnaise et avalait le tout en trois coups de fourchette. Alors seulement, il regardait son père et souriait, fier de son exploit.

Une boîte métallique contenant des crayons taillés, rangés dans la couleur de l'arc-en-ciel, apparut à Benjamin. Projetée avec force contre le mur, elle explosa avant de se désintégrer sur le sol, éparpillant sous les lits les crayons aux mines brisées.

Camille se pelotonna dans l'angle du mur en couinant. Benjamin détourna vers la fenêtre son regard sans émotion et se laissa absorber par la contemplation des mouettes.

Skolvan soupira. Il aurait dû penser que le rangement impeccable des crayons comme des soldats à la parade écorcherait la vue de son fils, qui, depuis l'accident, ne trouvait son équilibre psychique que dans le désordre. Des haies rigoureusement alignées le faisaient pleurer. Des bouteilles rangées sur une étagère le mettaient en rage. Il fallait le ceinturer pour l'empêcher de les briser. Il exprimait son malaise par ces excès de fureur que seul un sédatif réussissait à calmer.

Skolvan adopta un air détaché. Il ne chercha même pas à ramasser les crayons pour éviter de donner de

l'importance à l'incident. Il suggéra, dans un mouvement de fausse bonne humeur, d'aller faire un tour sur
la plage avant la nuit. Camille, la bouche pleine de
bonbons acidulés, fut le premier sur ses jambes
comme un chien fou pressé d'aller gambader.

Skolvan quitta l'institution en compagnie de Benjamin et de Camille. La directrice, bien décidée à lui
rappeler les règles de la maison, le poursuivit sur le
perron.

– Monsieur Skolvan, ne les ramenez pas trop tard
comme la dernière fois.

– Comptez sur moi…

Il refusait de polémiquer avec elle. Seul le bien-être
de son fils le préoccupait. Le reste lui importait peu.
Ses relations avec l'administration se résumaient à un
chèque en fin de mois pour régler les frais de pension.
De temps à autre, le médecin chef l'appelait pour le
tenir au courant de l'évolution désespérément lente de
l'état de santé de son fils.

Le visage de la directrice s'adoucit sous la caresse
d'un ultime rayon de soleil. Son sourire de nonne
béate, frappée par la grâce, était répugnant. Skolvan
détourna les yeux, écœuré.

– Alors, c'est bientôt Noël ?

Skolvan, accablé par tant de niaiserie, réprima un
soupir accablé. Elle se crut autorisée à poursuivre :

– Vous les emmènerez en pèlerinage à Notre-Dame
comme l'an dernier ?

– Sans doute, répondit-il du bout des lèvres.

Encore un mot et il la giflait.

– Allez, les gars, on y va !

Il poussa Benjamin et Camille dans l'escalier. Les adolescents dévalèrent les marches et se ruèrent vers la plage. Le copain de son fils avait une façon surprenante de lancer ses jambes et ses bras en avant comme s'il voulait s'en débarrasser. Ceux qui ne le connaissaient pas croyaient qu'il allait s'affaler à chaque pas. Mais, grâce au miracle de la gravitation, l'énergumène tenait debout.

Ils partirent comme des flèches vers un promontoire surmonté d'une guérite en granit. L'oratoire faisait face à la baie. La plage en cette saison était quasiment déserte. Un homme promenait son chien. Un autre faisait du jogging. Des mouettes accompagnaient les vagues de la marée montante dans l'espoir de picorer des berniques venues respirer une bolée d'air frais à la surface du sable. La soirée s'annonçait paisible.

Les garçons s'accroupirent au pied des rochers qui supportaient l'oratoire et entreprirent de fouiller le sable. Skolvan ne les perdait jamais de vue. Dès qu'ils quittaient l'institution, ils étaient sous sa responsabilité. Leurs réactions étaient fantasques, imprévisibles. Ils pouvaient disparaître en un clin d'œil. Retrouver Camille était relativement facile. Il suffisait de faire le tour des poubelles de Ploumanac'h. Benjamin avait des planques plus inattendues : allongé entre les roues d'un camion à l'arrêt ou grimpé dans un arbre comme un chat sauvage. Ces disparitions laissaient Skolvan pantelant d'angoisse.

La visite à l'oratoire de Saint-Guirec, sur la grève de Ploumanac'h, était un rituel que Skolvan n'aurait

manqué sous aucun prétexte. Il y était venu la première fois, en tant que pèlerin, en compagnie de sa
future femme, Katel, alors enceinte de Benjamin.
Piquer le nez du saint avec une épingle assurait les
jeunes filles d'un mariage heureux. Nombre d'entre
elles avaient tenté leur chance, mais très peu avaient
rencontré la félicité, pas même Katel, tuée à trente ans
la nuit sur une route déserte.

Skolvan escalada les rochers jusqu'à la guérite qui
abritait la statue du saint. Depuis la date de son
implantation, au XIIe siècle, on ne comptait plus les
épingles qui l'avaient martyrisé au point qu'il avait la
face grêlée comme un varioleux. Skolvan déplia un
trombone trouvé au fond d'une poche et lui piqua le
nez. Il eut un sourire ambigu. Le rituel était respecté.
Il se tourna vers le large et inhala l'air salin. Il connaissait peu d'endroits au monde aussi purs et bruts que
la baie de Ploumanac'h. Le spectacle de cette nature
rugueuse et paisible ne l'avait jamais lassé. Elle était
la représentation absolue du chaos et de l'harmonie.
Les blocs de granit érodés par le temps s'empilaient
dans une construction esthétique qui ravissait l'œil.
S'il avait cru en Dieu, il aurait pu y voir l'œuvre du
grand architecte.

– Benjamin ! s'écria-t-il soudain.

Le gamin lacérait le pull de Camille avec un
coquillage. L'autre battait des bras et hurlait d'épouvante comme si on lui arrachait le cœur. Skolvan dévala
les rochers, sauta sur le sable et ceintura son fils.

– Benjamin, lâche ça !

Il lui tordit le poignet pour le faire lâcher prise.
Benjamin éprouva un brusque désintérêt pour ce jeu.

Il se dégagea avec véhémence et écrasa sous sa semelle le coquillage en forme de couteau. Camille fixait d'un air ahuri les mailles étirées de son pull. Son regard croisa celui, désolé, de Skolvan. L'adolescent dénuda son ventre et, secoué de ricanements qui ébranlaient sa silhouette décharnée, montra avec fierté ses côtes en saillie. Des griffures à vif marquaient sa poitrine à la hauteur des tétons.

Skolvan, pourtant habitué aux frasques des handicapés, resta médusé. Il ne saurait sans doute jamais si ces blessures étaient accidentelles ou volontaires, si Benjamin en était l'auteur ou si Camille, dans un délire masochiste, se les était infligées.

Lundi 15 décembre

En bons fonctionnaires, les officiers de police Hubert et Dunoyer prirent leur service à neuf heures tapantes. Ils récupérèrent dans le parc de stationnement du quai des Orfèvres un véhicule banalisé, une Peugeot 309 blanche, et un stagiaire devant leur servir de chauffeur. D'un coup d'œil, Hubert le jugea inapte et lui ordonna de s'asseoir à l'arrière. Il s'empara du volant et conduisit jusqu'à la place du Panthéon comme un furieux. Le jeune policier avait compris qu'il valait mieux faire le mort.

Arrivé à destination, Hubert gara la voiture n'importe comment et fit signe à Dunoyer de le suivre. Au pas de course, ils se dirigèrent vers l'université de droit qui jouxte la bibliothèque Sainte-Geneviève, face à l'illustre temple de la République. Ils s'engouffrèrent sous le porche et se frayèrent un chemin parmi les étudiants agglutinés dans le hall.

Le concierge, sur le seuil de sa loge, les interpella. Hubert fut ulcéré de ne passer ni pour un étudiant, même attardé, ni pour un professeur. Dès qu'une enquête le menait sur un lieu de culture, il éprouvait un complexe d'infériorité. Il avait arrêté ses études en classe de première et devancé l'appel sous les drapeaux. Depuis, il vouait une haine tenace au corps enseignant qui n'avait pas su, lorsqu'il était élève, lui donner le goût des études. Après une année de service national dans une caserne en Allemagne, il avait constaté que les militaires étaient encore moins bons pédagogues que ses anciens professeurs du secondaire. Enragé, il avait donc décidé de se former lui-même, se jetant à corps perdu dans les livres. Pendant des années, il avait dévoré à peu près tout ce qui lui tombait sous la main. Aujourd'hui, ses connaissances étaient encyclopédiques et totalement anarchiques. Cela allait de la recette de la soupe au pistou à l'énumération des constellations de l'hémisphère Nord. Au point que des collègues lui suggéraient parfois avec ironie de tenter sa chance au Jeu des mille francs. Il les traitait par le mépris.

L'ambiance survoltée de l'université, les visages inspirés des étudiants, les ouvrages érudits qu'ils portaient sous le bras le rendaient fou d'envie. Peu disposé à s'en laisser compter par un simple appariteur en blouse grise, il lui colla sa carte sous le nez.

– Police.

L'autre recula dans sa loge comme s'il craignait un mauvais coup.

– Heol Skolvan, ça vous dit quelque chose ?

– Bien entendu… Il enseigne ici…, répondit le concierge.

– On peut le voir ?

– Son cours est commencé depuis…

Le concierge jeta un coup d'œil à l'horloge murale.

– Depuis vingt minutes. Mais si c'est urgent, l'institut de criminologie est au premier étage, par le grand escalier, là…

Hubert lorgna vers l'escalier en marbre qui était le théâtre d'un va et vient bruyant d'étudiants sous la surveillance d'une sinistre statue en pierre noire. Ce personnage austère dont Hubert identifia le nom gravé sur le socle renforça son désarroi. Il baissa les yeux dans un soupir accablé et rebroussa chemin, filant comme un voleur vers la sortie. Dunoyer, intrigué, venait de découvrir une nouvelle facette de son supérieur. Il se porta à sa hauteur.

– Pourquoi on ne le cueille pas maintenant ? Narval a dit « tout de suite » ! se lamenta le jeune homme.

– Eh ben, il attendra ! cracha Hubert d'un air malheureux sans oser le regarder.

– Que se passe-t-il ?

– Tu as vu la statue dans le hall ?

– Oui… Non… Je ne sais pas. Qu'est-ce qu'elle a cette statue ?

– C'est Cujas ! Le juriste Cujas !

– Et alors ?

– Et alors, rien. Je trouve que c'est de mauvais augure…

Dunoyer s'immobilisa au bord du trottoir, les bras ballant de stupéfaction. Hubert courait vers la voiture pour s'y réfugier. Le jeune homme imaginait mal donner comme excuse au commissaire principal Narval, pour justifier leur retard, que Hubert avait ressenti de mauvaises vibrations en croisant le regard d'une statue en pierre noire. Perplexe, il décida de rejoindre son collègue et d'attendre.

Le tableau blanc de la salle de cours était scindé en deux par le trait sanglant d'un feutre rouge. Heol Skolvan tournait le dos à un parterre d'étudiants qui copiaient servilement ce qu'il écrivait dans la partie gauche : « tueur psychopathe », puis dans la partie droite : « tueur psychotique ». Sa voix ne trahissait aucune émotion.

– On distingue généralement deux types de criminels en série : le paranoïde psychotique qui peut être schizophrène, et le psychopathe dont la personnalité est résolument asociale.

Il se tourna avec lenteur vers l'auditoire. Pour la troisième fois depuis le début du cours, son regard croisa celui d'une jeune fille au physique ambigu. Les études dispensées par l'institut de criminologie s'inscrivaient dans le programme de nombreuses disciplines universitaires. Certains étudiants ne recherchaient qu'une unité de valeur supplémentaire ; d'autres ne s'intéressaient qu'à l'aspect juridique des cours ; d'autres encore étaient des auditeurs libres poussés par la seule curiosité intellectuelle. Mais tous se montraient sérieux et attentifs, voire tristes et ennuyeux.

Cette fille ne ressemblait pas à ses camarades. Un sourire indéfinissable, presque provocateur, illuminait son visage arrondi par une coupe de cheveux à la garçonne, teints en blond-blanc. Elle avait abandonné dans un grand désordre une collection de pulls multicolores pour ne conserver qu'un débardeur. Il faut avouer que l'administration n'avait aucune retenue en matière de chauffage. Il régnait dans cette salle une chaleur de maternité pour prématurés. Les étudiants, résignés, mijotaient dans leurs vêtements. Elle seule montrait avec effronterie qu'elle étouffait. Skolvan avait eu le temps d'apprécier, lorsqu'elle était entrée, sa jupe ultracourte en vinyle rouge sur des collants noirs qui modelaient des jambes interminables.

Il fit de nouveau face au tableau et se dit que si, la prochaine fois qu'il se retournerait, elle continuait de le fixer avec la même insistance, il devrait analyser ses raisons.

– Les spécialistes du profil psychologique différencient donc nettement le criminel *organisé* qui planifie ses forfaits de manière consciente – c'est le cas du psychopathe –, du criminel *désorganisé* dont les actes dénotent un grand désordre mental – c'est le cas du psychotique.

Il écrivit « organisé » sous « tueur psychopathe », et « désorganisé » sous « tueur psychotique », puis abandonna le feutre dans la rigole du tableau et se retourna vers son public. La fille le regardait avec avidité. Il alla poser une fesse nonchalante sur le bord du bureau sans la lâcher des yeux.

– Le psychopathe est un être ingrat et cynique. Il n'éprouve aucun sentiment, n'a aucun sens moral. Pour lui, le remords n'existe pas. Il est sans pitié. Tout au contraire, il se délecte de la souffrance de sa victime, s'en sert comme d'un objet, d'une carcasse pour assouvir ses pulsions meurtrières et ses fantasmes sexuels…

Skolvan s'étonnait. D'ordinaire, lorsqu'il évoquait la personnalité des tueurs psychopathes et énonçait leurs épouvantables dérives maniaques, l'auditoire manifestait du dégoût ou, au moins, se réfugiait dans un bachotage embarrassé. Aujourd'hui, les étudiants semblaient amorphes. La chaleur, sans doute. Seule la fille riait sous cape en prenant des notes d'un air détaché.

– En conséquence, la vie sexuelle d'un asocial est manipulatrice. Certains d'entre eux, une fois sous les verrous, ont précisé que leurs fantasmes sont liés à des pensées agressives et à des rites qui mêlent la mort et le sexe... Quand on leur demande d'énumérer leurs préférences en la matière, le tiercé gagnant est : pornographie : 81 % ; fétichisme : 72 % ; voyeurisme : 71 %. Viennent ensuite, dans le désordre, sadomasochisme, exhibitionnisme, bestialité, coups de fil obscènes, coprophagie, etc.

Certains potaches, sans cesser d'écrire, hochaient enfin la tête d'écœurement. Skolvan s'amusait à surveiller ceux qui courbaient l'échine sans oser le regarder, persuadé que parmi eux certains s'adonnaient à l'une ou l'autre de ces excentricités. Il pensa que cette fille en débardeur et jupe de vinyle devait être parfaitement saine d'esprit pour paraître aussi décontractée.

– On commence à mieux comprendre le cheminement mental du meurtrier sans mobile. Une vie de famille violente et éclatée le détourne dès l'enfance vers un monde imaginaire dont il est le maître. Après un premier assassinat, il se sent stimulé par le souvenir de ses actes, ce qui contribue à alimenter les fantasmes de ses crimes suivants. Dans près de 50 % des cas, le tueur en série avoue ne jamais avoir eu de relations sexuelles normales avant le passage à l'acte criminel. La gratification sexuelle est donc le moteur de ses actes. Vous imaginez sans mal que, dans ces conditions, rien ne peut l'arrêter dans sa « mortelle randonnée » pour trouver de nouvelles victimes.

Skolvan se leva sans crier gare, faisant sursauter les étudiants du premier rang. Il alla au tableau, s'empara du feutre rouge et écrivit sous la rubrique « Tueur psychopathe : Quotient intellectuel élevé, agression planifiée, victime inconnue choisie suivant un type spécifique, actes agressifs *ante mortem*, exigence d'une victime soumise, lieu du crime reflétant une personnalité organisée, transport et dissimulation du cadavre… »

Skolvan jeta un coup d'œil par-dessus son épaule et capta le regard espiègle de la fille. De plus en plus intrigué, il termina d'écrire et retourna s'asseoir sur le bureau.

– Je laisse à votre imagination le soin de remplir la colonne de droite. Cela peut paraître simpliste, mais tout oppose le psychopathe au psychotique. C'est donc un exercice qui ne vous posera pas trop de difficulté.

Par jeu, il décida de remonter l'allée vers la jeune femme. Il lut sur la page volante de son classeur, en face de « actes agressifs *ante mortem* », le mot « nécrophile », et apprécia d'une moue admirative.

– Bien vu ! Effectivement, les psychotiques se laissent parfois aller à des actes sexuels post mortem, mais certains psychopathes également. Henry Lee Lucas exécutait ses victimes et les démembrait pour pouvoir jouir sur les différentes parties de leur corps.

Cette fois, un hoquet horrifié secoua l'assistance. La jeune fille, transpercée par le regard de Skolvan, s'efforça de sourire, mais le cœur n'y était plus. Skolvan décida d'achever de la déstabiliser avec un récit encore plus effrayant.

– Prenez Edmund Emil Kemper, un grand garçon timide de près de deux mètres, dit-il en retournant à pas lents vers le bureau. Ce qui l'intéresse, c'est de disséquer et décapiter des cadavres de femmes qu'il dévore ensuite...

Son commentaire eut l'effet escompté. Une vague de dégoût déferla sur l'assemblée. Skolvan afficha un imperceptible sourire en s'asseyant sur le bureau dans un mouvement d'une lenteur calculée.

– Il en a tué une dizaine. À la fin, il s'en est pris à sa mère. Elle avait une voix exécrable et l'abreuvait d'injures. Alors, il l'a frappée à coups de marteau dans son sommeil, lui a coupé la tête, arraché le larynx avant de le hacher menu et de le jeter dans le vide-ordures...

Skolvan dut vociférer les derniers mots pour se faire entendre des élèves qui exprimaient avec force leur répugnance. Seule la fille, le visage pâle et crispé, se tenait droite derrière sa table comme une présentatrice de télévision qui aurait avalé son texte. Ce criminologue séduisant, mais pervers, cherchait à la remettre à sa place. Elle lui lança un regard assassin et se mit à le détester.

Skolvan, savourant sa victoire, accentua son sourire. Il lui épargna toutefois le coup de grâce.

– Un étudiant en première année de psycho comprendrait la symbolique de ce geste. Les femmes que Kemper tuait ressemblaient à sa mère. Une fois celle-ci morte, il n'avait plus de raisons de poursuivre le massacre. La fête était finie. Il se livra à la police.

Aujourd'hui, il raconte aux journalistes, du fond de sa cellule, que ses rêves sont bien plus beaux que la réalité.

Skolvan croisa les bras dans un silence chargé d'hostilité dont il apprécia avec délices l'épaisseur.

À manipuler ainsi son auditoire, Skolvan ne s'étonnait pas d'en subir les conséquences. Certains étudiants, après le cours, s'enfuyaient par lâcheté, dégoût ou colère. D'autres s'accrochaient à ses basques comme si leurs vies étaient suspendues à la sienne. Il s'agissait d'un sentiment d'attirance-répulsion qu'il connaissait bien puisqu'il l'expérimentait depuis des années. Cette volonté de comprendre le comportement des tueurs psychopathes était exaltante mais, à la longue, risquait de l'entraîner vers des rivages malsains, hantés par des êtres effrayants.

Les étudiants qui le pourchassaient dans la descente du monumental escalier de la faculté ressentaient la même ambivalence de sentiments. Ils chahutaient pour expulser le malaise qui leur soulevait la poitrine, se forçaient à rire ou tentaient des plaisanteries. Les questions se mêlaient aux affirmations.

– Quelle idée d'appeler son fils John Wayne! John Wayne Gacy!

– Ce John Wayne-là mériterait de figurer dans le *Guinness Book*! Trente cadavres…

– Trente-trois! rectifia un étudiant soucieux d'exactitude.

– Trente-trois, entassés comme des club-sandwiches dans sa cave!

– Arrête, c'est dégueulasse! gloussa une fille.

– Sans compter tous ceux qu'il a bouffés ! Hum, des rognons rissolés aux lardons !

Skolvan laissa s'exprimer ce chahut salutaire, conscient de l'épreuve que représentait son cours, un peu comme une première journée de guerre pour un conscrit. Ils approchaient de la statue de Cujas au rez-de-chaussée lorsque la fille à la jupe de vinyle rouge qui avait suivi docilement déborda le groupe et vint se planter devant Skolvan, l'obligeant à s'arrêter.

– Comment en arrive-t-on là ? demanda-t-elle avec brusquerie.

La gravité de sa voix et la profondeur de son regard forcèrent le silence. Skolvan la dominait d'une marche et de sa hauteur. Il observa avec intérêt que sa lèvre inférieure tremblait et que d'infimes gouttes de transpiration perlaient à la racine de ses cheveux. Il découvrit dans ses yeux de la colère et la trouva fort belle. Il lui répondit avec douceur, cherchant à l'apaiser.

– Les pulsions meurtrières sont refoulées dans l'inconscient depuis l'enfance. Un jour, il y a une fracture, un choc affectif, un échec sentimental, la disparition d'un être cher…

Il laissa sa voix en suspens comme pour ménager un effet. Elle supposa que cet homme si sûr de lui dissimulait en réalité une blessure secrète.

– Et c'est le carnage ! reprit-il de façon abrupte.

Un étudiant, tenaillé par une fringale, croqua une pomme. Skolvan trouva là l'occasion d'une conclusion rêvée :

– Ils se mettent à tuer comme on croque une pomme !

Le garçon, otage des regards de ses camarades, en

garda la bouche ouverte. Skolvan descendit la marche, contourna la jeune fille et s'éloigna vers la place du Panthéon.

Skolvan avait affaire ce jour-là à un groupe particulièrement tenace. Les étudiants formaient un demicercle d'irréductibles et lui interdisaient l'accès à sa Volvo garée devant l'université. La jeune fille lui pinçait même avec effronterie le cuir de son blouson pour l'empêcher de s'échapper. Skolvan, l'imaginant en meneuse vociférante dans une manifestation estudiantine, lui adressa un sourire amusé.

– Et vous, comment en êtes-vous arrivé là ? lui lâcha-t-elle en pleine figure.

Les étudiants rirent de son audace. Skolvan, habitué à plus de respect, trouva la situation subitement agaçante. Comprenant que la jeune femme voulait sa revanche, il chercha une réponse digne de son rang, mais se trouva sec. En voulant paraître cultivée, elle le sauva de l'embarras.

– Vous connaissez la phrase : « Quiconque combat les monstres doit s'assurer qu'il ne devient pas luimême un monstre... »

Skolvan ne la laissa pas terminer.

– « Car, lorsque tu regardes au fond de l'abysse, l'abysse aussi regarde au fond de toi. »

Des sifflements admiratifs saluèrent la citation. La jeune femme s'en trouva mortifiée. Elle le fixait avec rancœur. Skolvan, bon prince, lui adressa un charmant sourire.

– Vous voyez, mademoiselle, Nietzsche mène à

tout, même à donner des conférences sur la mise en abîme de l'horreur.

Le commandant Hubert choisit cet instant pour fendre le groupe.

– Si vous voulez bien me suivre, dit-il d'un ton solennel.

Skolvan repéra dans son dos le jeune homme au visage asymétrique, Dunoyer, et plus loin le chauffeur-stagiaire, accoudé à la portière ouverte de la 309 blanche.

– Qui êtes-vous ? demanda-t-il sur la défensive.

– Brigade criminelle.

À ces mots, le rempart que formaient les étudiants, après un flottement, se décomposa.

Hubert reprit avec suavité.

– J'ai ordre de vous emmener.

– Où cela ?

Le sourire du policier vira à l'aigre. Il se contenta de montrer, d'un geste onctueux parfaitement écœurant, la direction de la voiture.

Au cours des années, Skolvan avait développé une qualité qu'il appelait sans originalité son troisième œil. Il savait lire dans les pensées les plus tordues et voir dans les âmes les plus noires aussi clair que dans le conduit d'une cheminée. En croisant le regard de Hubert, il eut la conviction que cet homme le détestait. L'officier de police, avec son air fat et pincé, lui laissait clairement entendre qu'un monde les séparait.

Skolvan remit à plus tard son envie de le moucher et se dirigea vers le véhicule en stationnement. La jeune fille, frustrée de le voir s'échapper, le suivit des yeux jusqu'au moment où il s'installa à l'arrière de la voiture.

Hubert tendit d'un geste condescendant les clés au chauffeur qui crut y voir une marque de confiance. Il n'en était rien. Hubert ne se fiait qu'à lui-même. Mais, selon la règle, l'officier le plus élevé en grade doit garder un œil sur la personne transportée dans un véhicule de service. Il s'assit donc à l'arrière à côté de Skolvan et piétina les restes cartonneux d'un repas fast-food.

– C'est qui les porcs qui ont utilisé cette voiture en dernier ? râla-t-il à l'intention des deux hommes à l'avant.

– La BRB, avança Dunoyer.

– Voilà pourquoi ils sont gras et laids à bouffer cette saloperie !

Skolvan n'allait pas le contredire. Il régnait dans le véhicule une odeur infecte de frites surgelées à la sauce barbecue.

Le stagiaire démarra en trombe, sirène bloquée. Il se révéla être un chauffeur hors pair. Hubert boucla sa ceinture et fixa une cigarette mentholée au bout d'un filtre en ivoire. Il fit sauter dans sa main un briquet tape-à-l'œil, hérité de sa mère morte du cancer des fumeurs, et enflamma la cigarette. La fumée envahit l'habitacle et se mélangea à la puanteur de friture.

Skolvan, pour éviter l'asphyxie, abaissa sa vitre et huma l'air glacé de la capitale. Un bestiaire merveilleux, dessiné au blanc d'Espagne, dansait joyeusement sur les vitrines. Il vit même un Père Noël tombé trop tôt du ciel qui distribuait des prospectus raco-

leurs aux promeneurs. Un enfant hurla de terreur en
le découvrant. La voiture dévalait le boulevard Saint-
Michel. La place et le pont étaient déjà en vue.

– Fermez votre fenêtre. Je ne voudrais pas que vous
attrapiez du mal.

Skolvan se tourna vers Hubert et le fixa avec ennui.

– Votre cigarette.

– Quoi, ma cigarette ?

– Éteignez-la et je ferme ma vitre.

Hubert détourna le regard et se mit à pomper sur
son porte-cigarettes comme un collégien. Skolvan
scruta son profil d'un air mauvais, s'attardant sur les
défauts de son visage. Le policier était rasé de frais.
Une légère coupure, près de la glotte, finissait de cica-
triser. Des rides se dessinaient aux coins de ses yeux et
sa bouche s'affaissait à la commissure des lèvres dans
une moue méprisante. Skolvan s'amusa à imaginer
qu'il était le fruit d'une copulation consanguine, cette
relation cousin-cousine ayant donné naissance à ce
rejeton décadent.

Hubert, se sentant observé, éprouvait un malaise
grandissant. Il aurait aimé lui coller le canon de son
Magnum sur la nuque pour le prier de regarder
ailleurs. Les kilomètres s'affichaient au compteur. Le
chauffeur slalomait sur la voie express en direction du
pont d'Austerlitz. Dans un instant, il allait quitter les
berges de Seine pour le quai de la Râpée.

Après une courbe, le véhicule s'immobilisa dans
une note plaintive de la sirène devant une lourde
bâtisse en briques rouges : l'Institut médico-légal. Le
stagiaire attendit un regard de reconnaissance pour sa

conduite habile. Il lui avait fallu à peine cinq minutes pour aller de la place du Panthéon au quai de la Râpée. Il en fut pour ses frais. Hubert fit comme s'il n'existait pas, conseillant simplement à Skolvan, d'un geste ferme, la porte d'entrée de l'Institut.

Skolvan connaissait le chemin. Le ministère de la Défense, auquel il appartenait, le conviait parfois à des autopsies pour donner son point de vue d'expert en science du comportement. Seuls les avis du médecin-légiste et de la Sécurité militaire avaient valeur probante, le sien n'étant que consultatif.

Aucun des quatre hommes n'avait remarqué la R25 noire garée sous la structure métallique du métro aérien qui enrobait hideusement une partie du bâtiment. Deux militaires et un civil se dissimulaient à l'intérieur derrière des vitres teintées. Un jeune ordonnance au crâne rasé tenait le volant. Les deux autres, âgés d'une cinquantaine d'années, se tenaient assis à l'arrière.

Le général Beaulieu dirigeait le COS, le Commandement des opérations spéciales. Ses prérogatives étaient aussi mystérieuses que celles du patron de la DGSE. Son voisin, du nom de Zeman, veillait depuis deux ans aux destinées de la brigade criminelle en qualité de commissaire divisionnaire. L'homme était grand, séduisant et brillant. Après la faculté de droit, il avait fait Sciences Po avant d'intégrer l'école des commissaires. La direction de ce service prestigieux de la police judiciaire ne constituait sûrement pas l'aboutissement de sa carrière de fonctionnaire.

Ils suivaient des yeux Skolvan qui gravissait les marches de l'Institut médico-légal. Hubert et Dunoyer l'escortaient.

– C'est donc lui, dit Zeman comme à lui-même.

Le général Beaulieu se contenta de confirmer d'un hochement de tête. Des photos, estampillées en rouge « Secret Défense », composaient un dossier posé sur ses genoux. Plusieurs d'entre elles montraient Skolvan en tenue commando. Zeman réclama du doigt l'autorisation de les compulser. Le général s'en voulait d'avoir sorti le dossier de Skolvan des archives du ministère. Les Renseignements généraux et la Sécurité militaire collaboraient parfois pour échanger des informations mais, dans le cas présent, il s'agissait d'une affaire criminelle. Le COS était un secteur de l'armée strictement protégé. En confiant ces documents au patron de la Criminelle, il prenait un risque personnel. C'est donc à contrecœur qu'il les lui remit. Le général n'était pas homme à cacher ses sentiments. Il ne chercha pas à masquer ses réticences.

Zeman sentit le conflit intérieur qui agitait le général et s'en amusa. Cet homme, tellement habitué à mariner dans les secrets les plus pestilentiels de la République, devait même dissimuler à sa femme son penchant pour les éclairs au chocolat.

Le couloir de l'institut médico-légal menait aux salles d'autopsie. Sa vétusté reflétait la pauvreté des moyens de l'administration. Les murs avaient une couleur triste et fade. Les néons du plafond vibraient dans des couleurs aléatoires, allant du jaune pipi au vert moisi.

Les trois hommes se heurtèrent à un quatrième vêtu d'un costume sans élégance et à une femme épanouie en blouse blanche.

– Vous êtes en retard ! râla le commissaire principal Narval en guise d'accueil.

La présentation de sa voisine se résuma à :

– Docteur Payet, médecin légiste !

Narval tentait vainement de cacher sous sa moustache une vilaine cicatrice façon bec-de-lièvre. Il fila vers des portes battantes qui giflèrent l'air sous sa poussée et s'ouvrirent un instant sur une salle carrelée de blanc. Skolvan se tourna vers le docteur Payet. La quarantaine éclatante, elle avait enroulé ses cheveux en un chignon sobre, maintenu par un peigne fin en bois de santal. Elle lui offrit un beau sourire et lui tendit la main. Skolvan reçut l'un et l'autre avec plaisir.

– Allez, allez ! laissa échapper Hubert malgré lui.

Cet empressement zélé de maître d'école lui valut les regards moqueurs du médecin légiste et de Skolvan.

Les charnières des portes battantes chuintèrent de nouveau. Ils s'engouffrèrent dans la salle d'autopsie. Dès que le couloir fut désert, un néon se mit en fibrillation, signe funeste de son agonie.

Un corps était enveloppé dans un sac en plastique blanc sur une table de dissection en faïence également blanche. Le docteur Payet alluma le scialytique. La blancheur du décor fut encore plus blessante.

– Je vous préviens, il a séjourné dans l'eau, dit le médecin légiste. Si vous voulez des masques, il y en a là sur la paillasse.

Personne n'osa bouger. La voix du docteur Payet ne trahissait aucune émotion. L'exercice quotidien de la médecine légale avait gommé en elle tout sentiment

superflu. Elle tira la fermeture Éclair et rabattit les
pans du sac. Une cicatrice sommairement recousue à
gros points zigzaguait du bas-ventre au milieu de la
poitrine du cadavre et attestait du passage rigoureux
du médecin légiste. Mais ce furent les déchirures au-
dessus des tétons du mort qui attirèrent Skolvan. Il se
pencha sur elles, fasciné, sous l'œil de la doctoresse et
des trois policiers.

Dunoyer, peu habitué à l'odeur de formol, se pinça
délicatement le nez derrière un mouchoir. Hubert
aurait été incapable de se remémorer toutes les autopsies auxquelles il avait assisté. Aujourd'hui, cela l'en-
nuyait autant que d'aller faire pisser le caniche de sa
mère du temps où elle vivait encore. Quant à Narval, il
dansait d'un pied sur l'autre, rêvant d'en finir au plus
vite pour aller boire une bière à son stand de tir. Les
cadavres encore chauds, porteurs d'un mystère à élu-
cider, excitaient son imagination. Mais ces corps
flasques et éviscérés lui répugnaient.

– Comment expliquez-vous ces déchirures ? finit
par demander Skolvan.

Tous reçurent la question avec soulagement. Le
docteur Payet tourna le regard vers le commissaire qui
l'autorisa à parler d'un signe de tête.

– Des tiges en bois ont été passées horizontalement
sous la chair en évitant les muscles pectoraux.
Ensuite, le corps a été suspendu jusqu'au point de rup-
ture.

– Comment savez-vous que ce sont des tiges en
bois ?

– J'ai retrouvé des fibres dans les chairs, du hêtre,
un bois très résistant, précisa le médecin légiste.

Skolvan poursuivit l'examen en fixant son regard sur la plaie au cœur, un puits sombre et rond de plusieurs centimètres de diamètre.

– La plaie au cœur aussi est bizarre… comme s'il avait été harponné, murmura Skolvan.

Hubert donna un coup de coude à Dunoyer qui ne comprit pas ce que son collègue lui voulait.

– Harponné, c'est le mot, répondit la doctoresse qui avait également l'oreille fine. En dix ans de médecine légale, je n'ai jamais vu ça, un coup porté avec une telle violence… C'est cette blessure qui l'a tué.

– Ils ont tous la même! s'exclama Narval presque à tue-tête.

Skolvan se redressa d'un mouvement brusque et fixa le commissaire avec surprise.

– Comment cela, tous?

– C'est le cinquième qu'on repêche dans la Seine.

– Depuis quand?

– Un peu plus de deux mois.

– Pourquoi la presse n'en a-t-elle pas parlé?

– Ce n'est pas le genre de la maison de donner des conférences à ces oiseaux-là, répondit Narval avec dégoût comme si les journalistes appartenaient à une espèce dangereuse qu'il aurait préféré voir disparaître de la surface de la Terre.

Skolvan se tourna vers le médecin.

– Puis-je vous emprunter des gants, docteur? demanda-t-il avec autant de douceur que s'il l'invitait à danser.

Elle ouvrit un tiroir et lui tendit une paire de gants chirurgicaux. Les yeux brillants d'excitation, Skolvan les enfila sans cesser de fixer le cadavre. Hubert sui-

vait chacun de ses gestes avec curiosité. Il le vit saisir
un bras du mort et examiner les plaies sur son biceps.
Il comprit alors que Skolvan trouvait du plaisir dans
cet inventaire macabre. Cette morbidité fit naître en
lui un obscur sentiment proche de la peur. Dès cet instant, il le considéra comme un personnage dangereux.

– On a pensé à des actes de cannibalisme…, proposa Narval sans trop y croire.

Skolvan secoua négativement la tête.

– Les nécrophages ont des goûts plus sûrs, exposa-
t-il d'un ton espiègle. Ils connaissent les morceaux de
choix. Si ça vous intéresse, je vous passerai des
recettes cannibales.

Dunoyer roula des yeux effarés derrière son mouchoir. De sa vie il n'avait entendu pareille énormité. Il
eut un frisson d'épouvante, à moins que ce fut le virus
de la grippe dont tout le monde parlait.

– Je pense plutôt que le tueur a découpé des
tatouages pour retarder l'identification de la victime.
Vous voyez cette plaie sur l'autre bras ? C'est sa sœur
jumelle, non ?

Le docteur Payet confirma d'un hochement de tête.

Skolvan empoigna la mâchoire du cadavre et lui
ouvrit la bouche en grand pour examiner ses dents.
Hubert, dans un réflexe mimétique, imita le mort.

– On tient à votre disposition les rapports de
l'odontologue, hasarda le docteur Payet.

– Je vous remercie.

Skolvan se redressa et fixa Narval.

– Vous connaissez leurs identités ?

– Non…, hésita, embarrassé, le commissaire. À
part l'un d'eux, un clandestin marocain, un certain…

Il compulsa avec nervosité un carnet de notes.

– Omar Ghanem, répondit Hubert à sa place.

Cet état d'esprit zélateur de Hubert tapait sur les nerfs du commissaire. Il gratifia l'officier de police d'un regard en coin lourd de menaces.

– Omar Ghanem, confirma Narval, agacé. Un petit dealer connu des Stups. Une merde. Il zonait du côté des Halles. Et comme personne n'a signalé les disparitions ou réclamé les corps…

Skolvan se désintéressa de ces médiocres informations. Il prit la main du cadavre d'un geste délicat, presque tendre, et examina ses ongles cassés et tachés de jaune.

– C'est de la peinture ?

– Oui, répondit le docteur Payet. De la peinture végétale.

– Que dit l'examen organique ?

– Lamentable. Le foie était guetté par la cirrhose. Cet homme était un alcoolique.

– Deux autres avaient les mêmes symptômes ! clama Narval. C'est l'Association des alcooliques anonymes !

Tous se tournèrent vers le commissaire qui prit conscience du mauvais goût de sa formule et, embarrassé, adopta une rigidité cadavérique. Skolvan n'avait pas échappé au regard pénétrant de Hubert, qui avait remarqué le tremblement de ses mains et de ses lèvres.

La nuit de l'accident, Skolvan était ivre, comme souvent à cette époque. Depuis ce jour, il n'avait plus jamais touché à un verre de vin. Mais des années après, dans des situations d'extrême tension, la simple évocation des méfaits de l'alcool provoquait chez lui des réactions de stress incontrôlables. Il se mettait à trembler. Une moiteur salée inondait son front et ses tempes. Il devait puiser en lui une énergie folle pour masquer son trouble. Il arracha ses gants, les jeta sur la paillasse et posa un regard douloureux sur les lignes géométriques des carreaux de faïence du mur opposé pour se soustraire à la curiosité de la doctoresse.

– Vous avez noté des sévices sexuels ? demanda-t-il d'une voix asséchée.

– Sur les cinq cadavres, l'examen anal s'est révélé négatif. Pas de trace de sperme.

À part Hubert, personne n'avait remarqué le malaise de Skolvan. Le docteur Payet eut un geste gracieux pour replacer dans ses cheveux le peigne en bois de santal. Elle poursuivit avec le plus grand naturel.

– Ce que je peux vous dire, c'est qu'ils crevaient tous de faim. Leurs intestins étaient plats comme des rubans.

Skolvan chassa la transpiration de son front d'un revers de main et se tourna avec lenteur vers les policiers en respirant à fond. Il avait mauvaise mine sous l'éclairage sans indulgence des néons, mais avait recouvré en partie ses moyens.

– Vous avez affaire au plus dangereux des tueurs sexuels. C'est un impuissant. Il tient ses victimes prisonnières avant de les exécuter. Il les affame pour une raison qui m'échappe. Ce qui le rend terrifiant...

Les trois officiers de police retenaient leur souffle.

– Ce qui le rend terrifiant, c'est son apparence normale. Il est comme vous ou moi. Il est intelligent, peut-être même brillant. Il va tout mettre en œuvre pour échapper à la police. C'est aussi un déviant. Il ne s'arrêtera plus. Chaque meurtre va nourrir le suivant. La cadence des crimes va augmenter.

Skolvan se tut. Narval avait cessé de danser d'un pied sur l'autre. Il le fixait d'un air mauvais comme s'il le tenait personnellement responsable de la situation. Cette enquête allait lui pourrir la vie. Il pouvait s'asseoir sur ses jours de récupération et son voyage aux Antilles avec sa nouvelle conquête. Du rêve sur papier glacé. Adieu le sable blanc, l'eau turquoise et l'amour sous les cocotiers. Il eut la pénible sensation d'être la victime expiatoire d'un complot orchestré par l'administration.

Skolvan, quant à lui, se sentait épuisé. Il aurait aimé s'asseoir ou quitter cette glacière qui empestait le formol. Sa gorge était en feu. Il saliva et chercha à déglutir, mais la douleur le fit grimacer.

Le commissaire divisionnaire Zeman se perdait dans la contemplation des documents photographiques contenus dans le dossier de Skolvan. À côté de lui, le général Beaulieu faisait mine de ne pas le voir. Il tourna à peine les yeux lorsque Zeman lui glissa sous le nez une image montrant des corps figés dans la mort. Ils étaient une demi-douzaine, vautrés sur un sol rocailleux dans des poses grotesques, la plupart avec les jambes tordues sous eux. En y regardant de plus près, on pouvait voir qu'ils affichaient tous le « sourire kabyle » : leurs gorges étaient tranchées d'une oreille à l'autre.

– C'est… l'incident de Somalie qui a motivé son départ de l'armée ? questionna prudemment le commissaire.

Le mot « incident » était un doux euphémisme. L'incident en question avait été une véritable boucherie. Le général se contenta d'esquisser un signe de tête renfrogné.

– On sait ce qui s'est passé ?

Beaulieu fixa dans un soupir la nuque rasée de l'ordonnance assis au volant.

– Soldat, allez fumer une cigarette !

L'ordonnance, répugnant à quitter le fauteuil moelleux et la douce chaleur de la voiture, fit mine de ne pas avoir entendu.

– Tu es sourd ou il faut que je te botte le cul ! aboya l'officier.

– À vos ordres, mon général !

Le militaire gicla hors du véhicule comme à l'exercice. Un bref vrombissement du métro aérien qui passait au-dessus de leurs têtes, porté par l'air glacé, s'engouffra dans l'habitacle.

Cet officier bougon ravissait Zeman. En d'autres circonstances, il l'aurait presque trouvé sympathique. Pour le moment, il attendait avec impatience qu'il se décide enfin à parler. Beaulieu ferma les yeux comme pour se rendre aveugle aux secrets qu'il allait divulguer.

– Les hommes du commando de Skolvan ont tous raconté la même chose : Maillard s'est fait descendre par un terroriste en abordant le village. La Sécurité militaire s'en est tenue à cette version.

– Ce n'est pas la vôtre ?

Le général rouvrit les yeux. Allait-il devoir tout raconter à ce pékin ? Il garda le silence un moment qui parut interminable au commissaire.

– Les terroristes avaient des Kalachnikov. Or, l'adjudant Maillard a pris une balle de 11,43 en pleine tête. Seul le lieutenant Skolvan possédait une arme de ce calibre, un Colt 45…

Zeman se dit qu'ils progressaient. Mais l'histoire lui paraissait encore bien embrouillée. Un petit effort, général…

– Je pense que Maillard s'est mis à déconner à plein tuyau et que Skolvan l'a abattu pour arrêter le massacre… Ceci, évidemment, est confidentiel.

Le général grimaça le mot «confidentiel» comme si un piment sec lui emportait la bouche. Zeman eut mal pour lui. Il s'empressa d'acquiescer pour le rassurer. Rasséréné par le calme et le sérieux du commissaire, Beaulieu s'aventura sur le terrain sentimental, ce qui ne lui ressemblait guère. Il avait eu vent de la relation d'amitié née entre Skolvan, jeune lieutenant, et Maillard, vieille culotte de peau. Il confia sur un ton presque ému :

– Tous les deux s'aimaient beaucoup.

Le commissaire dévisagea son voisin avec surprise. Cet homme, sans doute un des généraux les plus redoutés de l'état-major, avait donc une âme ? L'officier sentit ce regard. L'air de la voiture lui parut soudain irrespirable. Il ouvrit brutalement la portière et déplia son mètre soixante sur le parking de l'Institut médico-légal.

Zeman remonta le col de son manteau. S'il voulait connaître la fin de l'histoire, il allait devoir suivre le bonhomme et affronter le vent du parking. Il s'extirpa du véhicule et le rattrapa en trois enjambées. Il y avait peu de chances qu'on les prenne pour des jumeaux. Autant le général était puissant et ramassé comme un bulldog, autant le commissaire était fragile et élancé comme une girafe.

Ils marchèrent côte à côte un moment. Beaulieu fixait la pointe de ses souliers en chevreau. Zeman surveillait la progression d'une rame de métro qui traversait la Seine sur le pont suspendu. Dans un instant, elle allait vriller les entrailles de la ville en empruntant le tunnel qui jouxtait la morgue. Avant que son tintamarre rende le son de sa voix inaudible, le commissaire se hâta de poser la question cruciale :

– On peut lui faire confiance ?

Le général la banalisa par une réponse de jésuite.

– Il manquait un peu de pondération pour faire un bon officier.

Zeman grimaça un sourire en pensant qu'un bon officier devait bien évidemment ressembler au général Beaulieu. D'ailleurs, s'il se trouvait à ce poste dans la hiérarchie militaire, ce n'était pas un hasard.

– Et aujourd'hui ?

– Aujourd'hui, je le crois excellent dans son domaine.

– Il fait toujours partie de la Défense ?

– La Défense, comme vous dites, paie en partie ses recherches.

Le vacarme du métro interrompit leur conversation. Ils le laissèrent s'enterrer et étouffer sa colère avant de reprendre.

– J'ai parcouru les rapports psychiatriques. Ils sont accablants : « instabilité, état dépressif, hyperviolence »…

Le général s'arrêta brusquement et exécuta un quart de tour réglementaire. Les poings serrés dans le dos, dressé sur les jarrets comme un coq furieux, il fixa le commissaire avec la cruauté d'un bourreau sur le point d'exterminer sa victime.

– Et alors ? ! Ceux qui appartiennent au Commandement des opérations spéciales ne sont pas des enfants de Marie.

– Certes, laissa échapper Zeman en s'efforçant de rire.

Il s'appliquait à ne pas braquer son interlocuteur.

– Drôle de parcours, tout de même.

– Écoutez-moi !

– Je vous écoute.

– Quand un jeune homme de vingt-cinq ans, diplômé de l'Université, se présente dans un bureau de recrutement, on ne le renvoie pas sous prétexte qu'il vient de tuer sa femme et d'estropier son gosse dans un accident de voiture. Au contraire, on peut penser que l'armée l'aidera à surmonter cette épreuve.

Zeman ne put retenir un soupir d'exaspération. Il connaissait par cœur ce discours complaisant et paternaliste. Ces mots creux sur la fraternité des hommes au sein de cette institution confite qu'était l'armée lui donnaient la nausée. Le général Beaulieu, lui aussi doué d'un certain sens psychologique, comprit que sa dernière phrase avait raté sa cible. Considérant qu'il avait assez perdu de temps, il rompit sur-le-champ.

Le chauffeur, assis sur le capot de la R25, se leva d'un bond en le voyant foncer droit vers lui. D'une pichenette, il se débarrassa de sa cigarette et se figea dans un garde-à-vous respectueux. Le général s'engouffra à l'arrière de la voiture sans un regard pour l'ordonnance. Il se doutait bien que le commissaire n'était pas homme à abandonner si facilement la partie. Aussi abaissa-t-il sa vitre et attendit-il, le visage fermé, que Zeman le rejoigne. Beaulieu se fendit alors d'une phrase définitive en forme de conclusion :

– Skolvan est un morpion. Quand il a mordu, il ne lâche plus.

Même si le commissaire avait voulu répondre, la nouvelle rame de métro l'en aurait empêché. Le général referma sa vitre sans un regard, ni un au revoir, et lança à son chauffeur l'ordre de partir.

Zeman était satisfait de sa matinée. Cet homme pressé, secret et renfrogné l'avait amusé. Il ne put réprimer un petit geste désuet d'adieu lorsque la voiture quitta le parking. Son téléphone portable retentit à sa ceinture. Il souriait encore lorsqu'il porta l'appareil à son oreille, mais son air enjoué s'envola en un instant. Sa secrétaire avait une façon incomparable, proche de la perversité, d'annoncer les mauvaises nouvelles. Elle lui apprit sans ambages que la gendarmerie de Villennes venait de repêcher un sixième cadavre dans la Seine.

Le commissaire principal Narval était un ancien voyou. Il n'avait jamais braqué de banques, ni détroussé d'honnêtes gens à la manière d'un Vidocq ou d'un Vautrin, mais il avait grandi dans la banlieue nord de Paris entre des barres de HLM qui concentraient tous les cancers de l'âme humaine : haine et racisme, violence et alcoolisme, débauche et prostitution… Le football et un curé de choc, ancien aumônier parachutiste en Algérie, le sauvèrent de la délinquance. Père Benoît poussa le gamin sur le chemin des études. Le bac en poche, le jeune Narval réussit sans éclat le concours d'entrée à Saint-Cyr-Coëtquidan. Deux ans plus tard, il en sortait sans gloire avec le grade de lieutenant. Un seul choix s'offrait à lui : la biffe ou la cavalerie. Il préféra le béret vert de la Légion étrangère. En casernement à Calvi, il venait de fêter ses vingt ans lorsqu'on lui demanda de sauter sur Kolwezi. Il le fit sans enthousiasme, mena sans panache mais avec efficacité cette opération militaro-humaniste et récolta sans plaisir une médaille de pacotille pour avoir sauvegardé la vie de ses hommes.

Les années passèrent. Il monta en grade, plutôt plus vite que d'autres, jusqu'à celui de commandant. Au bout de quinze ans de bons et loyaux services, selon la terminologie en usage chez les militaires, on le pria d'aller se faire voir chez les civils. Après un stage interminable de reconversion, il intégra l'Antigang de la préfecture de police. Son sens de l'organisation, sa science des armes constituaient des atouts majeurs. Son passé de voyou de banlieue surtout lui donnait un avantage incontestable sur ses collègues qui le craignaient et le jalousaient en secret. Il avait rejoint depuis peu la Criminelle, mais, pour le moment, il courait derrière Skolvan dans un couloir de l'Institut médico-légal.

– Ça vous arracherait la gueule de me répondre clairement ? fulmina-t-il dans le dos de Skolvan. Ça vous intéresse ou pas ?

– Bien sûr que ça m'intéresse ! Un psychopathe dans la nature, vous vous rendez compte ?

– Très bien, pas besoin d'un dessin !

– On tient un cas unique ! Un spécimen exceptionnel !

– On le tient pas encore, rumina Narval d'un air sombre.

Hubert et Dunoyer trottinaient derrière eux. Skolvan bifurqua vers la sortie. Il menait le groupe et lançait des ordres.

– Je veux les photos en couleurs et les vidéos des lieux où les cadavres ont été découverts, les rapports de police, de médecine légale, les témoignages de riverains…

Narval força l'allure pour se porter à sa hauteur. Avec une moue butée, il lui colla dans les mains un dossier rouge sorti d'une serviette. Skolvan eut un sourire sans indulgence. Le zèle de la brigade criminelle à l'engager prouvait qu'elle pataugeait. Une meute de chiens affamés sur les talons, il leur lança un os à ronger.

– Les sadiques sexuels sont très mobiles. Ils peuvent faire des centaines de kilomètres pour rechercher une victime. Avez-vous étudié les similitudes avec des meurtres commis récemment en Île-de-France, disons ces cinq dernières années ?

– On vous demande le profil psychologique de ce malade, pas de nous dire ce qu'on a à faire !

Skolvan accentua son sourire et s'abstint de répondre. L'air frais allait faire du bien à tout le monde. Il poussa la porte et se retrouva face au parking où les rames de métro poursuivaient leur monotone ballet mécanique.

Il se tourna vers les trois officiers de police et lut

dans leurs yeux de l'hostilité. Mais cette agressivité était le cadet de ses soucis. Ce tueur à répétition en maraude dans Paris et ses environs était une aubaine, l'aboutissement de plusieurs années de recherches. Enfin un cas français. Il allait pouvoir oublier, pour un temps, les spécimens américains, dégénérés par les effets pervers du billet vert et du tube cathodique. Certains psychopathes incarcérés outre-Atlantique étaient devenus, au fil des ans, de véritables stars des médias. Les œuvres picturales de l'un des plus abjects d'entre eux, John Wayne Gacy, déguisé en clown avec une tête de mort à la place du visage, se vendaient comme des petits pains bénis par le diable en personne. Les dessins de Ottis Toole, autre effroyable tueur, faisaient presque un aussi bon score. Les t-shirts à l'effigie de Ted Bundy, le visage convulsé, cramoisi, décervelé, après son exécution sur la chaise électrique, provoquaient de délicieux frissons d'épouvante dans les milieux branchés de New York. Il existait même un jeu de société, genre *serial killers pursuit*, avec cartes du crime et sac contenant vingt-cinq bébés à échanger avec ses partenaires! «Je kidnappe, tu trucides, il délivre l'infortuné poupon... »

Ce monde, gangrené par le *merchandising*, s'apparentait à un cauchemar. Aux yeux des policiers, Skolvan incarnait l'espoir, le pourfendeur du mal, l'archange Saint-Michel terrassant le dragon. La réalité était plus triviale.

– Je suis désolé, dit-il sans se forcer, je ne suis pas Merlin l'Enchanteur. Sans connaître l'identité des victimes et le lieu des crimes, je ne peux pas vous dresser le profil de ce type.

– Vous avez tout de même une idée, couina Narval qui avait repris sa danse de Saint-Guy.

– Oui. Il se croit invulnérable. Il pense que les flics sont nuls.

Les policiers tiquèrent sous l'insulte. Narval montra dans un sourire assez laid qu'il avait toutes ses dents et qu'il pouvait mordre. Il sortit un bristol de sa poche et le tendit sans se départir de sa grimace.

– Le commissaire divisionnaire Zeman est un homme très ouvert. Il va sûrement apprécier vos commentaires. Demain, neuf heures, quai des Orfèvres.

Skolvan récupéra la carte et la fit disparaître dans sa poche sans même la regarder. Narval dégringola les marches du perron et fila vers une Peugeot 405 en stationnement. Hubert et Dunoyer l'imitèrent.

– Hé, ma Volvo est restée place du Panthéon ! C'est trop vous demander de m'y déposer ?

Les trois hommes, soudain devenus sourds, s'engouffrèrent dans leurs véhicules respectifs sans répondre.

– Enfoirés ! cracha Skolvan entre ses dents.

Mardi 16 décembre

Skolvan se présenta devant le 36, quai des Orfèvres à neuf heures précises. Après avoir décliné son identité à l'entrée auprès d'un planton sourcilleux, il dut attendre l'accord de la brigade pour être autorisé à franchir le porche. Le factionnaire lui indiqua le chemin avec une mine de chien battu : tout de suite à gauche dans la cour, puis l'escalier jusqu'au deuxième étage. L'ennui qui assommait ce gardien de la paix n'augurait rien de réjouissant.

En abordant le vaste escalier qui supportait vaillamment des siècles de piétinement, Skolvan se crut ramené au temps de son internat en Bretagne. Il retrouvait la même odeur entêtante d'encaustique, la même couleur propre et fade des murs, la même inclinaison des marches qui réclamait le guide de la rampe. Les fonctionnaires montaient et descendaient, certains quatre à quatre, d'autres au ralenti, comme épuisés par la perspective d'une morne journée de labeur. Ils s'interpellaient d'un étage à l'autre, s'embrassaient entre hommes et femmes, commentaient l'émission de télévision de la veille. Ces laborieuses prises de service matinales semblaient communes à toutes les administrations.

Skolvan se heurta à un sas en Plexiglas et cornières d'aluminium. Un agent débonnaire s'y tenait assis. Aussi bon physionomiste qu'un croupier de casino, il tenait le doigt du *sésame ouvre-toi*. Sans sa reconnaissance ou le dépôt d'une pièce d'identité, le visiteur était condamné à rester de l'autre côté de la paroi transparente.

Skolvan glissa son passeport dans une fente et la porte s'ouvrit sur le monde feutré de la brigade criminelle.

– Asseyez-vous sur le banc. On va venir vous chercher.

Skolvan ne pouvait pas se tromper, il n'y en avait qu'un, collé contre un mur. Il s'installa et attendit. De temps en temps, une porte s'ouvrait sur un homme pressé qui lui jetait un coup d'œil soupçonneux. Nul ne venait impunément à la brigade criminelle. Ceux qui s'asseyaient sur ce banc devait appartenir, sans l'ombre d'un doute, à la catégorie du suspect ou du témoin.

Skolvan découvrit sans enthousiasme Dunoyer planté devant lui. Le jeune homme, dans une indifférence réciproque, réprima un bâillement.

– C'est par là, se contenta-t-il de dire en tendant une main molle vers une direction imprécise.

Skolvan se leva et le suivit. Ils grimpèrent un étage et arrivèrent dans un couloir vétuste au bout duquel se trouvaient les bureaux des commissaires. Ils surprirent, dans un renfoncement du mur, deux gardiens de la paix antillais vautrés sur une table et les mots flé-

chés d'un magazine de télévision. À l'opposé de leur
alcôve se situaient les cellules des prévenus.

Skolvan traversa la première pièce. Une pétulante
secrétaire dont le ventre rond attestait d'une arrogante
maternité lui adressa un sourire engageant. L'humanité de ce visage féminin lui fit du bien.

Le commissaire divisionnaire Zeman quitta le fauteuil de son bureau pour se porter au devant de Skolvan et lui serrer la main avec empressement.

– Cher monsieur, vos oreilles ont dû siffler! Vos
supérieurs m'ont dit de vous le plus grand bien. Ils
vous ont chaudement recommandé.

– Ça m'étonnerait.

Si Zeman l'avait mieux connu, il se serait abstenu
de lui servir ces flatteries. Skolvan retira froidement
sa main, s'assit sans y avoir été invité et négligea les
autres policiers présents.

Zeman interrogea Narval du regard. Le commissaire principal ne sut que répondre. L'affaire s'enga-
geait mal. Il retourna s'asseoir.

– Vous connaissez déjà Narval qui me seconde et
Hubert dont le groupe a en charge l'affaire qui nous
occupe. Je devrais dire qui nous préoccupe.

Skolvan jeta un regard morne à Hubert. Le policier
ne fit aucun effort pour lui être agréable. Le coin de
ses lèvres formait des virgules méprisantes. Deux
autres officiers subalternes, un grand dégingandé et
un jeune bien charpenté, avaient tombé la veste. Ils ne
portaient pas d'armes.

– Alors, monsieur Skolvan, comment voyez-vous la

vie ? s'inquiéta Zeman en basculant son buste vers
l'avant.

– En rouge sang, ironisa-t-il dans un sourire provocateur. C'est très difficile de tuer quelqu'un. Ça se
débat, ça crie, ça saigne, ça laisse des traces. Mais
arrêter l'auteur de ces crimes l'est encore plus. Surtout
quand le tueur planifie les meurtres avec méthode.

Zeman eut un geste d'impatience.

– Je ne veux pas d'explications scientifiques, mais
des résultats. Hier, la gendarmerie de Villennes a repê-
ché un nouveau corps, le sixième. La plaisanterie a
assez duré. Je *nous* donne une semaine pour mettre ce
malade hors d'état de nuire.

Skolvan apprécia modérément le *nous*. Il éprouva
le désir de faire une mise au point.

– Je rencontre les tueurs psychopathes là où ils
sont, en prison. J'essaie de comprendre leur comportement, leurs motivations. Mais une fois incarcéré, le
meurtrier sans mobiles est un autre homme, souvent
un prisonnier modèle. Il simule la folie, joue le
remords, manipule les psychiatres. Depuis le temps
que je m'intéresse à eux, je sais déjouer leurs ruses,
mais je n'ai aucune compétence pour les traquer. Je ne
suis pas un chasseur.

– On ne vous en demande pas tant, le coupa
Zeman. On souhaite simplement que vous nous aidiez
à dessiner son profil psychologique. Alors, à quoi ressemble-t-il ?

Skolvan se cala dans son fauteuil et croisa confor-
tablement les jambes. Ce flic haut de gamme ne lui
était pas antipathique. Il décida de se montrer
aimable.

– Il est lisse, transparent, indétectable.

Zeman grimaça de nouveau, mais cette fois d'inquiétude.

– Il pourrait nous échapper ?

– Il a vingt-cinq pour cent de chances de ne jamais se faire prendre.

Zeman bascula le buste en arrière comme s'il tombait à la renverse. Un masque soucieux durcit son visage. Il surveilla Skolvan un moment en silence, se demandant si cet homme parlait franc par souci d'efficacité ou par goût de la provocation.

– Vingt-cinq pour cent de chances… Vous rigolez ?

– Désopilant, en effet, lança sans rire Skolvan.

Les officiers de police ne pipaient mot. Ils fixaient ce spécialiste irrévérencieux d'un air mauvais. Zeman se donna le temps de la réflexion en s'adressant à Narval.

– Le dossier est sur votre bureau ?

– Affirmatif.

Narval n'avait jamais réussi à se débarrasser de ses tics d'ancien militaire. Autant demander à un Marseillais d'abandonner son accent ! Il avait également une manière bien à lui de foncer tête baissée, pour passer d'un bureau à l'autre, comme s'il franchissait la porte d'un avion en plein vol. Ce comportement ravissait le divisionnaire. Narval revint au même pas cadencé et lui remit une chemise gonflée de documents. Il l'ouvrit et, sans émotion, passa en revue les photos anthropométriques des victimes. Elles étaient toutes en couleurs et en plongée totale à même la boue des bords de Seine.

– Si l'on pouvait au moins évaluer les risques des

victimes, laissa échapper le divisionnaire d'un ton
rêveur.

– Et du meurtrier !

Zeman fixa Skolvan avec curiosité.

– Du meurtrier ?

– Oui, le meurtrier prend aussi des risques,
autant que ses victimes. Un psychopathe peut agir
de façon totalement irrationnelle : mordre, laisser de
la salive ou du sperme. C'est la raison pour laquelle
il jette les corps dans la Seine, pour les laver de
toutes traces.

– Pour les purifier ? hasarda Narval.

– Peut-être, répondit-il avec prudence sans daigner
regarder le commissaire assis dans son dos sur un
radiateur.

Zeman lui tendit une poignée de clichés comme s'il
cherchait par ce geste à se rendre convaincant.

– Vous avez vu, tous les cadavres portent les mêmes
blessures. On a affaire à des crimes rituels, n'est-ce
pas ?

– Oui. Ces blessures sont la signature du tueur…
Quand on aura découvert de quel rite il s'agit, on aura
identifié son auteur.

Zeman s'adossa au fauteuil, vidé d'espoir et d'énergie. Skolvan jugea que le patron de la Criminelle était
un homme impatient et soupe au lait. Il s'amusa à
l'idée de le voir bondir à l'annonce d'une proposition
séduisante.

– Vous pourriez enquêter auprès d'ethnologues qui
travaillent sur des sociétés archaïques.

Gagné ! Zeman s'était redressé, l'œil brillant d'excitation. Il n'était d'ailleurs pas le seul. Narval avait

quitté l'inconfortable radiateur et se tenait debout, en proie à une nouvelle agitation.

– Excellent! s'exclama-t-il. Je connais le conservateur en chef du département Amérique du musée de l'Homme.

– Vous?

Zeman regardait son subalterne avec étonnement. Narval sortit les griffes. Il n'aimait pas qu'on lui rappelle ses origines modestes.

– Ben oui, moi! Je n'ai pas que des amis voyous dans mon carnet d'adresses!

Zeman battit en retraite d'un geste apaisant comme pour s'excuser. Narval, pas calmé pour autant, fixait son patron avec sévérité.

– Mussenbroeck est un copain de lycée. On s'est jamais vraiment quittés.

– D'accord, trancha Zeman, pressé de clore le chapitre.

Il se tourna vers Skolvan.

– Pourquoi ne pas infiltrer les sectes ou les intégristes religieux?

– Parce que vous l'avez sûrement déjà fait et que ça n'a rien donné.

Le silence admiratif du divisionnaire avait valeur d'affirmation.

– L'homme agit seul, poursuivit Skolvan. Il est comme un animal sauvage tapi au fond des bois. Il guette sa proie avec une infinie patience. Il se jette sur elle au moment où elle s'y attend le moins. Alors seulement, il la dépèce en toute quiétude, avec délectation. Ces tueurs ont un rythme cardiaque qui baisse au moment de passer à l'acte.

Dunoyer, taraudé par le virus de la grippe, éternua bruyamment, ce qui eut pour effet de détendre l'atmosphère. Un petit rire nerveux se fit même entendre. Zeman se pencha en avant comme un confesseur éberlué par la gravité des fautes avouées par son pénitent.

– Excusez ma curiosité, monsieur Skolvan. Puis-je savoir ce qui vous attire chez ces gens-là ?

Skolvan ne cilla pas devant l'intensité du regard du divisionnaire. Bien au contraire. Cette question, il l'avait entendue maintes fois. Il tenait à la disposition des curieux un lot de réponses toutes prêtes avec des degrés divers de provocation. Ce matin, plutôt bien disposé à l'égard de cet homme élégant et courtois, il choisit une formule modérée.

– Les gens normaux me désespèrent.

Skolvan sentit dans son dos des manifestations d'hostilité. De fait, Hubert, se considérant comme normal, avait levé les bras au ciel. Le regard glacial de Zeman ramena son subordonné à plus de retenue. Skolvan s'amusait à repérer les rivalités, les dissensions, les rapports d'autorité entre ces hommes qui n'avaient pas d'autre choix que celui de vivre ensemble.

– À mon tour de vous poser une question, dit-il d'une voix neutre. Quand vous aurez mis la main dessus, que comptez-vous en faire ?

– Bang !

Skolvan pivota vers Hubert. Le policier avait encore les deux doigts pointés sur sa tempe comme le canon d'un revolver. Il se trouva stupide et abaissa son bras le long du corps.

– Excusez-moi, dit-il d'un air penaud.

Skolvan fit de nouveau face au divisionnaire.

– Il ne faut pas le tuer.

– Pourquoi ? demanda Zeman. On peut le guérir ?

– Non.

– Alors ?

– Mort, il ne servira plus à rien. Vivant, il nous aidera peut-être à comprendre ceux qui sont encore en liberté.

Zeman se leva avec brusquerie, presque avec agacement.

– Rassurez-vous, monsieur Skolvan, notre rôle est d'arrêter les criminels, pas de les exécuter. Nous les livrons à l'appareil judiciaire qui possède l'arsenal adéquat. Après, ce n'est plus notre affaire. Je vous raccompagne.

Il l'invita à le précéder.

– Je trouve votre idée des ethnologues intéressante. Mon adjoint va consulter nos fichiers et vous concocter une liste.

Ils traversèrent comme de vieux camarades le bureau de Narval où la secrétaire exhibait toujours son ventre rond avec orgueil. Décidément, la grossesse lui allait à ravir.

À la vue du patron de la Criminelle, les deux gardiens de la paix antillais rectifièrent à peine leur position. Zeman se tourna vers Hubert qui suivait docilement.

– Vous avez rendez-vous à la morgue cet après midi, n'est-ce pas ?

– Exact, patron. À quatorze heures précises, répondit-il avec déférence.

Zeman dirigea Skolvan vers la sortie. Il avait pris le goût de donner des ordres, mais ne se doutait pas que Skolvan avait perdu l'habitude d'en recevoir.

– Soyez-y. Le commandant Hubert vous remettra la liste des chercheurs qui collaborent parfois avec nous.

Skolvan eut du mal à masquer son agacement.

– Je n'ai nullement l'intention de changer quoi que ce soit à mes habitudes. Je vous fournirai des rapports sur la personnalité du tueur au fur et à mesure des progrès de l'enquête que *vous* menez. Rien de plus.

– Bien entendu, s'empressa d'ajouter Zeman, soucieux de se concilier les bonnes grâces de ce spécialiste fort irritable.

Ils se quittèrent sans se serrer la main. Zeman l'observa franchir le sas et disparaître dans la cage d'escalier.

Skolvan eut juste le temps de traverser la Seine pour se rendre à la faculté de médecine. Il avait prévu depuis longtemps de suivre la conférence d'un éminent psychiatre sur les développements récents de la recherche dans le domaine de la neurobiologie appliquée aux crimes sexuels. Au cours de cette heure de monologue savant, il entendit un maximum d'âneries.

Le professeur, du haut de sa chaire, soutenait que la psychopathie était d'origine génétique. On risquait à l'avenir de découvrir, parmi les bambins encore aux berceaux, des *natural born killers*. Skolvan trouva cette thèse grotesque, mais nota tout de même, par conscience professionnelle, des bribes du discours.

« Au centre du cerveau se trouve le système limbique, siège des émotions de haine et de violence.

Dans la plupart des cas la pensée socialisée empêche l'individu d'agir en fonction des impulsions irrationnelles générées par ce système. La prise d'un médicament anticonvulsif empêche les crises de démence. »

Voilà le fond de l'affaire ! L'acharnement thérapeutique comme panacée ! Le psychiatre avoua avoir administré à des individus socialement dangereux des doses massives de sérotonine, une substance sécrétée par l'organisme qui agit comme un étouffoir, un frein sur la violence, en abaissant le niveau des neuroémetteurs du cerveau. On pouvait espérer que les tueurs sanguinaires et autres criminels déments, par la magie de ce produit naturel, allaient être transformés en de paisibles moutons.

Après une heure de ce discours assommant, Skolvan quitta la salle en claquant la porte pour manifester sa désapprobation. À la différence du neurologiste, il pensait que les actes des psychopathes s'expliquaient par leur milieu social, leur éducation et certains traumatismes de leur enfance. Ces éléments, enfouis dans la mémoire, sommeillaient comme un virus qui, un beau jour, s'activait et semait la terreur et la mort autour de lui.

Il éprouva le besoin de voir du monde pour se convaincre qu'il n'était pas le seul sur cette planète à s'agiter. Le spectacle de la rue lui fit du bien. Assis derrière la vitre embuée d'une brasserie, devant un café qu'il oublia de boire, il laissa divaguer son esprit. Ses réflexions l'absorbèrent au point qu'il négligea le rendez-vous à l'Institut médico-légal. Il se leva et quitta l'établissement sans se presser.

Lorsqu'il poussa les portes de la salle d'autopsie, il était près de quatorze heures trente. Le docteur Payet se tourna vers lui. Elle était affublée d'un masque filtrant au charbon actif, d'un tablier d'écailler, de gants chirurgicaux et de bottes en caoutchouc comme pour la pêche à la crevette. On connaissait pour une femme des tenues plus affriolantes. Elle replongea ses mains dans les entrailles du cadavre.

Skolvan s'adossa nonchalamment au mur et jeta un regard en coin à Hubert et Dunoyer qui affectèrent de l'ignorer. Une manière de rappeler au retardataire que le respect de l'heure était tout aussi important que celui dû à un supérieur. Skolvan, devinant leurs pensées, ne put s'empêcher de sourire. Le jeune policier, un bloc-notes et un stylo-bille en main, faisait office de fonctionnaire procédurier.

– Bon, reprenons… « Couvert de vermine… Aisselles, aines mycosées… Foyer tuberculeux au poumon droit… »

– La tuberculose ne court pas les rues, mais c'est là qu'on la trouve. Cet homme est sûrement un vagabond.

Le docteur Payet s'était exprimée sans se retourner. Skolvan ne voyait d'elle qu'un dos arrondi et le nœud de son tablier.

– Quand saura-t-on s'il a été drogué à la Noctanide comme les autres ? demanda Hubert avec la mine sévère d'un sacristain.

– Demain.

La réponse du médecin légiste, aussi sèche qu'imprécise, ne l'offusqua pas. Skolvan tenta sa chance.

– Il est de type méditerranéen ?

Le docteur Payet se redressa et se tourna vers lui. Ses yeux vifs et joliment maquillés étaient soulignés par la proximité du masque, mais son tablier plastifié, ruisselant de matières douteuses, ruinait le tableau. Elle montra de sa main gantée la toison anthracite du cadavre.

– Voyez vous-même : peau mate, cheveux noirs… jusqu'à l'implantation des dents. Je dirais qu'il est gitan.

– Ça prouve quoi ? intervint Hubert qui entendait affirmer sa compétence territoriale dans l'enceinte de l'Institut médico-légal.

Skolvan lui répondit sans cesser d'admirer les yeux pâles de la femme.

– Que le tueur cible des inconnus qui se ressemblent. Ils ont tous la peau mate et les cheveux noirs.

L'analyse détaillée des gros plans photographiques des autres victimes, réalisés sur les berges de la Seine, montrait effectivement qu'elles répondaient à ces caractéristiques. Hubert, furieux après lui-même d'avoir manqué l'occasion de donner à ses supérieurs la primeur de cette évidente observation, chercha à reprendre l'initiative.

– En tout cas, on risque pas de le faire bander. On n'est pas son genre.

Cette réflexion d'un goût exquis laissa tout le monde pantois. Skolvan la mit sans indulgence sur le compte de la bêtise. Il prit le parti de l'ignorer, tout comme le médecin légiste qui lui tourna le dos sans regret.

– Vous avez parlé de ses dents, docteur ?

– Oui, les radios des racines dentaires prouvent qu'il est originaire du bassin méditerranéen. C'est une constante qui ne trompe pas.

– Elles sont couronnées ?

– Certaines. Des prothèses de mauvaise qualité comme celles de l'armée.

– Voilà pourquoi personne ne réclame les corps.

Le docteur Payet suspendit de nouveau son autopsie pour regarder Skolvan. Les deux policiers qui s'attendaient à une révélation l'imitèrent.

– Le tueur capture des paumés, des SDF. C'est une clientèle facile à appâter. Ces gens-là ont cessé d'exister pour leurs familles, pour la société. Pas de domicile, plus d'identité… La tuberculose est une maladie dangereuse, n'est-ce pas, docteur ?

Le médecin légiste abaissa son masque pour donner plus de poids à sa réponse.

– Et comment ! C'est très contagieux si on n'est pas vacciné.

Skolvan se tourna vers Dunoyer.

– Vous devriez interroger les services sociaux. Ils ont sûrement recensé les tuberculeux.

Dunoyer écrivit la suggestion sur son bloc-notes tandis que Hubert, se sentant une fois de plus distancé, se mit à ruminer méchamment dans son coin.

Le parking de l'Institut médico-légal était balayé par un vent polaire. Hubert tendit triomphalement à Skolvan une liste dactylographiée où une dizaine de noms avec des numéros de téléphone étaient imprimés. Il entendait ainsi le convaincre de l'efficacité des services de police. Skolvan n'en doutait pas. Il tira posément la fermeture Éclair de son blouson jusqu'au menton avant de la consulter. Le premier de la liste s'appelait Petrus Mussenbroeck, l'ami de Narval.

Hubert fouilla la portière de sa voiture et sortit une carte de la région parisienne. Il la déplia avec difficulté sur le toit. Le tracé sinueux de la Seine sautait aux yeux. À l'aide d'un feutre rouge, il entoura sur la rive du fleuve les endroits où les corps avaient été repêchés.

– Les deux derniers ont été trouvés là, à Villennes. Ici, dans une zone de déchirage de péniches, et là, coincé contre le pilier d'un pont.

Le vacarme d'une rame du métro aérien accompagna Dunoyer qui revenait de l'Institut, apparemment satisfait.

– Mission accomplie ! hurla-t-il pour se faire entendre. Les tuberculeux sont entre de bonnes mains. On nous communique la réponse dès que possible.

Hubert, absorbé par sa démonstration magistrale, l'ignora. Il fit une croix péremptoire en amont des six cercles.

– Pas de doute, c'est là que ça se passe !

Skolvan lui emprunta le feutre et dessina à son tour une croix, mais au beau milieu des cercles.

– Le tueur est capable de transporter les corps n'importe où pour les voir repasser au fil de l'eau.

– Tu parles d'une distraction ! s'exclama Dunoyer dans une grimace de dégoût.

– Pourquoi ferait-il ça ? demanda Hubert.

– Pour enrichir ses fantasmes.

Skolvan vit passer dans les yeux du policier un voile d'incrédulité. Il savait que cet homme, confronté quotidiennement aux affaires les plus sordides, aux récits les plus sanglants, aux dérives les plus démentes, s'était fabriqué une carapace de scarabée pour se protéger des mauvais coups de la folie. Son bouclier de défiance fonctionnait au quart de tour.

– Vous voulez que je vous raconte une histoire ? proposa Skolvan d'un air perfide.

À la différence de son supérieur, Dunoyer était tendre et vulnérable. Au risque de se perdre, ses yeux se fendirent de gourmandise.

– Il était une fois un psychopathe qui tuait les femmes avec un couteau à désosser. Son truc à lui, c'était de les pendre nues par les pieds à la branche d'un arbre et de les saigner comme des truies. Il était conducteur d'ambulance. C'est lui qui prévenait les flics qu'une victime avait été démembrée dans un bois. Il s'arrangeait pour être le premier sur place avec son véhicule et jouir de cette situation invraisemblable : convoyer jusqu'à la morgue la femme qu'il venait de tuer.

Hubert fit claquer sa langue. Sa bouche était sèche comme s'il avait traversé le désert de Gobi. Celle de Dunoyer ressemblait à un cul de poule. Skolvan ne put s'empêcher de rire.

– Remettez-vous, messieurs, ce tueur n'est pas de mes amis... juste une connaissance.

Cet humour noir était tout ce que Hubert détestait. Il s'ébroua pour recouvrer ses moyens.

– Vous faites quoi maintenant ?

– Ça vous regarde ?

– Je crois. Le patron a dit : « Vous êtes à notre service... »

– Pas à vos ordres !

Skolvan rompit le contact pour se diriger vers sa Volvo. Hubert cria après lui :

– C'est un peu comme si vous étiez sous contrôle judiciaire ! Interdiction de quitter la capitale !

– Fous-lui la paix, marmonna Dunoyer.

Skolvan s'engouffra dans sa voiture et fila sans un regard.

Hubert, satisfait de son trait d'esprit, ricana avec fatuité. Dunoyer eut un hochement de tête désapprobateur. Déjà que cette affaire sentait le sang et la vase à en avoir la nausée, son supérieur semblait prendre un malin plaisir à jeter de l'huile sur le feu. Craignant de ne pas être épargné par les éclaboussures, il appréhendait déjà les jours à venir.

Skolvan se réfugia dans sa péniche. La nuit tombait sur le Bois de Boulogne. Il alluma toutes les lampes pour se donner l'illusion que sa vie était une fête et descendit dans la cale chercher des bûches. Lorsqu'il pleuvait, le conduit refoulait, mais ce soir l'air piquait. La cheminée tira à merveille dès le premier craquement d'allumette. Anna lui avait déposé un faitout rempli d'une potée à laisser mijoter sur feu doux. Il s'installa devant la cheminée et se laissa fasciner par les flammes, retardant le moment de rouvrir le dossier de la brigade criminelle.

Un jour, des diapositives de brasiers, projetées sur un mur, lui avaient révélé dans les flammes la présence d'êtres démoniaques, de monstres terrifiants, de gorgones stratifiées par le feu. Évidemment, il s'agissait d'images mentales, fruits de l'imagination. La sienne était débordante. Il voyait des personnages de terreur dans chaque flamme comme s'il souffrait d'une crise de delirium. La magie disparaissait dès qu'un cliché chassait l'autre.

En étalant devant lui les portraits en buste des cadavres repêchés dans la Seine, il contempla d'autres images de cauchemar. Il ne faisait aucun doute que le tueur sélectionnait avec soin ses victimes. Il fallait qu'elles aient toutes le même type pour appartenir à son club macabre : tignasses noires et drues, peaux sombres, traits fins, muscles effilés...

Le commandant Hubert avait au moins compris cela : le surfeur californien ou le bourgeois ventripotent au teint blafard ne risquait pas de faire bander ce dément. Cependant, pour Skolvan, le tueur était un impuissant.

Il compara ensuite les blessures à la poitrine des cinq premières victimes. Là non plus, aucun doute possible : même *modus operandi*. La peau était arrachée entre cinq et dix centimètres au-dessus des tétons, à l'exception de l'une d'elles, dont le pectoral droit était démesurément enflé et violacé par la perforation de la tige en hêtre.

Skolvan laissa aller sa nuque contre le dossier du canapé et fixa un point vague au plafond. Il ferma les yeux et s'efforça d'imaginer le déroulement de l'acte criminel. Pourquoi une tige ? Pourquoi du hêtre ? Pourquoi suspendre les corps ? Il finit par renoncer. Sans connaître l'origine du rituel, il n'avait aucune chance de comprendre la personnalité du meurtrier.

Tigrou se doutait qu'il allait encore prendre un coup de savate. Ne désespérant pas de réussir à apprivoiser son nouveau maître, il rampait sournoisement vers lui lorsque, pris de panique, il détala ventre à terre. Skolvan avait brusquement quitté le canapé. Un crochet par la cuisine lui permit de vérifier l'adage : une potée réchauffée est toujours meilleure. Salivant à l'avance, il s'assit devant l'ordinateur. La souris à peine saisie, le repos d'écran aquatique s'effaça. Skolvan se connecta sur le réseau Internet, appela le menu général et partit à la pêche en tapant : *(ritual crimes)*.

Une liste impressionnante de propositions apparut. Il soupira. Dépouiller toutes ces rubriques lui prendrait une éternité. La profusion des informations du Net frisait parfois la folie. De quoi décourager les plus persévérants. Il cliqua sur l'une d'elles au hasard. Un texte en anglais s'afficha. Skolvan le déroula sans le lire. Les mots dansaient devant ses yeux dans un ballet monochrome sans intérêt. L'envie le prit de tout laisser tomber et de passer à table lorsqu'une photographie, glissant à toute vitesse, retint son attention. Il revint en arrière. Elle représentait un Tamoul du Sri Lanka, les joues perforées de part en part par une tige métallique de barbecue.

Skolvan lut la légende. Il s'agissait d'une manifestation religieuse annuelle au cours de laquelle des centaines d'impétrants en transes se flagellaient, se transperçaient le corps de piques et de crochets, et franchissaient des mètres de braises incandescentes dans une communion d'amour avec les innombrables divinités locales.

Il jugea avoir vu assez d'horreurs pour la journée. Les supplices, fussent-ils de Tantale, n'étaient pas ce qu'il appréciait le plus au monde. Il était temps d'aller à la rencontre de cette potée.

Mercredi 17 décembre

Une dépression avait traversé la France par l'ouest durant la nuit, apportant douceur et pluie. Skolvan mit près d'une heure en voiture pour atteindre la place du Trocadéro. C'était ainsi chaque fois qu'il pleuvait sur Paris. Excédé par les embouteillages, il abandonna la Volvo devant l'entrée des musées, en pleine zone rouge. Il n'avait pas lâché le volant qu'un agent, la pèlerine ruisselante, fonça sur lui et le pria de dégager. Skolvan, généralement discret sur ses activités au ministère de la Défense, exhiba une carte officielle et exigea du policier une surveillance renforcée de son automobile. Il l'informa avec une joie mauvaise que son absence durerait une bonne heure. Le fonctionnaire rangea son carnet de procès-verbaux sans oser contester.

Skolvan gravit quatre à quatre les marches communes aux musées de l'Homme et de la Marine, moins pour rattraper le temps perdu que pour se mettre à l'abri. Un totem, planté sur le perron, brisa son élan. Une plaque gravée lui indiqua que ce gigantesque mât appartenait au peuple constructeur de la côte ouest de l'Amérique du Nord : les Tlingits.

Impressionné par la hauteur de l'œuvre, il leva les yeux et découvrit, suspendue entre deux tiges métalliques, une toile peinte en lettres rouges. *LES PRÉDATEURS – RÊVES ET RITES D'UNE SOCIÉTÉ GUERRIÈRE – Inauguration le samedi 20 décembre.*

Skolvan traversa le hall et se dirigea vers l'accueil. L'hôtesse, sans lui demander la moindre explication, lui indiqua le chemin, a priori fort compliqué. On entrait dans les bâtiments de l'administration du musée de l'Homme comme dans un moulin !

Il prit un ascenseur qui ressemblait à un monte-charge, enfila des couloirs sans lumière, encombrés d'armoires métalliques, sans doute remplies de paperasses inutiles qu'aucune note de service n'avait vouées au pilon, et longea des cloisons vitrées au-delà desquelles on ne voyait rien, des caisses empilées jusqu'aux plafonds masquant la vue. Il déambula dans un labyrinthe poussiéreux, sentant la craie, le papier kraft et l'osier des malles. Cet endroit resterait sans doute dans le même état pendant les mille prochaines années sans que personne ne s'en rende compte. Skolvan en eut froid dans le dos. Il se hâta de trouver la bonne porte.

Pour aider le visiteur dans son errance, des inscriptions jalonnaient le parcours comme dans un jeu de pistes : *Anthropologie, Terre de Feu, Amérique centrale, Art précolombien.* Croyant reconnaître des armoires réformées et des caisses oubliées, il se demanda s'il n'avait pas déjà emprunté ce même chemin. Il finit par ouvrir une porte et entrer. Pas au hasard. Une affichette, collée sur la vitre, représentait les caricatures de Tintin et Milou escaladant la face d'un temple aztèque. À l'horizon du dessin, un soleil levant encerclait la griffe de Petrus Mussenbroeck.

Un échafaudage de caisses formait un corridor anguleux. Skolvan déboucha sur un laboratoire de recherches. Un homme et une jeune femme en blouses blanches lui tournaient le dos. Le couple était immobile, concentré sur une masse sombre qu'une lampe articulée de bureau éclaboussait. Skolvan s'éclaircit la voix pour les prévenir de sa présence. L'homme pivota et montra des dents d'une blancheur suspecte, prêt à mordre.

– Quoi ? Qu'est-ce que c'est ? aboya-t-il.

– Petrus Mussenbroeck ?

– Qu'est-ce que vous lui voulez ? Suzanne, regardez ce que vous faites, bon Dieu !

L'assistante sursauta et recouvra instantanément une rigidité douloureuse. Elle serrait au bout d'une pince à épiler un morceau d'étoffe dont l'essentiel tenait lieu de linceul à une momie andine. La créature, repliée sur elle-même, en équilibre sur son séant décharné, reposait sur une table métallique. Ses orbites, deux fosses mystérieuses, et ses chicots, soudés dans un sourire qu'on espérait amical – de toute façon plus avenant que celui de Mussenbroeck – composaient une face effrayante. Seule la gaieté du nœud papillon de l'ethnologue retenait le visiteur de prendre la fuite sur-le-champ. D'un bleu morpho phosphorescent, l'avait-il capturé au cours d'une expédition, voletant au fil de l'eau du rio Negro, avant de le momifier et de l'épingler à son col de chemise ? Un homme qui portait un tel nœud papillon ne pouvait pas être totalement mauvais.

– Alors ? lâcha-t-il au comble de l'impatience.

– Le commissaire Narval…

– Narval ! Il faut toujours qu'il m'envoie des admirateurs quand je suis débordé.

– Je ne suis pas un admirateur. J'ai juste besoin de renseignements sur certaines pratiques rituelles.

Skolvan n'attendit pas la réaction de Mussenbroeck. Il fouilla dans la chemise de la brigade criminelle et lui tendit avec fermeté les photos anthropométriques.

Mussenbroeck arracha dans un soupir ses gants chirurgicaux et s'empara des documents.

– Pff, quelle hécatombe ! dit-il en découvrant les cadavres englués sur les rives de la Seine. Il y en a beaucoup comme ça ?

– Six… pour l'instant.

– C'est un comique, votre client.

– Il nous fait beaucoup rire en effet.

Mussenbroeck releva les yeux pour s'assurer qu'il n'avait pas affaire à un plaisantin. La gravité du visage du visiteur rassura le conservateur.

– Que voulez-vous savoir ?

– Si les blessures sur leurs poitrines vous évoquent quelque chose.

Mussenbroeck se tourna vers son assistante.

– Suzanne, la loupe !

L'assistante sursauta. Elle avança prudemment sa main libre vers divers objets de dissection en évitant de bouger celle qui tenait la pince et l'étoffe de la momie. Skolvan trouva Mussenbroeck injuste envers cette pauvre fille. Il lui épargna de se faire de nouveau rabrouer en saisissant la loupe à sa place et la tendit à Mussenbroeck, qui ne le remercia pas davantage. Le conservateur se plongea dans la contemplation des plaies avec la même attention que s'il s'agissait de dépouilles aztèques vieilles de mille ans.

– Ils ont été suspendus par le bout des seins ?

– Oui.

– Non, vraiment, ça ne me dit rien.

Il releva les yeux et surprit son assistante qui faiblissait.

– Suzanne, nom de Dieu ! Cette demoiselle a six cents ans ! Elle mérite d'être traitée avec respect !

La jeune femme figea de nouveau son geste. À l'évidence, Mussenbroeck la terrorisait. Elle grimaçait à en devenir laide et lançait des appels au secours à Skolvan, dont l'attention fut détournée par le conservateur qui lui rendait les photos.

– Rien d'autre ? demanda-t-il, pressé d'en finir.

– Ça ne vous fait pas penser à un rite primitif ?

– Rite primitif. Vos cadavres datent d'hier. Moi, je travaille sur des natures mortes beaucoup plus anciennes. Et en plus, pour ne rien vous cacher, il y a belle lurette que les Indiens ont disparu d'Amérique. Enfin, je parle de ce que je connais, l'Amérique centrale. Cette pratique n'a jamais existé, même à l'époque des sacrifices humains. Les prêtres incas usaient d'autres raffinements, rien de comparable avec ce que ces pauvres diables ont enduré. Vous faites fausse route, monsieur... Monsieur ?

– Skolvan.

– Skolvan ? C'est breton ce nom-là !

Skolvan se contenta d'acquiescer d'un signe de tête.

– Voilà un peuple qui a créé de bien beaux rites funéraires !

Skolvan imaginait sans peine que les connaissances de cet homme devaient être considérables. Il le sentit désireux de l'entraîner sur un terrain peuplé d'autres tombes où il risquait de s'enliser jusqu'au lendemain et le ramena dans le vif du sujet.

– L'homme qui commet ces actes est un dangereux criminel…

Mussenbroeck ne le laissa pas terminer.

– Nous ne parlons pas de la même chose, monsieur Skolvan ! Regardez ma petite Antonella !

Il montra la momie qui ricanait du supplice qu'endurait l'assistante.

– Elle a été droguée avant qu'on lui arrache son joli petit cœur, son palpitant tout chaud, et qu'on l'offre sans souffrance au dieu Soleil. N'est-ce pas une attention touchante ? Un geste charitable ? Elle n'a pas été assassinée. Elle a été sacrifiée. Peut-être même était-elle une victime consentante, une Vierge du Soleil. Alors que celui qui fait ça est un vrai nazi.

Il désignait les photos d'un air dégoûté. Skolvan sourit. Ces chercheurs, tous coulés dans le même moule, affichaient avec toupet mépris et arrogance. Il éprouva l'envie de le moucher.

– Vous vous trompez, monsieur. Il drogue aussi ses victimes. Leur sang contient un puissant somnifère, de la Noctanide. De plus, sans rien y connaître, je ne suis pas loin de penser que les Mengele et autres tortionnaires contemporains sont les ignobles rejetons des prêtres incas, ces adorateurs du Soleil, ces écorcheurs de pauvres enfants comme celle-là.

Mussenbroeck reçut la pique de Skolvan en plein cœur. Il le toisa avec curiosité, s'interrogeant sur cet individu qui avait l'insolence de venir l'aiguillonner dans son laboratoire.

– Vous êtes un copain de Narval ?

– Non.

– Vous n'êtes pas flic ?

– Non.

– Vous êtes qui alors ?

– Comme vous, un spécialiste des prêtres sanguinaires, à la différence que les miens sont vivants et que leurs victimes ne sont pas consentantes.

Mussenbroeck se dit qu'il avait peut-être tort de traiter par-dessus la jambe les gens qu'on lui recommandait. Parmi eux, certains étaient moins bêtes qu'ils ne le paraissaient. Il jugea judicieux de faire un effort d'amabilité, même si cela devait lui coûter, et força son sourire.

– Je vous offre un café ?

– Volontiers, mais avant, ayez pitié de votre assistante.

– Je vous demande pardon ?

– Suzanne, elle va vous faire une syncope.

Les doigts crispés sur la pince, les yeux noyés de larmes, elle n'osait toujours pas bouger. Son rimmel se liquéfiait. Elle faisait peine à voir.

– Suzanne, vous attendez quoi ? La saint-glinglin ? Posez-moi cette pince, bon sang ! Et surveillez ma petite Antonella, qu'elle n'aille pas danser la gigue dans les couloirs ! Venez, mon vieux.

Il invita Skolvan à slalomer entre les caisses vers la sortie.

– Nous avons un café exceptionnel. Arôme de Colombie, nectar instantané au distributeur automatique...

Sa voix se perdit dans le dédale des malles. Suzanne, abandonnée à elle-même, fixa avec haine le sourire figé d'Antonella. Ce face-à-face lui parut odieux. Elle posa la pince sur la table et éclata en sanglots.

Le distributeur de café se trouvait aux antipodes du laboratoire de Mussenbroeck. Skolvan eut la sensation pénible d'emprunter le chemin labyrinthique en sens inverse. Il épiait le conservateur qui guidait ses pas. Cet homme devait fonctionner aux excitants de toutes sortes. Il empestait le tabac et le café. Il transpirait la nervosité. Ses gestes étaient secs et parfois désordonnés. Skolvan, intrigué par son comportement, imaginait son cerveau comme une boule de nitroglycérine prête à exploser au moindre choc.

– Connaissez-vous le rituel de l'Arbre aux Pommes de Plougastel-Daoulas ? demanda Mussenbroeck sans se retourner.

Skolvan avoua son ignorance.

– On ne cultive pas que des fraises dans ce bled du Finistère. Les pommes représentent les âmes des trépassés. Elles sont piquées sur des branches effilées. Le gardien de l'arbre – il l'a eu chez lui toute l'année – le transmet au cours d'une cérémonie païenne à laquelle le curé de la paroisse est convié. Ce n'est pas très éloigné des processions pour les morts dans la cordillère des Andes.

Ils débouchèrent sur un vaste palier qui s'ouvrait

sur un gouffre en forme de cage d'escalier. D'impo-
sants bas-reliefs en stuc, vestiges poussiéreux d'une
ancienne exposition, représentaient les symboles géométriques de la culture aztèque et décoraient les murs.
Le distributeur était abandonné dans un angle. Mussenbroeck introduisit des pièces dans la fente tandis
que Skolvan fouillait son dossier à la recherche d'un
document.

– Sucré ? Lacté ?

– Ni l'un ni l'autre. J'ai là une liste que la brigade
criminelle m'a fournie, des chercheurs avec lesquels
elle collabore.

– Je crains le pire, dit-il en tendant la main vers la
feuille.

– Vous êtes en tête.

Mussenbroeck ne releva pas le ton moqueur de
Skolvan et, secoué de tics, consulta les noms.

– Roger Lallemand ? Il travaille pour les flics, ce
con ? s'exclama-t-il avec dégoût. C'est un pitre ! Pire
qu'un jésuite ! Du genre à vous coller tous les malheurs
de l'Afrique sur le dos. Il nous déteste, nous autres universitaires. C'est un autodidacte. Un envieux. Il publie
beaucoup, mais son œuvre est polémique, agressive.
Un sale type. Je vous le recommande... Da Silva, lui,
c'est un bon. Il travaille sur les premières explorations
portugaises à Sumatra.

Il releva les yeux vers Skolvan qui se contentait
d'écouter sans rien exprimer.

– Vous ratissez large.

Il reprit son inventaire.

– Floris Dieulefit... Oui, c'est une bonne idée.
Maître de conférences à la Sorbonne, spécialiste de

l'Amérique du Nord. Il travaille souvent avec le musée. Peut-être même est-il encore là ? Il prépare en ce moment une expo. Oubliez votre café et venez avec moi !

Mussenbroeck, la feuille voletant au bout des doigts, s'élança vers un couloir sombre comme un four avec une telle soudaineté qu'il laissa Skolvan sur place. Sa voix déjà lointaine, haut perchée, parvint jusqu'à la cage d'escalier pour mourir.

– Laissez le café, je vous dis ! Il est vraiment trop infect !

Skolvan, qui désirait vraiment boire un café, même mauvais, récupéra le gobelet brûlant et se précipita derrière ce conservateur survolté.

Il faillit perdre la trace de Mussenbroeck. Seuls les cris que celui-ci poussait de temps en temps lui évitè- rent de s'égarer. Il aurait pu sans peine faire le chemin en sens inverse grâce au café répandu sur le sol. La moitié du gobelet y passa.

Il retrouva Mussenbroeck dans un large bureau bien éclairé et terriblement en désordre. Le conserva- teur, voyant le gobelet dégoulinant, eut un sourire moqueur. Il se jeta avec brusquerie sur une porte blin- dée. Une clochette savoyarde, accrochée à la clé, tinta lorsqu'il abaissa la poignée et tira d'un coup sec la porte à lui.

– On n'a pas de moyens, mais on a des idées, dit-il d'un air entendu de comploteur qui divulgue un secret d'État. Quelqu'un entre, gling, gling ! Quelqu'un sort, gling, glang !

Skolvan mit ses pas dans les siens.

Mussenbroeck eut le geste large du propriétaire fier de faire visiter son domaine. Skolvan comprit au premier coup d'œil, en découvrant la réserve des objets du département Amérique, qu'il vivait un moment privilégié. Cet endroit, sinon secret, du moins interdit au public, recelait des trésors.

– Bienvenu dans la caverne d'Ali Baba, s'exclama le conservateur. Je devrais dire la cabane du Grand Manitou. Vous avez là toutes les pièces que le musée ne peut pas exposer, faute de place. Cela va de l'Alaska à la Terre de Feu. Faites comme chez vous, mais ne touchez qu'avec les yeux.

Il disparut derrière une étagère métallique qui grimpait jusqu'au plafond haut de quatre mètres. Skolvan l'entendit appeler à deux reprises Floris Dieulefit. Les fenêtres condamnées, on se serait cru dans un bunker. L'espace paraissait immense. Des allées, formées par les étagères alignées, offraient au visiteur une variété de pièces dont il soupçonnait sans peine la valeur et l'authenticité. Elles étaient classées par aires culturelles dans un fouillis organisé qui témoignait de la richesse des collectes.

Mussenbroeck réapparut comme un diablotin sortant d'une boîte.

– Je ne sais pas où est passé cet animal. Il était là tout à l'heure. Il existe un retour aux traditions dans certaines tribus indiennes d'Amérique du Nord. Il aurait pu vous aider.

Skolvan laissait errer son regard ébahi sur des objets de culte, des ustensiles de cuisine, des armes, des coiffes… En remontant une allée, il reconnut des

poteries pueblos, des vanneries hopis. Une tête
réduite, accrochée à un montant, retint son attention.

– Elle est vraie ? interrogea-t-il avec naïveté sans
cesser de la détailler.

– Vous parlez si elle est vraie ! C'est même moi qui
l'ai piquée dans une case au fin fond de l'Amazonie.

Skolvan lui jeta un regard de reproche.

– Ne me regardez pas comme ça ! Malraux a pillé
les temples khmers et il a ses cendres au Panthéon !
D'ailleurs, j'ai bien fait. Aujourd'hui, le seul geste rituel
des réducteurs de têtes, c'est le décapsulage des bouteilles de bière. Eh oui, cher monsieur, nous vivons
une époque moderne.

Skolvan se déplaça dans l'allée. Il tomba en arrêt
devant une étagère envahie d'objets érotiques. Une étiquette marquée *Sex Shop* ne trompait pas sur la nature
des pièces entreposées. Les statuettes, originaires pour
la plupart d'Amérique centrale, paradaient avec leurs
ventres rebondis et fertilisés, leurs sexes béants et
accueillants ou durs et brandis comme des triques.

– Encore une constante de l'espèce humaine, dit le
conservateur d'un ton attendri comme s'il ne se lassait
pas du spectacle de la vie. En fait, l'existence des
hommes se résume à peu de chose : naître et mourir.
Entre les deux, on ne fait que combattre pour survivre : des vêtements pour se vêtir, des ustensiles de
cuisine pour se nourrir, des armes pour tuer et se
défendre, des objets de culte pour prier Dieu. C'est
ainsi depuis dix ou vingt mille ans, et toute la représentation du monde est dans ce musée. Quant à moi,
pauvre mortel, j'en suis l'humble gardien. Mais la
visite est terminée ! J'ai d'autres rendez-vous !

L'imprévisible conservateur disparut vers la sortie avec la même vivacité diabolique. Skolvan le suivit à regret. Il aurait volontiers passé la journée à remonter l'histoire des hommes des temps archaïques. Avant de quitter la réserve, il ralentit encore, attiré par des colliers en griffes d'ours, des crécelles en écaille de tortue, des sacs-médecine en peau de serpent, tous appartenant à la culture des Indiens des plaines.

– Je photocopie votre liste !

La voix excitée de Mussenbroeck le décida à quitter ce lieu imprégné de la magie du génie humain.

Lorsqu'il retrouva sa Volvo, une contredanse était collée par la pluie au pare-brise. Il chercha l'agent, mais ne vit qu'un car de CRS garé non loin.

Il s'installa au volant. La ventilation chassa en un instant la buée des vitres. La montre du tableau de bord indiquait à peine midi, juste le temps de rendre visite au deuxième chercheur de la liste. Il appela sur son portable « l'ignoble » Roger Lallemand. Le message d'un répondeur lui signala que les bureaux de l'ethnologue étaient fermés à l'heure du déjeuner.

Skolvan trouva étrange ce formalisme de boutiquier, mais ne poussa pas la réflexion plus loin. Il composa le numéro de Floris Dieulefit et tomba sur la standardiste de la Sorbonne qui lui répondit que le professeur n'était pas dans l'enceinte de l'illustre maison. Il n'eut pas davantage de chance avec Da Silva, absent de son bureau au musée France outre-mer. Au quatrième appel – le correspondant était en mission à l'étranger –, il abandonna. Il se dit que ce n'était pas son jour, d'autant qu'un CRS tournait sournoisement

autour de la voiture. Dans un moment, il allait devoir
s'expliquer. Cette perspective lui parut assommante. Il
mit le contact, boucla sa ceinture et prit le large.

La bibliothèque Sainte-Geneviève jouxte l'université
de droit de la place du Panthéon. Skolvan avait pris
l'habitude de s'y réfugier à l'heure du déjeuner en attendant le cours de l'après-midi. Il s'y rendit en se laissant
porter par la fluidité de la circulation. C'était l'heure où
les restaurants sont bondés et les places de parking
introuvables. Il gara la Volvo en dépit du bon sens.

Le silence était de rigueur dans l'immense salle de
lecture de la bibliothèque. Les murs, lourdement
tapissés de rayonnages, et les hauts plafonds, sectionnés en caissons dorés, accentuaient la solennité du
lieu et créaient une ambiance de cathédrale. Quelques
rares chercheurs, accrochés à leurs ouvrages,
oubliaient les nourritures terrestres. Ces irréductibles
étaient voûtés sur leurs documents dans le halo des
lampes au verre teinté.

Skolvan se dirigea à pas de chat vers la bibliothécaire qu'il connaissait. Elle se leva en souriant pour
l'accueillir.

– Bonjour, mademoiselle.

– Bonjour, monsieur Skolvan.

– J'ai un travail pour vous. Pourriez-vous me trouver des livres qui traitent des rites sacrificiels ?

La jeune fille parut embarrassée.

– Vaste sujet… Dans quelles sociétés ?

– Je ne sais pas. Dans le monde entier.

– Je vais voir.

Skolvan la regarda s'éloigner avec une moue gourmande. La plupart du temps, elle était assise derrière son bureau. Il n'avait jamais remarqué ses charmes cachés. Aujourd'hui, elle portait une jupe tailleur stricte qui lui moulait les fesses. Il se grandissait sur la pointe des pieds pour juger du galbe de ses mollets lorsqu'un bruit incongru détourna sa curiosité.

Il ne vit d'abord que les lecteurs studieux, absorbés par leurs travaux. Soudain, une jeune femme se redressa. Il reconnut l'étudiante effrontée de son cours qui avait laissé tomber un livre aussi lourd qu'elle. Au moment où elle le reposait sur la table, elle reconnut Skolvan. Son visage passa de la gravité à l'effronterie. Elle fonça droit sur lui, menue comme un adolescent, dans son jean et son gilet d'homme.

– Vous vous souvenez de moi ?

– Vous n'avez pas un physique qu'on oublie.

Elle accusa le coup.

– Le genre flatteur…

– Par contre, j'avais oublié votre impertinence.

Elle garda un instant le silence en réfléchissant à toute vitesse sur la manière d'aborder ce monsieur séduisant, mais distant. Elle décida d'adopter la méthode douce, sourit et tendit la main.

– Élisa Rothman.

– Enchanté, répondit Skolvan sans manifester un enthousiasme particulier.

Il lui serra toutefois la main, qu'il trouva fraîche. Il en tira une sensation agréable et la garda plus longtemps que nécessaire pour faire durer le plaisir. Élisa, troublée par la pression des doigts, rompit la première le contact.

– Les flics vous ont relâché ?

– Provisoirement.

– Qu'est-ce qu'ils vous reprochent ?

– De trop en savoir sur les psychopathes.

Elle força son rire. Il s'en rendit compte.

– Ce grand dadais de Kemper qui a arraché le larynx de sa mère parce qu'elle lui cassait les oreilles m'a beaucoup amusée.

– Vous avez des goûts bizarres. Je devrais me méfier.

– Pourquoi ? Je suis une sage étudiante en histoire.

Il la regarda comme si elle était transparente.

– Quel enthousiasme ! dit-elle, incapable de dissimuler sa déception. Vous ne voyez pas le rapport entre l'histoire et la criminologie ?

– Si, c'est un rapport diffus, complexe.

La bibliothécaire revint à ce moment avec quelques livres.

– L'ésotérisme n'est pas une spécialité de la bibliothèque, annonça-t-elle en déposant les ouvrages sur le bureau. J'ai trouvé un recueil sur les scarifications africaines, un autre sur la symbolique des sacrifices d'animaux... Le bouddhisme tantrique, ça vous intéresse ?

– Peut-être..., répondit Skolvan sans conviction.

– Je vais vous le chercher.

Elle s'éloigna de nouveau. Élisa, pour se donner une contenance, parcourait une quatrième de couverture.

– *Rites sacrificiels des Mayas et des Incas*, tout un programme !

Ce ton moqueur déplut à Skolvan. Il lui retourna le compliment.

– Où en étions-nous ? Ah oui, histoire et criminologie ! Vous préparez une thèse sur Caligula ou Napoléon, tueur en série ?

Élisa reposa sèchement le livre sur la pile et prit un air pincé.

– Non, sur *L'Acculturation des Indiens d'Amérique du Nord*.

– Eh ben…

– Vous vous moquez de moi.

Elle semblait sincèrement malheureuse de ne pas être prise au sérieux. Skolvan eut pitié d'elle.

– Pas du tout. Au contraire. Mais, disons que j'ai d'autres préoccupations en ce moment.

La bibliothécaire revint avec l'ouvrage sur les moines tibétains. Elle le rajouta à la pile et s'assit pour noter les références sur la fiche de Skolvan. Élisa pensa qu'elle n'arriverait à rien avec cet homme. Elle lui tendit de nouveau la main.

– Bon, ben… au revoir.

Skolvan regarda cette main, si menue qu'elle lui faisait penser à celle d'une petite fille. Ses yeux attendris remontèrent vers le visage d'Élisa. Il aurait volontiers serré l'une et l'autre. Il ressentit pour elle un élan de tendresse, mais ne put s'empêcher de faire une phrase.

– Vous serrez beaucoup la main, vous.

Cette maladresse eut le don d'irriter Élisa.

– Et vous, vous avez le chic pour mettre les gens à l'aise ! Votre femme doit être une sainte pour supporter un type comme vous !

Les traits de Skolvan se figèrent en un masque douloureux. Il saisit les livres, les cala sous son bras et, s'adressant à la bibliothécaire, lui dit avant de tourner les talons :

– Au revoir, mademoiselle.

Le visage d'Élisa prit la couleur du plâtre.

– J'ai dit une connerie, murmura-t-elle.

Le nouveau départ de la bibliothécaire la sortit de sa torpeur. Elle tendit machinalement la main vers la fiche de Skolvan et lut : *Heol Skolvan – Péniche Armor – 4, allée du Bord-de-l'Eau – Bois de Boulogne – 75016 – Paris.*

Skolvan avait encore une contredanse coincée sous un essuie-glace. Il l'abandonna sur le siège passager et s'assit au volant. Au moment de rabattre la portière, il entendit la voix d'Élisa. Il tourna la tête et la vit accourir. Elle avait retrouvé ses couleurs et sa belle énergie. Arrivée à sa hauteur, elle lui tendit un carton.

– C'est idiot, déjà l'autre jour, je voulais vous inviter, et là encore, vous disparaissez. Vous êtes un vrai courant d'air.

Il le prit comme s'il s'agissait d'un PV remis par une aubergine anonyme et détestable. Par politesse, il y jeta un coup d'œil. C'était une invitation au vernissage d'une exposition au musée de l'Homme.

– *Rêves et rites d'une société guerrière* ?

Skolvan leva un regard étonné vers Élisa qui crut enfin à sa chance. Elle s'accrocha à cet espoir.

– *Directeur scientifique : Floris Dieulefit* ? Vous le connaissez ?

– Si je le connais… C'est mon directeur de thèse. Pourquoi ?

– J'en ai entendu parler, dit-il d'une voix neutre en inspectant le carton.

Au verso figuraient la date et l'heure de l'inauguration. L'auteur, Floris Dieulefit, dédicacerait son dernier
ouvrage, *Les Prédateurs*.

– Vous viendrez ? osa-t-elle.

– Vous savez, moi, les cocktails…

– Non, je ne sais pas. Vous n'avez pas envie d'aller
prendre un verre ?

Skolvan ne put s'empêcher de sourire.

– C'est une obsession. Vous voulez me faire boire ?

– Tout à l'heure, j'ai dit un truc qu'il ne fallait pas.
Je voudrais me faire pardonner.

Skolvan laissa passer un temps. Il se demandait s'il
devait accepter ou l'abandonner sur le trottoir. Il s'était
toujours interdit de nouer des relations avec ses étudiantes en dehors des cours. Mais la fermeture de la
faculté et la trêve des confiseurs dues aux vacances de
Noël lui apparurent comme de bonnes raisons pour
déroger à cette règle.

– Montez, annonça-t-il en masquant son émotion.

Élisa ne se le fit pas répéter. Elle contourna en courant l'avant monumental de la Volvo et s'assit sur les
livres en riant.

Le plancher mouvant d'une péniche manquait à
Skolvan. Il ne trouva rien de mieux que d'inviter Élisa
à prendre un verre sur un navire-restaurant, quai
Montebello, en face de Notre-Dame. Le jour déclinait
sur la cathédrale. Le temps avait filé à toute vitesse.

Skolvan se surprit à livrer des éléments de sa vie,
des bribes présentables de son existence. Rien de ce
qui déchirait son cœur. Rien de ce qui le faisait souffrir. Rien de ces fantômes qui hantaient ses nuits. Élisa

posait des questions pertinentes. Sa curiosité était saine. Tout son contraire. Grâce à cette différence, il se sentait en confiance.

– Je n'arrive pas à le croire, dit-elle, fascinée. Un tueur en liberté en ce moment dans Paris...

– Rassurez-vous. Il n'aime que les hommes.

– Un de plus, laissa-t-elle échapper, faussement rêveuse. Encore que celui-là, je ne le regrette pas.

– Qui sait ? Ted Bundy, un assassin particulièrement séduisant, a reçu des centaines de lettres d'admiratrices quand il était en prison. La veille de son exécution, il a même épousé une de ces dames, Carole Boone. Je suis sûr qu'elles ont versé des larmes quand il a grillé sur la chaise électrique. Comment expliquez-vous cela ?

– Les femmes aiment les hommes qui les font monter au ciel.

Skolvan se montrait la plupart du temps clairvoyant. C'était même une de ses qualités. Mais ce soir il était comme aveuglé par l'éclat que cette femme irradiait. Il ne savait pas interpréter son humour. Il éprouvait le sentiment pénible d'en être cruellement dépourvu. Embarrassé, il détourna les yeux vers le maître d'hôtel occupé à allumer des bougies pour le dîner.

Élisa regretta sa remarque. Un autre homme aurait ri. Sans doute aurait-il eu ce sourire concupiscent qu'elle connaissait bien, ce petit rire grivois chargé d'érotisme à la pensée d'une bonne soirée en perspective. Au lieu de cela, Skolvan avait détourné les yeux. Elle devait ménager cet homme fragile pour ne pas le voir s'enfuir encore.

– Excusez-moi. Il faut toujours que je mette les pieds dans le plat. C'est de votre faute, aussi. Vous êtes tellement… étrange.

– Étrange, moi ? !

Il fit semblant de réfléchir.

– Peut-être, après tout… Vous savez, les filles que Bundy ramassait pour les étrangler et les violer ressemblaient toutes à son ancienne fiancée. D'ailleurs, il ne manquait jamais de leur parler de cette ressemblance troublante. C'était un argument de séduction. Elles aussi devaient penser qu'il était étrange. Elles étaient d'innocentes étudiantes, comme vous.

Élisa éclata de rire.

– Si vous espérez que je prenne la fuite en hurlant, c'est raté. Offrez-moi plutôt une autre tequila.

– Je croyais que c'était vous qui invitiez ? fit-il en appelant le maître d'hôtel de la main.

– J'ai changé d'avis. Votre tueur de collégiennes, Bundy, il avait des choses à reprocher à son ancienne petite copine ?

– Oui, elle l'avait plaqué.

– J'ai été plaquée plein de fois, je n'ai jamais tué personne.

Skolvan eut un geste significatif pour dire : *personne n'est à l'abri*. Le silence s'installa entre eux. Élisa se laissa emporter par le souvenir de ses amours déçues. Elle fixa les reflets mouvants et orangés de l'éclairage au sodium sur l'eau noire de la Seine. Skolvan admira son profil parfait, son œil ambré et triste, ses lèvres boudeuses qui trahissaient ses déceptions passées. Cette fille était incapable de cacher ses sentiments, même quand elle se taisait.

– Ça vient d'où, Heol? lâcha-t-elle à brûle-pour-point en essuyant du plat de la main la buée de la vitre comme s'il s'agissait de larmes.

Skolvan exprima l'étonnement.

– Comment vous savez ça?

Elle se tourna vers lui en souriant avec espièglerie. Elle avait renvoyé son passé au fond de l'eau avec une gueuse lourde comme une enclume pour qu'il y reste. Elle était de nouveau dans le présent, radieuse et déterminée à en profiter. Elle montra son petit doigt qui lui avait parlé à l'oreille.

– Ça veut dire Soleil en breton, avoua Skolvan avec réticence.

– Soleil? Dans une région où il pleut tout le temps?!

– C'est vous qui le dites.

Le maître d'hôtel vint mettre un terme à ces considérations météorologiques. La mine réprobatrice, il fixait le verre de tequila et la tasse de café vides.

– Oui? dit-il avec fatuité.

– La même chose, s'il vous plaît.

– Désolé, monsieur, les tables sont maintenant réservées pour le dîner.

Élisa se leva en toisant avec mépris ce serveur plein de morgue.

– Ça tombe bien, je déteste les dîners aux chandelles. Venez, on lève le camp.

Skolvan apprécia cette sortie au point qu'il abandonna un pourboire conséquent.

Ils allèrent manger dans un modeste restaurant indien situé dans une rue tortueuse du Quartier latin,

proche du boulevard Saint-Michel. Élisa fut intaris-
sable sur l'Inde, qu'elle adorait. Quand Skolvan
s'étonna qu'elle ait choisi pour thèse un sujet américain, elle répliqua que celui qui passe sur le continent
indien quelques jours écrit à son retour un roman ;
celui qui y séjourne plusieurs semaines rédige tout au
plus un article ; celui qui y vit des mois risque d'oublier
l'usage même de son stylo. Elle avait eu peur, face à la
brutale réalité de ce pays, devant cette mosaïque de
peuples et de cultures, de se perdre et de ne jamais
aller au bout de sa thèse. Elle avait préféré la minorité
des minorités américaines, la plus pauvre parmi les
pauvres, la communauté indienne d'Amérique du
Nord.

La conversation se poursuivit dehors, dans la nuit
glacée. Le redoux n'était déjà plus qu'un souvenir. Le
ciel était dégagé. Demain, il ferait un froid de gueux.
Élisa raconta ses longs séjours aux États-Unis,
dans les réserves navajos ou sioux. Ses joues étaient
en feu, piquées par l'air vif et colorées par la passion
pour son sujet. Skolvan, les mains enfouies au fond
des poches de son blouson, la tête dans les épaules,
écoutait. Il marchait lentement à son côté en regardant droit devant lui, le regard posé sur la forme com-
pacte et sombre d'une statue en pierre, gardienne du
paisible square Paul-Painlevé qu'ils longeaient.
– La réserve, l'ultime terre indienne, est aussi le
pire endroit au monde. C'est un lieu mythique, surtout
pour les jeunes nés dans les villes, mais c'est un lieu
de perdition. Un monstre y est tapi, un monstre à trois
têtes : chômage, alcool, délinquance…

Skolvan passa une main tremblante sur sa bouche sans qu'Élisa y prête attention.

– Pour l'instant, les Indiens n'ont pas encore trouvé leur Hercule pour couper les têtes de cette bête immonde.

– Un type au musée de l'Homme m'a dit qu'il y avait un renouveau de la culture indienne.

– Qui ?

– Le conservateur du département Amérique.

– Mussenbroeck ?

Skolvan acquiesça. Élisa eut un ricanement sarcastique.

– Des *medicine-men* dans les réserves prétendent guérir les drogués et les alcoolos avec de la peau de serpent, de la bave de bison et de la fiente d'aigle. Ces nouveaux gourous donnent des conseils en se grattant les couilles. Ils prônent le retour aux sources. Tu parles ! À l'époque, l'espérance de vie était de trente ans et la femme indienne une esclave. Par contre, la pratique de la loge à sudation dans les prisons donne de bons résultats. Des détenus décrochent de la drogue et de l'alcool.

Ils s'arrêtèrent au bord du trottoir de la rue des Écoles, face à la Sorbonne. Skolvan remarqua que la statue était celle de Montaigne. L'illustre écrivain affichait un sourire railleur qui lui déplut. Il préférait celui, faussement angélique, d'Élisa.

– Voilà, on est arrivés, annonça-t-elle, fantasque.

– Vous partagez les cartons des SDF dans le square ? s'étonna-t-il en la fixant droit dans les yeux.

Elle se contenta de sourire. Il comprit.

– Vous ne souhaitez pas que je sache où vous habitez. Soit, je n'insiste pas. J'ai passé l'âge.

Elle tendit la main et, prenant conscience de son geste répétitif, la dissimula dans son dos en riant.

– Vous avez sûrement une explication à ce geste maniaque ? demanda-t-elle, embarrassée.

– J'ai surtout un remède.

– Lequel ?

– S'embrasser.

Élisa lui sauta au cou et lui appliqua sur la joue un baiser mouillé. Skolvan la tint un instant dans ses bras. Le contact de son corps frêle contre sa poitrine et son ventre éveilla en lui un désir frémissant et subtil. Mais elle s'était déjà écartée. Elle le regarda avec une tendresse non feinte.

– Merci pour la soirée.

Il eut un mouvement gauche comme pour dire : *c'est naturel, le plaisir est pour moi...* Il ne cherchait pas à dissimuler sa frustration de la voir partir. Elle n'avait aucune raison de le rendre plus longtemps malheureux. Elle s'éclipsa en courant, traversa la rue des Écoles en diagonale et disparut à l'angle de la Sorbonne.

Skolvan tourna les talons. Le sourire moqueur de Montaigne lui fut cette fois intolérable. Il se promit de ne jamais porter le moindre intérêt aux *Essais* de cet auteur sur son prétendu art de vivre.

Après une dégringolade par les petites rues du Quartier latin, il récupéra sa Volvo quai Montebello. Il s'assit au volant, en sueur, épuisé, résolu à filer au plus vite sous sa couette. Il enclencha même la climatisation pour respirer l'air frelaté du fréon et se donner l'illusion que son esprit en feu allait s'apaiser.

Un quart d'heure plus tard, il garait sa voiture devant l'ancien sémaphore du Bois de Boulogne. Au moment où il verrouillait les portières, un travesti brésilien, enveloppé dans une zibeline synthétique, vint au-devant de lui.

– Alors, garçon, c'est à cette heure que tu rentres ? dit-il en cahotant sur ses cannes de serin chaussées de talons hauts.

– Salut, Antonio. Dis donc, tu dois te les geler ce soir !

– Très drôle ! couina la Brésilienne en resserrant les pans de son manteau. Ta voisine est plus charitable. Elle m'a filé du café.

Il accompagna Skolvan sur le sentier qui menait au quai de Seine.

– Anna est une brave fille, confirma Skolvan. Ça marche comment ?

– Nul. Rien que des rôdeurs, des petites frappes de banlieue qui veulent casser de la tapette. Des copines se sont même mises sous la protection des flics. Tu te rends compte ? C'est le monde à l'envers. Tu sais qu'une fille s'est fait poignarder la semaine dernière ?

– Oui, j'ai appris ça. Si tu as des ennuis, viens te réfugier chez moi.

– Merci, mon grand. S'ils étaient tous comme toi, tapiner serait un plaisir.

La Brésilienne adopta un ton doucereux, vibrant de frustration. Elle frissonnait autant de froid que de désir refoulé.

– Je sais, je suis pas ton genre.

– Eh oui, la vie est mal faite, conclut Skolvan, philosophe.

– Bonne nuit quand même…

Skolvan lui fit un signe aimable de la main sans se retourner. Il franchit la passerelle, ouvrit la porte et s'engouffra dans l'ancienne timonerie. Lorsqu'il disparut, Antonio rebroussa chemin vers l'allée du Bord-de-l'Eau. Une berline qui maraudait jeta l'éclat de ses phares sur la chaussée. Le travesti pressa l'allure. Ses chevilles se tordaient sur le sentier caillouteux. Arrivé près de la voiture, le chauffeur accéléra. Antonio, un doigt dressé, lui suggéra d'aller se faire *voir* ailleurs.

Jeudi 18 décembre

Lorsque la sonnerie de la porte d'entrée retentit, Skolvan était encore sous la douche. Il ne l'entendit pas. En sortant de la salle de bains, la taille ceinturée d'une serviette, les cheveux en désordre, il remarqua le voyant rouge du magnétoscope qui clignotait. Quelqu'un avait franchi la passerelle et pressé la sonnette, ce qui déclenchait la caméra de surveillance. Il rembobina la cassette vidéo et mit l'appareil en lecture. En découvrant sur l'écran Hubert et Dunoyer, apparemment fâchés de trouver porte close, il eut un sourire narquois.

Skolvan sursauta en entendant le timbre de la sonnette. Il passa en vision directe et fut surpris de constater que les deux officiers de police n'avaient pas renoncé. Il apprécia d'une moue admirative leur obstination et leur patience. Cela méritait un mot gentil, surtout par ce petit matin glacé. Il enfonça la touche de l'interphone.

– Alors, les Dupond-Dupont, la vie est belle ?

La voix nasillarde de Hubert lui parvint.

– Qu'est-ce que vous foutez, Skolvan ? Vous savez l'heure qu'il est ?

– C'est les vacances, alors je me la coule douce…

La voix de Hubert, saturée par le haut-parleur, devint quasiment inaudible. Il vociférait qu'il avait des ordres, qu'il ne manquait pas de moyens de le contraindre à le suivre et à plus de respect.

Skolvan lui coupa le sifflet en relâchant le bouton de l'interphone et retourna vers sa chambre.

Lorsque Skolvan ferma la porte de la péniche et se dirigea vers sa Volvo, Hubert et Dunoyer, adossés à leur véhicule, continuaient de faire preuve d'une remarquable persévérance.

– Maintenant que le gang des Pieds nickelés est formé, on va peut-être pouvoir y aller ! lança Hubert.

Skolvan fit la sourde oreille et introduisit la clé dans la serrure de sa voiture.

– Monsieur Skolvan, vous devez nous accompagner ! On a un suspect !

Le sérieux un peu forcé de Hubert ne prêtait pas à rire. Il tenait la portière ouverte d'un geste solennel. Skolvan décida de ne pas négliger cette piste et de monter dans la voiture des policiers.

La circulation était fluide. Ils traversèrent la Seine par le pont de Saint-Cloud et s'engouffrèrent dans le tunnel de l'autoroute de l'Ouest. Hubert conduisait vite. Dunoyer, à l'arrière, semblait s'ennuyer. Son visage chiffonné portait une tristesse naturelle. Son père lui avait fait don, à sa naissance, de cet air lugubre et de cette face de carême.

Skolvan, plongé dans les documents fournis par la brigade criminelle, jetait de brefs coups d'œil au

compteur kilométrique pour vérifier que le conducteur ne dépassait pas la vitesse autorisée. Il finit par
dire, presque malgré lui :

– On roule trop vite. Je vais vomir.

Hubert, comme pris en faute, se crispa au volant.
Il se doutait bien que son passager n'était plus depuis
longtemps sujet au mal de cœur en voiture. Toutefois,
la perspective de devoir supporter l'odeur infecte du
vomi le persuada de lever le pied. Il fixa d'un œil
sombre le ruban d'asphalte qui défilait devant lui tandis que Skolvan parcourait d'un air détaché un rapport de gendarmerie.

Après un voyage fort paisible – personne ne fit
entendre le son de sa voix – ils arrivèrent dans l'univers chaotique de Gab Lucas. Skolvan prit pied dans
ce décor hallucinant avec une secrète jubilation. Il ne
connaissait pas le monde des déchireurs de bateaux,
ignorant même l'existence de cette corporation. Cette
grève du bord de Seine lui fit immédiatement penser
au désordre naturel de Ploumanac'h. Les blocs de granit étaient ici des enchevêtrements de tôles tordues,
des empilements de rouages rouillés, des tas de tuyaux
emmêlés. Cette anarchie lui inspirait des images de
tempêtes d'équinoxe.

Gab Lucas, alerté par le bruit de la voiture, sortit
de sa masure et se dirigea d'un air volontaire vers le
groupe. Le propriétaire de la casse était égal à lui-
même. Il portait sa casquette des Redskins et un
t-shirt *hard rock* diabolique sur sa salopette rouge, toujours aussi raide de crasse. La Glue, la chienne hystérique, formait avec son maître un duo parfaitement

réglé. Elle se faufilait entre ses jambes à chaque pas en aboyant comme une furie, au risque de le faire tomber.

Hubert, qui avait lu les procès verbaux de ses collègues de Versailles, glissa un mot à l'oreille de Skolvan.

– Vous l'observez et vous dites ce que vous en pensez. Dans le genre tête de nœud, on a rarement fait mieux.

Skolvan laissa venir à lui l'extravagant ferrailleur.

– Brigade criminelle, clama Hubert.

À ces mots, Gab Lucas saisit entre le pouce et l'index la visière graisseuse de sa casquette et la rabattit sur ses yeux.

– Vous fatiguez pas, glapit-il. Je vois bien que vous êtes pas des footballeurs. La Glue, casse-toi !

La chienne, lascive, se coucha sur le sol.

Hubert exprimait un tel dégoût pour cet homme, sa chienne et son environnement que même Dunoyer en fut choqué.

– Racontez ce que vous avez vu, siffla-t-il du bout de ses lèvres pincées.

– Vous commencez à me faire chier, gronda Lucas. Si j'aurais su, je lui aurais balancé un essieu de tracteur sur la gueule, à ce macchabée, et j'aurais rien dit à personne !

Skolvan ne put s'empêcher de sourire. Il raffolait de ces individus en marge qui, sous des aspects abrupts, se révèlent des hommes authentiques et libres. Leur univers est poétique. Ils possèdent autant de richesses que les acteurs de Boulevard, les funambules de foires ou les montreurs d'ours. Leurs vies sont des romans. Skolvan était impatient de percer les secrets de ce déchireur de péniches.

Hubert, aveuglé par l'autorité que lui conférait son grade et sa fonction, passa à côté.

– Vous n'avez pas l'air de comprendre à qui vous parlez !

– En plus, il me prend pour une brêle, hurla Lucas. Si vous voulez de la ferraille, alors d'accord, on peut causer ! Sinon, foutez-moi le camp !

– Je ne comprends pas qu'on ne vous ait pas encore coffré pour outrage !

– C'est vous qui m'outragez ! Y en a même un qui m'a dit que je ressemblais à un étron ! C'est lui le sac à merde ! Je suis peut-être pas très soigné de ma personne mais, moi, je suis propre à l'intérieur ! Tout le monde peut pas en dire autant !

La Glue, se croyant autorisée par les vociférations de son maître à donner son avis, aboyait comme une malade. Hubert était au bord de la crise de nerfs. Skolvan estima qu'il était temps d'intervenir. Il se porta au-devant du casseur et lui tendit la main.

– Moi, je ne suis pas de la police.

Lucas jaugea Skolvan et sa main tendue avec suspicion.

– Qui s'aime s'assemble ! rétorqua le ferrailleur, cependant troublé par ce geste de sympathie.

Il n'y résista pas et serra la main de Skolvan.

– Vous êtes qui, vous, pour fricoter avec ces cocos ?

– Mon nom est Heol Skolvan. Je suis une sorte de psychologue.

– Un psychiatre ?

– Si vous voulez. Et vous, vous êtes Gabriel Lucas ?

– Gab pour les intimes.

Il salua dans une révérence comique.

– La Glue, ferme-là !

– Vous avez des voisins ?

– Des voisins ? Dans ce trou, y'a jamais rien que des rats, des cancrelats et des poissons pourris. Et un macchabée de temps en temps.

– Vous n'avez vu personne ?

– Vous êtes sourd ou quoi ? À part les culs-nus en face, y'a jamais personne dans ce bled ! La Glue, tu vas la fermer ? Casse-toi, tu es laide !

Hubert fit un pas en avant.

– Quels culs-nus ?

– Hé, où tu vas, toi ? fit Lucas en arrêtant le policier de la main.

– Répondez, nom de Dieu ! s'étouffa Hubert de rage.

– Si je veux !

Skolvan étendit le bras comme l'arbitre d'un match de boxe et reposa la question à l'irascible témoin.

– Quels culs-nus, Gab ?

– Dans l'île là-bas, des naturistes qui partouzent.

Skolvan et les deux policiers suivirent la direction de son doigt noir de crasse. Ils virent le dôme touffu de grands arbres plantés sur une île au milieu de la Seine.

– Des fois, ils tapent sur des tam-tams ! Boum-boum ! Boum-boum ! L'autre nuit, ça a duré jusqu'à l'aube avec des cris de rigolade que j'en avais les oreilles cassées. Même que La Glue est restée planquée sous une tôle et que j'ai plus entendu sa grande gueule !

– Quand ça l'autre nuit ?

– L'autre nuit. J'ai déjà tout dit aux autres guignols.

Hubert avait les mâchoires serrées et le front bas. Il enrageait et vouait en secret l'ignoble Lucas aux pires sévices lorsque le radiotéléphone de la voiture émit un signal et le ramena dans une réalité moins délirante.

Dunoyer rebroussa chemin et bascula à l'intérieur du véhicule pour s'emparer du combiné. Skolvan continuait de détailler le ferrailleur avec une sorte de tendresse. Lucas semblait se payer la tête des visiteurs en se curant les dents avec l'ongle en deuil de son auriculaire.

Dunoyer siffla. Il brandissait l'appareil. Hubert comprit que la communication lui était destinée.

– On est allés dans cette île ? questionna Skolvan en l'accompagnant.

– J'en sais rien. Il faut que je vérifie.

Gab Lucas en profita pour tourner les talons. La Glue le suivit à contrecœur. Elle semblait regretter l'affrontement. Comme s'il devinait les pensées de sa chienne, il fit le geste de jeter tout son mépris par-dessus son épaule. La Glue, satisfaite, fila ventre à terre vers la masure en jappant de joie.

Hubert arracha le téléphone des mains de Dunoyer.

– Commandant Hubert, j'écoute… Mes respects, patron…

Il avait rectifié la position dans un réflexe de déférence qui fit sourire Skolvan.

– Met le haut-parleur, ordonna-t-il. Le patron veut qu'on entende.

Dunoyer s'exécuta. La voix du commissaire Narval s'échappa, forte et claire, de la voiture.

– La filière des SDF était la bonne. Les services sociaux ont repéré votre tubard.

Hubert évita le regard narquois de Skolvan.

– C'est un Espingouin, du nom de Rios, Jésus Rios. Les miracles ne se reproduisent jamais deux fois, hein ?

Hubert grimaça un sourire flagorneur.

– C'est un ancien de la Légion. Tout colle : les prothèses dentaires, le groupe sanguin… Bravo, les gars !

Hubert fit mine de s'intéresser à ses mocassins vernis crottés de boue et de graisse.

– Il a été renvoyé dans ses foyers il y a cinq ans. Depuis il avait élu domicile… dans la rue, à deux pas du commissariat des Halles. Les flics du Forum le connaissaient bien. À suivre.

Un déclic leur signala que Narval avait coupé la communication. Skolvan s'assit nonchalamment sur une aile de la voiture.

– Le revendeur de kif, le type que j'ai vu à la morgue, comment s'appelait-il déjà ?

– Omar Ghanem, répondit Hubert.

– Oui, c'est ça. Où fourguait-il sa came ?

– Aux Halles.

Skolvan fixait Hubert d'un air railleur. L'empressement du policier à donner les bonnes réponses comme au Jeu des mille francs l'amusait. Il se mit à égrener les secondes avant le gong final en cognant du doigt contre la carrosserie.

– Question du superbanco : Où le tueur cherche ses victimes ?

– Ouais, ben, c'est pas la peine de fanfaronner ! cracha Hubert. On l'a pas encore buté, ce salaud !

Skolvan se dressa sur ses jambes.

– Il y a un problème, Hubert ? demanda-t-il avec perplexité.

– Non, tout baigne, bougonna-t-il. Qu'est-ce qu'on fait du ferrailleur ?

– Oubliez. Il n'est pas plus psychopathe que sa chienne. L'homme que nous cherchons a une vie sociale très structurée, des amis, des voisins, peut-être même une femme et des enfants. Vérifiez plutôt si cette île a été visitée.

L'information leur parvint sur le chemin du retour vers Paris. Un Zodiac de la brigade fluviale avait patrouillé le long des berges de l'île et des enquêteurs exploré les abords immédiats sans rien trouver d'anormal.

Ils traversaient la forêt de Saint-Germain-en-Laye. Hubert ruminait sa rancœur contre cet épouvantable déchireur de péniches, cette hideuse chienne hystérique et ce prétentieux psychologue. Skolvan surtout était l'objet de son ressentiment. Il lui rappelait avec cruauté ses lacunes, son insuffisance, sa médiocrité. Ce raisonneur qui avait fait des études supérieures semblait n'éprouver pour lui que du mépris. Rien que pour cela, il le haïssait.

Les articulations de ses doigts crispés sur le volant blanchirent. Ses cheveux à la racine le picotèrent. Ses pommettes s'empourprèrent. Il projetait devant lui, au milieu de la route de forêt qui défilait, des images de violence. La tête de Skolvan explosait comme un melon d'eau sous les coups qu'il lui portait. Enivré par ses divagations, il accélérait sans s'en rendre compte.

– Je vous serais reconnaissant de rouler moins vite, demanda Skolvan sans cesser de fixer le ruban d'asphalte au-delà du pare-brise.

– Vous avez peur ?

– Non, mais les cimetières sont pleins d'abrutis qui roulaient trop vite.

– Je dois le prendre comment ?

– Prenez-le comme vous voulez, mais ralentissez.

Dunoyer, absorbé par le rideau d'arbres rendu flou par la vitesse, tourna la tête vers les deux hommes. Il vit l'aiguille du compteur kilométrique danser sur une folle partition. Dans un mouvement de crainte, il posa une main sur le dossier du siège avant.

Hubert avait tendu les bras et arrondi les épaules, comme arc-bouté avant une cascade. Son visage exprimait une détermination de kamikaze. Skolvan, accablé par la bêtise du conducteur, ferma les yeux dans un soupir. Il fit un effort inouï sur lui-même pour maîtriser son envie de le frapper.

– Pour la dernière fois, je vous demande de ralentir, répéta-t-il d'une voix de ventriloque.

Il sentit la voiture faire un bond en avant et la main de Dunoyer lui frôler l'épaule. Le jeune homme secouait son collègue pour le ramener à la raison.

– C'est idiot…

Il n'eut pas le temps de terminer sa phrase. La tête de Hubert fut violemment propulsée contre la vitre latérale. La voiture fit une embardée. Skolvan hurlait. Il matraquait du poing la tempe du conducteur. Dunoyer, debout, tentait désespérément de les séparer.

– Arrêtez ! vociférait-il. Arrêtez ! Vous êtes cinglé ou quoi ?

Un véhicule, venant en face, fit un écart dans une résonance d'avertisseur.

Skolvan avait agrippé les cheveux de Hubert et lui cognait la tête contre la vitre en continuant de hurler. Hubert, à moitié assommé, trouva cependant la force d'immobiliser la voiture sur le bas-côté.

Skolvan s'acharnait sur lui. Seul le canon du 38 Spécial de Dunoyer, planté sur sa nuque, calma sa fureur. Le jeune homme serrait la crosse des deux mains, les bras tendus, noués, douloureux. Il criait pour se donner du courage.

– Arrête, putain ! Arrête !

Skolvan rejeta avec dégoût la tête de Hubert en arrière et tourna des yeux de dément vers Dunoyer. Ses pupilles étaient devenues sombres comme du jais. Il fixait le jeune homme sans le voir, voyageant au-delà des bornes du monde, dans des abysses infernaux, peuplés de démons. Il voyait défiler tous les crimes des hommes, ceux qu'il avait vu commettre et ceux qu'il avait commis.

Dunoyer, effrayé par la profondeur vertigineuse de ce regard, recula son arme.

– Vous êtes fou, murmura-t-il d'une voix enrouée.

Hubert ouvrit la portière et réussit à s'extraire de la voiture. La tête dans les mains, il s'éloigna en chancelant vers l'orée du bois. Le vent glacé s'engouffra dans l'habitacle et ramena Skolvan à la vie. Il tendit la main pour ouvrir sa portière.

– Bouge pas ! hurla Dunoyer.

Skolvan le gratifia d'un regard morne.

– Fais pas chier !

Il repoussa la porte du pied et sortit. Dunoyer se trouva stupide. Il rangea son arme et quitta précipitamment le véhicule pour porter secours à son collègue.

Hubert avait recouvré ses esprits. Sa tempe gauche avait pris une couleur vineuse. L'hématome s'étendait même au blanc de l'œil. Il rebroussa chemin d'une démarche d'homme ivre vers Skolvan qui lui tournait le dos. Il se heurta à Dunoyer qui, percevant son geste, lui immobilisa la main pour l'empêcher de saisir son arme accrochée à sa ceinture.

– Ça suffit maintenant ! On arrête les conneries ! cria le jeune homme qui, malgré son inexpérience, faisait preuve d'une belle force de caractère.

Skolvan se retourna. Il vit les deux policiers enchaînés l'un à l'autre dans un pas de danse incertain. Dunoyer faisait barrage de son corps à son collègue dont le visage, révulsé de haine, réclamait vengeance. Skolvan laissa éclater sa colère.

– Vous voulez savoir ce que c'est, la vitesse ? Vous voulez que je vous montre ? Sortir de la route à cent à l'heure ? Partir en tonneaux ? S'éclater dans le pare-brise ? Ça vous dit ? Vous êtes clients ? Alors, en route ! C'est moi qui conduis !

Il se jeta au volant, invitant les deux hommes à prendre place dans le véhicule.

– Vous n'êtes pas autorisé à conduire cette voiture, protesta Dunoyer.

– Ferme-la et grimpe !

Il n'insista pas et guida les pas de Hubert vers la

banquette arrière comme un grand invalide. La voiture s'arracha au bas-côté en projetant de la terre vers le ciel. Les pneus crissèrent en mordant le macadam. Elle s'enfonça à tombereau ouvert dans la forêt et disparut en un instant.

Le commissaire Narval examinait la tempe de Hubert avec une moue de sympathie. L'ecchymose prenait des proportions inquiétantes.

– Il a peut-être une fracture du crâne ? lança-t-il sans y croire en se tournant vers Zeman qui se contenta de hausser les épaules.

Le divisionnaire était d'une humeur de chien. Il détestait devoir régler les querelles internes à son service. À la grand-messe hebdomadaire, dans le bureau du directeur général et en présence des patrons des autres brigades, il se contentait d'évoquer les enquêtes en cours, passant sous silence les problèmes relationnels de ses hommes. S'il ne verrouillait pas rapidement les portes de son bureau, cette affaire de flic de la Criminelle tabassé par un étranger en ferait la risée de la préfecture.

– Vous l'avez fait exprès ? rugit-il en se rapprochant de Hubert qui, au risque de manquer de respect à son supérieur, se drapa dans sa dignité d'officier de police outragé et refusa de répondre.

– Il est fâché, souligna avec perspicacité Narval avant d'aller poser ses fesses sur le radiateur brûlant.

Zeman, planté devant Hubert, surveillait le moindre tressaillement de ses paupières pour tenter de comprendre les raisons du conflit qui l'opposait à Skolvan.

– Vous l'avez fait exprès ? Vous saviez qu'il a tué sa femme et estropié son gosse dans un accident de voiture ? !

Le silence obstiné de Hubert rendit Zeman hystérique. Il pivota en battant des bras et en hurlant.

– Je vous fais muter aux archives !

L'idée amusa Narval. Il ne résista pas au plaisir d'en rajouter.

– On pourrait aussi l'envoyer au Contrôle pénal...

La perspective d'achever sa carrière à gratter du papier dans une odeur de poussière délia la langue de Hubert.

– C'est un fou furieux ! Un malade ! Il a failli me tuer ! C'est écrit dans son dossier médical qu'il est cinglé !

– Ah, vous voyez que vous l'avez lu, son dossier ! s'écria Zeman en revenant vers lui. Vous auriez pu aussi lui payer un coup à boire ! Il avait quatre grammes d'alcool dans le sang quand il a eu son accident !... De plus, vous connaissez son pedigree, vous savez bien qu'il ne tombe pas de la lune ! Il vient des Forces Spéciales ! Narval peut vous expliquer ce que ça signifie...

Narval se réjouit de pouvoir donner son avis.

– On sélectionne dans toutes les unités les meilleurs éléments, on les forme aux techniques de combat les plus sophistiquées, on les mobilise vingt-quatre heures sur vingt-quatre, et on les envoie parfois au bout du monde sur des coups tordus dont on ne parle jamais.

– J'ai trouvé un Colt dans son frigo...

– Dans son frigo ? reprit Zeman qui ressentit soudain une immense fatigue.

Narval laissa échapper un impitoyable glousse-

ment moqueur. Même Dunoyer roulait des yeux ahuris vers son collègue. Zeman retourna s'asseoir en traînant les pieds de lassitude.

– S'il fallait coffrer tous ceux qui ont une arme dans
leur frigo, la moitié de la France serait au trou !

Il s'allongea sur le sous-main d'un air abattu.

– Commandant Hubert, ce type en sait plus sur les
psychopathes que toute la brigade réunie. Alors, que
se passe-t-il ? Je ne comprends pas. Vous êtes un bon
flic. Ça vous emmerde qu'on fasse appel à quelqu'un
de l'extérieur ? C'est ça ?

Le divisionnaire prit le silence de Hubert pour un
assentiment.

– Eh bien, vous apprendrez que la Criminelle n'est
pas une coterie. On prend les compétences là où elles
sont. Ici, c'est comme dans les Forces spéciales. Vous
allez me mettre votre orgueil là où je pense. D'accord ?

Hubert acquiesça d'un vague signe de tête.

– Allez me le chercher ! ordonna Zeman à Dunoyer.

Skolvan faisait antichambre dans le bureau de Narval. L'endroit offrait assez peu de distraction. Lassé des
regards en coin de la nouvelle secrétaire, un cerbère
au généreux poitrail, il vit dans l'apparition de
Dunoyer une délivrance. Avec son visage de cendres,
le jeune homme l'invitait à entrer dans le bureau du
divisionnaire.

Zeman affichait un sourire de danseur et semblait
ne plus vouloir quitter son fauteuil.

– Il ne s'est rien passé, n'est-ce pas ? dit-il en prenant les devants et en invitant Skolvan à s'asseoir.

Skolvan eut un geste apaisant qui rendit au commissaire un peu de légèreté. Il claqua des mains.

– Bien ! Alors, comment procède-t-on ?

– Sans lui ! Virez-le-moi !

Ces mots de Skolvan tombèrent sur la nuque des
policiers comme une lame de guillotine. Ils en eurent
le souffle coupé. Hubert, tenant la preuve du bien-
fondé de ses récriminations, cherchait à communi-
quer silencieusement avec son supérieur en roulant
des yeux d'acteur du cinéma muet. Zeman, affaissé sur
le bureau, les bras croisés comme un cancre qui
brigue une image, fit entendre la voix sourde d'un vol-
can sur le point d'exploser.

– Voilà ce que j'ai décidé : vous avez une voiture
avec chauffeur et vous communiquez vos informations à Narval ou à moi-même. Le commandant
Hubert a l'ordre de vous éviter. Mais si vous vous avi-
sez de toucher encore un de mes hommes…

Le divisionnaire, en pointant un doigt menaçant
vers Skolvan, montrait sa vraie nature : celle d'un
homme impitoyable.

– … Je vous passerai les menottes avec plaisir et
vous accompagnerai personnellement chez le juge !

Skolvan se contenta de fixer Zeman droit dans les
yeux sans broncher.

– Bon ! s'exclama le commissaire. On a fait un pas
de géant : notre malade recrute parmi les zonards des
Halles. Le quartier est sous surveillance. Les Stups
nous filent un coup de main. Mais ce n'est peut-être
pas suffisant. On ne sait pas qui chercher. On ne sait
pas à quoi il ressemble. Que proposez-vous ?

– Infiltrer les nomades du Forum, répondit Skolvan. Ils l'ont sûrement vu rôder.

Zeman interrogea Narval du regard.

– Si on les coffrait pour les interroger, ce serait plus rapide, répondit le commissaire principal dont la réputation de pragmatisme n'était plus à faire.

– Je ne crois pas, dit Skolvan. Il faut aller les renifler de près sans qu'ils se doutent de rien, sinon ils se ferment comme des huîtres.

– Vous avez l'air de bien les connaître.

– Assez pour me porter volontaire.

– Négatif. C'est un boulot de flic. N'importe quel enquêteur peut le faire.

– N'importe quel enquêteur ne peut pas repérer un psychopathe dans la foule, rétorqua Skolvan.

Zeman interrogea de nouveau Narval qui ne trouva rien de pertinent à répondre. Il tourna alors le regard vers Hubert et Dunoyer qui se tenaient debout dans le dos de Skolvan.

– Messieurs, mettez-moi un plan d'action en branle pour demain soir. Où en êtes-vous de vos démarches auprès des ethnologues ?

Hubert, comme pris en faute, se raidit.

– Cette piste u-universitaire est une nébuleuse. On perd notre temps.

Il avait trébuché sur le mot « universitaire », mais lui seul en savait la raison. Une poussée de fièvre lui inonda le front.

– Je ne partage pas cet avis, lâcha sèchement Skolvan sans se retourner.

– Moi non plus. Je trouve même cette idée excellente. Mettez d'autres groupes sur le coup s'il le faut, mais apportez-moi des résultats, insista Zeman.

Les fesses en feu, Narval quitta brusquement le radiateur. Zeman se méprit sur ce mouvement. Dans un élan de bonne humeur forcée pour lever la séance, il claqua de nouveau les mains .

– Allez, haut les cœurs, la Seine ne charrie pas des cadavres tous les jours !

Les quatre hommes le regardèrent comme s'il avait dit une grossièreté.

– Bon, eh bien, merci, au revoir ! leur lança-t-il avec rudesse pour les congédier et mettre un terme à cet absurde face-à-face.

Skolvan, débouchant dans la cour de la préfecture, plissa les yeux vers le ciel de neige. Des flocons vinrent se coller à ses paupières. La perspective de cette soirée solitaire lui noua la gorge. Heureusement qu'un chauffeur, l'homme qui l'avait transporté la première fois, se tenait à sa disposition. Skolvan le suivit jusqu'au parking et s'assit à côté de lui dans une Peugeot 306. Il lui demanda de le conduire rue de Grenelle.

Ce jeune policier se révéla une excellente recrue. Il immobilisa le véhicule à l'adresse indiquée et, voyant approcher un agent de ville en faction devant une résidence d'État, abaissa le pare-soleil sur lequel était fixée une plaque de police. Le gardien de la paix retourna vers sa guérite chauffée sans insister.

Skolvan, surpris de se trouver devant une armurerie, vérifia son dossier. Pas de doute possible, Roger

Lallemand habitait bien cette boutique. Il pria le chauffeur de l'attendre, sortit de la voiture comme un boulet pour éviter la neige et, sans se redresser, franchit au son d'un carillon le seuil du magasin.

La boutique était vide. Des fusils de chasse étaient accrochés à des râteliers. Un fil d'acier passait dans les pontets et formait une boucle cadenassée. Il remarqua une belle collection de sagaies et de coutelas africains. Des vitrines renfermaient l'attirail du parfait riverain sécuritaire : pistolets à grenailles, couteaux à crans d'arrêt, coups de poing américain, cartouches de gaz lacrymogène... Un rideau bariolé, taillé dans un boubou africain, cachait l'entrée de l'arrière-boutique.

Un homme gris, la cinquantaine triste, écarta la tenture. Skolvan comprit à son air que l'individu était un atrabilaire. Il tenait les pièces démontées d'une monstrueuse arme de poing.

– C'est à quel sujet ? demanda-t-il avec ennui.

– C'est vous Roger Lallemand ?

L'armurier se contenta de soupirer d'agacement.

– Je vous ai posé une question, insista Skolvan.

– Allez, accouchez ! Qu'est-ce que vous voulez ? répondit l'armurier.

Skolvan ne trouva pas en lui la force de contrer ce personnage acariâtre. La journée avait été épuisante. Il plongea la main dans le dossier et tendit les photos anthropométriques des cadavres. Lallemand les consulta une à une sans exprimer la moindre émotion. Avec le même détachement, il les rendit à son propriétaire.

– Et alors ? lâcha-t-il comme s'il venait de voir des adolescents en aube de communiant.

– C'est tout l'effet que ça vous fait ? dit Skolvan, stupéfait de cette froideur animale.

Lallemand, découvrant des dents déchaussées, jaunes de nicotine, se mit a ricaner. Il empestait le tabac et l'ulcère à l'estomac.

– J'ai vu plus de cadavres dans ma vie que vous n'en verrez jamais.

– Ah oui ? On peut savoir où ?

– Vous êtes qui, vous ? Un flic ?

– En tout cas, vous êtes conforme à la description qu'on m'a faite de vous.

– Qui ça « on » ? Qui vous a parlé de moi ?

– Mussenbroeck.

Lallemand laissa échapper un rire sarcastique et fétide.

– Mussenbroeck ! Cet escroc ! C'est lui qui vous envoie ?

– Non, la brigade criminelle.

– C'est bien ce que je disais, vous êtes un flic ! Allez, débarrassez-moi le plancher !

Skolvan, à bout de nerfs, lui adressa cependant, avant de sortir, un sourire que l'individu le moins perspicace aurait interprété comme une menace. Le carillon tinta derrière lui.

Le chauffeur, découvrant Skolvan penché à la portière, mit instinctivement la main sur la clé de contact pour démarrer. Le passager lui demanda par signes d'abandonner le véhicule et de le suivre. Il s'exécuta sans sourciller. Skolvan apprécia sa docilité et le poussa dans la boutique.

L'armurier, farouchement planté derrière le comptoir, vit d'un mauvais œil l'entrée de ce nouvel intrus.

– Vous avez sur vous votre arme de service ? demanda Skolvan au chauffeur qui, soupçonnant une embrouille, acquiesça mollement.

– Braquez-la sur ce type ! dit-il en montrant du doigt l'armurier. Allez, exécution !

Le policier hésitait à obtempérer. Il avait entendu des bruits de couloirs sur les réactions foudroyantes de ce psychologue capable de casser la tête à un chef de groupe en toute impunité. Selon la rumeur, le patron lui aurait même serré la main ! Le jeune homme avait de l'ambition. Il sortit donc son Manurhin standard et le pointa dans la direction de Lallemand.

– À la bonne heure ! s'exclama Skolvan. Maintenant, monsieur Lallemand, vous avez deux solutions : soit vous répondez gentiment à mes questions, soit je vous fais embarquer et vous risquez de passer une fort mauvaise nuit dans une cellule de la brigade criminelle.

Lallemand, livide, tremblait de rage. Une salive suspecte se forma à la commissure de ses lèvres.

– Manurhin contre Roth-Steyr en pièces détachées, lança Skolvan d'un ton guilleret. Le duel n'est pas en votre faveur, monsieur Lallemand.

Le masque haineux de l'armurier s'effaça comme par enchantement et fit place à la stupéfaction.

– Vous… vous connaissez le pistolet Roth-Steyr ?

– Ben oui.

– C'est un objet très rare.

– Ben oui, 1907, ça date pas d'hier.

– Oui, oui, modèle 1907 de la cavalerie austro-hongroise. Vous vous y connaissez en armes ?

– Un peu.

Skolvan comprit qu'il avait marqué un point. Il fit signe au chauffeur de ranger son pistolet. L'armurier, maté, passa un mouchoir douteux sur ses lèvres et se fit tout miel.

– Vous êtes la première personne que je rencontre à connaître le Roth-Steyr. La plupart des gens sont nuls.

– Puisque vous êtes si calé, dites-moi si les blessures des cadavres que je vous ai montrés vous font penser à un rituel africain.

Lallemand laissa tomber un soupir lourd du poids d'un passé douloureux. Il tourna le regard vers la vitrine au-delà de laquelle la neige continuait de tomber.

– Je ne sais pas ce que Mussenbroeck a pu vous raconter sur mon compte et je m'en fous. Moi, je n'ai pas de diplômes, mais je connais mon sujet. Cela fait vingt-cinq ans que je fouille le ventre puant de l'Afrique. Je ne suis pas comme ces gourous de l'université, Mussenbroeck et compagnie, qui sont installés dans le confort douillet de leurs certitudes. Moi, je mouille ma chemise, je sillonne les pistes, je rencontre les gens…

Lorsqu'il tourna de nouveau les yeux, Skolvan y remarqua une humeur vitreuse comme celle d'un aveugle. L'émotion de Lallemand paraissait réelle.

– J'aime ce continent, monsieur. J'aime les hommes qui y vivent. J'ai étudié tous leurs rituels, toutes leurs croyances, toutes leurs guerres tribales. Mais je ne connais rien qui ressemble à ce que vous m'avez montré.

Skolvan détestait cette mécanique de pensée, cette façon de se prétendre humble pour mieux exprimer sa supériorité, cet air larmoyant pour masquer mépris et arrogance. Il sentait sourdement que Lallemand était un expert en dissimulation, un tricheur, un hypocrite. Devant le silence méfiant de Skolvan, l'armurier laissa éclater sa rancœur.

– Vous ne me croyez pas ! Je ne vous inspire pas confiance ! Vous vous demandez où finit l'armurier et où commence l'ethnologue ! Vous préférez accorder du crédit à ceux qui bouffent à tous les râteliers : professeurs d'université et conservateurs de musée... Je vais vous dire, monsieur. Ces ethnologues officiels ont fait plus de mal à l'Afrique que tous les marchands de canons réunis. Ils ont modelé ce continent sur des critères racistes. Ils ont distingué le bon Nègre du mauvais sur des différences physiques. Ils ont opposé le guerrier tutsi, agile et élancé, au pasteur hutu, petit et râblé. Ils ont créé le mythe du peuple élu de Dieu, le peuple d'origine sémite, et l'ont dressé contre celui des gardiens de troupeaux. On connaît le résultat : huit cent mille morts à la machette ! Je sais de quoi je parle, j'y étais !

Skolvan subit ce monologue vindicatif sans broncher. Il attendait avec patience la conclusion.

– Moi, je vends des fusils de chasse et de la chevrotine pour tuer des canards sauvages, pas des mots pour tuer des êtres humains. Alors, les plaies sur vos cadavres, si elles sont africaines, sont à mes yeux des blessures de guerre commises par les hommes que je dénonce, pas des signes rituels que des Africains se seraient infligés à eux-mêmes.

Skolvan en avait assez entendu pour ce soir. Il quitta brusquement la boutique sans même dire au revoir. Le chauffeur, surpris de ce départ et gêné de cette grossièreté, s'excusa presque auprès de Lallemand avant de sortir.

Skolvan attendait dans la voiture. Il était fatigué. Il avait faim. Il n'aspirait plus qu'à une chose : rentrer chez lui. C'était l'heure de la sortie des bureaux. Le chauffeur mit cinquante minutes pour le raccompagner à sa péniche. Skolvan ne desserra pas les dents pendant le trajet, ruminant chaque mot que lui avait craché cet armurier aigri. Guerrier et pasteur. Cette opposition excitait sa curiosité. Il la tournait dans tous les sens pour tenter de la rapprocher des crimes commis sur les bords de Seine. En vain. Il devait s'en tenir aux faits, qui, pour l'instant, manquaient cruellement.

Son habitation sans lumière lui parut inhospitalière. Il poussa le chauffage et mit un disque, espérant sans trop y croire que la musique brésilienne réchaufferait ce salon trop grand. Il eut une pensée charitable pour ce pauvre travesti qui tapinait sous la neige. Par association d'idées, l'image d'Élisa s'imposa à lui. Il n'avait pas pensé à elle de la journée. Il quitta brusquement le canapé pour contrarier le gonflement intempestif de son sexe. Ces pulsions qui échappaient à son contrôle l'agaçaient. L'ouverture d'une boîte de mou pour le chat allait être un remède efficace pour refroidir provisoirement sa libido.

Vendredi 19 décembre

Hubert, malgré le ciel couleur de serpillière et la neige fondue, portait une mauvaise imitation de lunettes Ray Ban. Son hématome ne s'était pas arrangé avec la nuit et lui emportait la moitié de la joue, en dépit des conseils de son pharmacien qui lui avait vendu une dose homéopathique d'arnica. De son côté, Dunoyer, affectant une mine d'enfant de chœur, se laissait guider béatement comme un apôtre sur le perron du musée France outre-mer par un homme coiffé de longs cheveux noirs à la manière de Jésus.

– Si vous êtes dans le coin, n'hésitez pas, dit-il d'une voix caressante. C'est toujours un plaisir pour moi d'aider la police.

Hubert marmonna un vague au revoir et dévala l'escalier. Dunoyer dut sauter les marches pour revenir à sa hauteur.

– « Da Silva » ! Je croyais que tous les Portos étaient maçons ! bougonna Hubert.

– Maçons ou concierges !

Hubert s'immobilisa à mi-parcours et fusilla son subalterne du regard.

– Tu te fous de ma gueule ?

– Je ne me le permettrais pas, osa le jeune homme d'un faux air de soumission.

Hubert jugea inopportun de relever le gant et finit de dégringoler les marches jusqu'à la voiture en stationnement.

– Ethnologue ou pas, ce Da Silva est le pire casse-couilles que j'aie jamais rencontré.

– Ah bon ? Moi, je l'ai trouvé super brillant. Ce qu'il a raconté m'a passionné.

Hubert, maintenant persuadé que Dunoyer se moquait de lui, prit un air sournois.

– Les aborigènes de Sumatra qui arrachaient la peau du dos des conquistadores portugais au XVIIᵉ siècle pour faire des tambours, tu trouves ça passionnant ?

– Ben oui.

– Et ça nous aide dans notre enquête ?

– Ben non.

Hubert se gonfla d'orgueil. Il avait enfin cloué le bec de cet insolent. Au moment où il ouvrit la portière, le signal du radiotéléphone se fit entendre. Il le commuta sur écoute.

– Ici Roméo, j'appelle Juliette…

Hubert décrocha le combiné et s'identifia.

– Ici Juliette, j'écoute.

– C'est pas trop tôt ! Ramenez dare-dare votre mauvaise viande rue de Grenelle, au 69. On a un colis encombrant et c'est pas du nougat.

Hubert échangea un regard entendu avec Dunoyer. Il coupa la communication et se jeta au volant. Le jeune homme eut à peine le temps de s'installer sur son siège et de coller le gyrophare sur le toit que le véhicule déboîtait dans un hurlement de sirène.

Presque au même moment, le chauffeur récupérait Skolvan sur sa péniche avec ordre de l'emmener d'urgence rue de Grenelle, chez l'armurier Lallemand. À la brigade, l'effervescence pouvait faire croire que la guerre était déclarée. Tout le monde courait dans tous les sens, assuré de l'imminence de l'arrestation du tueur fou.

Skolvan, sanglé sur le siège, ne protesta pas contre la vitesse. Le chauffeur se jouait des feux tricolores, des lignes continues, des carrefours protégés. Il roula même un moment à contresens. Curieusement, Skolvan se sentait en sécurité à son côté. Il appréciait en silence son assurance et son professionnalisme.

La voiture s'immobilisa dans l'agonie de la sirène devant le rideau baissé de l'armurerie. Deux agents de ville gardaient le porche de l'immeuble qui jouxtait la boutique. Skolvan se dirigea vers la cour intérieure. Il se heurta à une meute de policiers reniflant chaque pavé, chaque poubelle, chaque recoin, et repéra Dunoyer adossé au chambranle de la porte de l'arrière-boutique. La pâleur de son visage creusait ses traits et laissait envisager une issue fatale à son petit déjeuner. Toutefois, il lui fit signe d'approcher.

Skolvan posa le pied sur la marche en pierre qui donnait accès à la pièce privée de Roger Lallemand et s'immobilisa comme frappé par la foudre. L'armurier, torse nu, était adossé à une bibliothèque, crucifié par d'innombrables sagaies africaines dont les pointes lui perforaient les mains, les bras, la nuque, les cuisses… Skolvan n'avait pas vu depuis des années de tableau aussi macabre, organisé avec un tel souci de mise en scène. Les hommes de l'identité judiciaire allaient et venaient dans un brouhaha de conversations. Hubert occupait un coin de la pièce, le regard insondable derrière ses fausses Ray Ban. Narval, découvrant Skolvan dans le contre-jour de la porte, poussa un coup de gueule pour réclamer le silence. Tous se tournèrent vers le visiteur. Certains le connaissaient, d'autres pas.

– Approchez, mon vieux, l'invita le commissaire d'un ton de jouisseur qui aime à faire partager son plaisir. Il ne faut rien manquer du spectacle.

Skolvan approcha avec méfiance de Roger Lallemand, enchâssé dans le bois et les livres de la bibliothèque.

– Épatant, vous ne trouvez pas ? osa Narval.

Skolvan ne lui accorda pas un regard. Il était aimanté par la blessure christique que l'armurier portait à l'emplacement du cœur.

– Je ne comprends pas, finit-il par murmurer.

– Vous ne comprenez pas quoi ? demanda Narval, tendant l'oreille.

– Je ne comprends pas pourquoi le tueur a changé de méthode. Pourquoi il a crucifié ce pauvre type. Il a la même blessure mortelle au cœur, mais plus de signature, les scarifications sur la poitrine...

– Il a trouvé un jeu plus rigolo, le javelot...

Le cynisme de Narval n'amusa pas Skolvan qui le lui fit savoir par un bref regard oblique.

– À quand remonte la mort ?

– Quelques heures. Il était encore tiède quand on est arrivés. S'il avait été raide et froid, j'aurais pu vous coller le meurtre sur le dos. Vous êtes le dernier à l'avoir vu vivant.

Skolvan décocha un nouveau coup d'œil agacé au commissaire dont l'humour lui tapait sur les nerfs.

– On peut le décrocher ? demanda-t-il avec froideur.

– On vous attendait pour procéder à l'évacuation du corps. Messieurs, à vous de jouer !

Les mains gantées de caoutchouc, des hommes étendirent sur le sol une toile cirée et entreprirent d'arracher les sagaies une à une. Dunoyer ne résista pas aux bruits de succion des lames qui sortaient des plaies. Il alla respirer une bolée d'air dans la cour. Enfin, le corps supplicié fut allongé sur le ventre. Skolvan se porta en avant. Une revue, suintante de sang, était collée au dos du mort. Il la saisit entre le pouce et l'index.

– Touchez à rien, nom de Dieu ! hurla Narval.

Le commissaire, hors de lui, ne se moquait plus.

– Qu'est-ce qui vous prend ? Vous êtes cinglé ou quoi ?

Un silence écœuré remplaça les commentaires. Tous avaient découvert sous la revue la peau du dos de Roger Lallemand arrachée. Hubert ouvrait la bouche de stupéfaction.

– Il sait, dit Skolvan d'une voix blanche.

Il était livide. Sa main qui tenait le document souillé tremblait.

– Qu'est-ce que vous dites ? grimaça Narval.

– Il sait que je suis après lui. Cette revue, c'est moi qui l'ai écrite pour le ministère de la Défense. Il l'a mise là exprès, par jeu, pour me défier.

– Dunoyer !

Hubert se tenait aux pieds du cadavre. Le lieute-nant réapparut à contrecœur.

– Dunoyer, regarde ! Regarde son dos !

– C'est vraiment indispensable ?

– Regarde, bon Dieu !

Le jeune homme força son regard vers la peau écorchée de la victime et écarquilla les yeux d'horreur.

– Alors, clama Hubert d'une voix triomphale, ça te dit rien ? Les aborigènes de Sumatra ? Les peaux de tambours ?

– C'est quoi ce cirque, Hubert ? s'inquiéta Narval. On peut savoir ?

– Patron, on était y a pas une heure avec un u-uni-versitaire, un Portugais, Da Silva, qui nous a raconté que les aborigènes de Sumatra arrachaient la peau du dos des conquistadores pour en faire des peaux de tambours.

– Ah tiens, intéressant. Serrez-moi ce type. Je le veux dans mon bureau avant midi.

Un sourire illumina d'une joie sauvage le visage de Hubert. Il allait enfin pouvoir rabaisser le caquet à un de ces représentants de l'Université tant haïs. Il agrippa le bras de Dunoyer et l'entraîna dans la cour. Ce meurtre spectaculaire avait eu raison de la vitalité du jeune homme qui se tassait comme un paquet d'ouate.

– Votre torche-cul, vous le laissez ou vous le gardez en souvenir ? demanda Narval.

Un homme ganté tendait un sac plastique transpa-rent à Skolvan. Il y déposa la communication du ministère. Narval, satisfait, fit claquer ses doigts à l'at-tention des gardiens de la paix.

– Emballez-moi ce macchabée ! Il va me pourrir la journée ! Alors, monsieur Skolvan, selon vous, le tueur serait sur une piste ? La vôtre ? Vous ne le trouvez pas un peu… tordu ?

– Non, c'est plutôt logique. Il est flatté qu'on s'intéresse à lui. Ça pimente le jeu. Je ne le souhaitais pas, mais je suis devenu un appât.

Narval fut frappé par la gravité du visage de Skolvan, par la ténébreuse frayeur qui voilait son regard, par l'immobilité douloureuse qui figeait ses muscles. Les deux hommes laissèrent le champ libre aux gardiens de la paix peinant sous le poids du brancard.

– En somme, on vous surveille et on chope ce cinglé ?

– Peut-être…, répondit évasivement Skolvan, déjà ailleurs.

Il prit congé de Narval sur le trottoir de l'armurerie et promit d'être, en fin de journée, exact au rendez-vous dans le bureau du commissaire Zeman.

Son chauffeur l'emmena place du Trocadéro. Il avait conservé de Mussenbroeck une détestable impression. L'obscurité poussiéreuse des lieux et le sourire énigmatique de la momie andine y étaient peut-être pour quelque chose. Il voulait en avoir le cœur net.

Comme lors de sa première visite, il erra sans guide dans les couloirs interminables du musée de l'Homme et finit par se perdre. Il tomba sur une vaste salle où des ouvriers construisaient des décors, montaient des vitrines, branchaient des câbles. Dans le tintamarre des coups de marteau et des scies sauteuses d'une exposition en cours d'installation, il passa inaperçu.

Il s'immobilisa devant un panneau présentant des gravures du XIXᵉ siècle. Des Iroquois y scalpaient allégrement des femmes et des hommes. Dans une vitrine voisine, il découvrit des couteaux à scalper, simples lames de boucher réformées. Certains manches en bois sculpté, ornés de chevelures noires, apportaient les preuves formelles de la bravoure du guerrier qui les avait prélevées.

Skolvan s'écarta pour laisser passer deux ouvriers porteurs d'une feuille de décor. Il se heurta à un gardien en uniforme au visage austère.

– Qu'est-ce que vous faites là ? demanda-t-il avec hauteur comme si la médiocrité de sa fonction l'autorisait à l'exercer avec zèle.

– Je cherche Petrus Mussenbroeck.

– Le chantier est interdit au public ! La sortie est par là !

Il eut la prétention de forcer le visiteur à le suivre en lui saisissant le bras. Skolvan le repoussa en arrière.

– Ne me touche pas !

– Hé là, doucement, pas d'histoires ou j'appelle la sécurité !

– Laissez-le, je le connais.

Skolvan reconnut la voix d'Élisa. Il la vit sortir de l'ombre, un carton dans les bras.

– Laissez-le, je vous dis. C'est un ami.

Skolvan la soulagea du poids du carton. Le gardien considéra le couple avec autant de morgue que s'il s'agissait d'une fille et de son souteneur. La jeune femme le chassa de la main.

– Allez, on vous a assez vu.

La sentinelle du musée s'éloigna comme à regret et alla se perdre dans quelque coin sombre et oublié. Skolvan, enchanté de sa rencontre avec Élisa, rebroussa chemin en sa compagnie. Le large sourire de la jeune femme témoignait du même plaisir.

– Décidément, vous êtes toujours là où on ne vous attend pas, dit-elle sans moquerie.

– Je pourrais vous retourner le compliment.

– On est peut-être faits pour s'entendre ?

– Qui sait ?… J'ai pensé à vous hier soir.

– Ah oui ? Racontez !

Skolvan ne pouvait décemment pas lui avouer que l'évocation de son image avait provoqué chez lui une érection quasi instantanée. Il plongea le regard dans le carton.

– Ils sont terrifiants, ces masques…

– Oui, des masques iroquois. Ils ont été conçus dans ce but, pour faire peur.

– Vous vous êtes fait embaucher ?

– Il faut bien. Le musée est pauvre comme Job. Alors, je file un coup de main à mon cher professeur. Et vous ?

– Je suis venu voir Mussenbroeck.

– Il est en mission.

– Où ça ?

– J'en sais rien. Demandez à l'administration.

Skolvan reconnut l'impertinence d'Élisa et se dit que cette femme était vraiment à son goût.

– Et votre… *cher professeur ?*

– Il va, il vient, toujours sur la brèche. L'inauguration est pour demain.

– J'ai cherché à le joindre. Sans succès.

– Venez demain. Il dédicace son livre. C'est l'occasion.

– Pourquoi pas ?

Il s'immobilisa devant cinq photographies en noir et blanc accrochées à des cimaises. Elles dataient du début du siècle et représentaient de jeunes guerriers indiens des plaines. Au-delà de la fierté farouche des regards, il fut surtout frappé par la beauté ambiguë de leurs visages. Leurs longs cheveux noirs étaient structurés en boucles compliquées ou en tresses appliquées qui soulignaient davantage la féminité de leur maintien. Cette androgynie le troublait moins que le sentiment confus que lui procuraient ces cinq portraits côte à côte, au point de lui en donner le vertige. Élisa se rendit compte de sa gêne.

– Il y a un problème ?

– Je ne sais pas. Je les trouve beaux.

– Vous n'avez pas vu les miens !

– Les vôtres ? !

Il la fixait avec étonnement.

– Ben, ne me regardez pas comme ça ! J'ai dit quelque chose d'obscène ? Chaque fois que je vais aux États-Unis, dans une réserve, je photographie des Indiens pour ma thèse. Ils valent bien ceux-là.

Il eut un sourire admiratif qu'une autre qu'Élisa aurait pris pour niais.

– Ils vous intéressent, mes Indiens ? Vous voulez les voir ?

Skolvan fit plusieurs fois oui de la tête avec un empressement de collégien à qui on vient de proposer d'échanger le cours de maths contre un match de foot.

Le chauffeur les emmena en un rien de temps au Quartier latin, devant la porte d'entrée de l'immeuble d'Élisa. Skolvan détesta le sourire salace du policier lorsqu'il les déposa. Il se promit de lui rappeler certaines règles de conduite à respecter s'il ne voulait pas se retrouver à piloter le chariot du courrier dans les couloirs de la préfecture.

Il avait imaginé Élisa vivant sous les toits dans une chambre insalubre. Elle occupait en réalité un vaste appartement peint en blanc dont les nombreuses fenêtres s'ouvraient sur le jardin du Luxembourg. Le mobilier était moderne. Des agrandissements photographiques occupaient les murs du salon. Il se serait cru dans une galerie. Cinq portraits en noir et blanc, dédiés à la monstruosité, attirèrent son regard. Des Indiens dénaturés par l'alcool et dégénérés par la drogue, les cheveux longs et poisseux coulant sur leurs épaules adipeuses, fixaient de leurs yeux morts l'objectif impitoyable du photographe.

Envahi par le même sentiment inexplicable et vertigineux qui l'avait saisi au musée de l'Homme, il n'arrivait pas à repousser la fascination que ces Indiens débiles exerçaient sur lui. Leur apparence physique, les uns beaux comme des dieux, les autres terrifiants comme des chimères, n'en était pas la raison. Il s'agissait d'autre chose qui lui échappait.

Élisa, assise avec désinvolture sur le bras d'un fauteuil, fouillait dans un portfolio. Elle riait sous cape, se méprenant sur le désarroi de Skolvan.

– Ils vous plaisent ? Craquants, non ? À chacun ses monstres. Moi, j'ai de l'affection pour les miens. Tenez, regardez celui-là. Il a quelque chose de pathétique.

Elle lui tendit un agrandissement photographique pioché dans le porte-documents. Un Indien obèse à la face plate souriait stupidement à l'objectif.

– On a du mal à croire que les Indiens du musée de l'Homme et les vôtres appartiennent au même peuple.

– Ce sont pourtant les mêmes, avec un siècle de civilisation en plus. Ces hommes sont devenus des *Apples*, des pommes. Rouges de peau, blancs à l'intérieur.

– Un peu blettes, les pommes, osa Skolvan.

– Oui, à force d'avaler du hamburger, de la boisson gazeuse et des feuilletons télé… L'Amérique, quoi !

Élisa quitta le fauteuil et se rapprocha de Skolvan d'une démarche dénué d'ambiguïté. Sans hésiter, elle lui entoura le cou de ses bras et le fixa droit dans les yeux avec gravité sans toutefois réussir à chasser la malice qui rendait son regard si pétillant. Il la prit par la taille.

– Il y a des types qui invitent des femmes chez eux pour montrer leurs estampes japonaises. Moi je sors mes Indiens. Et vous, que proposez-vous ?

– Moi ? Des gravures marines, des chasses à la baleine, des scènes de naufrages…

– Je savais bien que vous étiez un type étrange.

– Et vous, une fille formidable.

Elle l'étouffa sous un baiser appuyé. Il répondit avec délices à son étreinte. À l'autre extrémité de la pièce, il repéra la photographie d'un paysage hivernal et triste, une île lointaine évoquant la silhouette d'un homme couché. Skolvan se détacha d'Élisa et lui sourit.

– Je n'avais rien prémédité.

– Moi si, répondit-elle en riant.

Skolvan, la main enrobant sa taille, lui fit exécuter un demi-tour vers l'image de l'île accrochée au mur.

– Avant que je perde tout contrôle de moi-même, encore un mot sur cette photo. On dirait le corps d'un homme.

– Ah, l'homme couché t'inspire ! Moi aussi.

– Sérieusement.

– Sérieusement, il s'agit de l'île Royale à Thunder Bay, dans l'Ontario. La légende raconte que le jour où le géant se lèvera, le peuple indien retrouvera sa dignité. C'est pas demain la veille.

Skolvan jeta un coup d'œil à sa montre et s'écarta d'Élisa, la mine triste. Au risque de passer pour un pisse-vinaigre, il prit le parti de la sincérité.

– Pardonne-moi. J'aimerais rester. J'en rêve depuis que je t'ai rencontrée. Mais là, je ne peux pas. Demain... Non, pas demain. Demain, je suis en Bretagne. Après-demain, lundi, je te promets...

Élisa, comme assommée, ne trouva même pas les mots pour protester. Skolvan profita de cette apathie pour prendre la fuite. Le claquement de la porte fit sur la jeune femme l'effet d'une gifle. Revenue dans le monde réel, elle donna un furieux coup de pied dans le portfolio, éparpillant au milieu du salon les photographies des Indiens décadents.

Le chauffeur, persuadé qu'il aurait l'après-midi devant lui, avait repris, là où il l'avait abandonnée la veille, la lecture d'un pavé juridique sur le droit constitutionnel. Il n'avait pas lu une demi-page à laquelle il

ne comprit rien qu'il découvrit, courant vers lui, Skolvan qui se jeta sur le siège passager et lui ordonna d'un
ton sans réplique :

– Autoroute de l'Ouest ! Direction Saint-Germain-
en-Laye !

Le policier démarra sans poser de questions.

À part quelques indications sur le chemin à suivre
et des monosyllabes d'acquiescement, la conversation
fut proche du néant. Skolvan réalisait que l'association
fulgurante et sans doute absurde entre l'île de Thunder Bay sur le lac Supérieur et l'île de Gab Lucas au
milieu de la Seine n'était qu'un prétexte pour se soustraire au jeu d'Élisa. À présent, il comprimait stupidement son sexe entre ses jambes croisées au lieu d'être
dans les bras d'une femme qui ne désirait que cela. Il
laissa échapper un soupir qui éveilla la curiosité du
chauffeur. Skolvan pointa l'index vers la route pour lui
conseiller de regarder droit devant lui.

Ses sombres pensées eurent le mérite de lui faire
oublier la réalité du temps. Il se retrouva comme par
enchantement dans le sanctuaire de Gab Lucas et partit à l'aventure entre les allées métalliques. L'individu
était introuvable. Il commençait à regretter de ne pas
lui avoir téléphoné lorsqu'il finit par le débusquer sous
une montagne de pneumatiques de toutes tailles et de
toutes marques, pour la plupart lisses comme des
savonnettes.

– Ah tiens, le psychopathe ! Qu'est-ce que tu fous
là ?

Skolvan ne chercha pas à retenir son rire. Il soupçonnait cet être fruste de manier le lapsus comme d'autres jouent aux fléchettes. Lucas rampa jusqu'à lui et se redressa en essuyant ses mains sur les poches arrière de sa salopette.

– Tu tombes mal. J'ai perdu ma chienne. Je sais pas où elle est passée, cette conne ! La Glue, avec un nom pareil, il a fallu qu'elle se fasse la malle !

– Elle est peut-être en chaleur ?

– Arrête ! Les clebs, par ce climat, ils sont comme nous, ils se gèlent les miches.

Lucas baissa pudiquement les yeux vers le sol figé par le froid et la graisse.

– Et puis… La Glue, elle me ressemble. Ça fait un bail que j'ai mis mon outil au clou. Maintenant, c'est du mou pour les chats. Viens, je dois avoir un fond de pinard.

– Merci, je ne bois pas.

– Viens quand même.

Lucas obligea Skolvan à rebrousser chemin.

– Tu as une gonzesse, toi ?

Skolvan fit tristement non de la tête.

– Arrête, je te crois pas. Moi, j'ai eu une nana. Elle a vécu un peu ici. Et puis un beau jour, elle s'est barrée. Enfin, c'est plutôt moi qui l'ai foutue dehors. Elle commençait à s'incruster, à vouloir faire toiletter La Glue. Elle lui avait même acheté une laisse et un collier. Tu es sûr que tu veux pas un coup à boire ?

– Non, je te remercie. Par contre, j'aimerais que tu m'emmènes en face dans l'île.

– Ah ouais, je vois le genre ! Tu veux mater les culs-nus !

– En cette saison, ça m'étonnerait qu'il y en ait beaucoup.

– C'est vrai ça. Il faut être tapé pour se foutre à poil par ce temps-là ! Alors, les rigolades l'autre nuit, c'était pas des naturistes ?

Skolvan se contenta d'inviter le ferrailleur à lui montrer le chemin de la berge.

Le moteur de la barque métallique fumait et empestait le gasoil. Ce n'était pas pire que l'odeur écœurante d'égout qui flottait à la surface du fleuve. Les eaux, lourdes et agitées, charriaient du bois pourri, arraché aux rives, et toutes sortes d'objets difficilement identifiables.

Lucas, le nez au vent, filait vers l'île, fouillant des yeux la végétation à la recherche d'une brèche qui lui permettrait d'accoster. Un désordre de branches basses s'étalait à la surface de l'eau, interdisant l'accès à la berge. Les deux hommes la longèrent en silence, désespérant de pouvoir débarquer.

Une obscure trouée s'ouvrit sur une allée liquide qui coupait l'île en deux. Une odeur fade de vase montait aux narines. Lucas s'y engagea prudemment. Le passage était encombré de troncs couchés par les crues et de branchages décharnés, comme autant de pièges tentaculaires tendus aux intrus. Skolvan les repoussa à l'aide d'une pagaie. Lucas manœuvra avec habileté avant de s'échouer dans une anse boueuse où des traces de pieds, lourdement chaussés, étaient imprimées. Skolvan sauta sur la terre meuble et noua un bout au tronc d'un arbuste.

– Putain, cette marie-salope a remué la merde !

s'exclama Lucas en coupant le moteur et en constatant avec dégoût que l'hélice avait brassé le fond vaseux de ce marigot putride.

Le gris dominait dans cette nature laide et sale. Une barrière inextricable de ronces interdisait toute progression vers l'intérieur de l'île. Skolvan, suivi comme son ombre par Lucas qui pestait à chaque pas, dut la contourner avec difficulté en suivant la berge. Il finit par tomber sur une ligne tracée par des randonneurs. Dès qu'une ronce déroulait sa tige épineuse en travers du chemin, Lucas passait l'obstacle en levant les bras comme une ballerine. Le ferrailleur semblait aussi à l'aise dans ce milieu qu'un poisson hors de son bocal.

Skolvan s'immobilisa à l'orée d'une clairière. Devant lui se dressait l'étrange hutte ronde construite autour du peuplier.

– À ton avis, qu'est-ce que c'est ? demanda-t-il à voix basse à Lucas venu se réfugier contre son épaule.

– Un abri pour les culs-nus, pour leurs pique-niques-niques, répondit-il dans un mouvement obscène des reins.

– Il n'y a pas de camp naturiste ici. J'ai vérifié sur la carte. Tes culs-nus, ils sont dans l'autre île, tout au bout, bien planqués.

– Alors, c'est une cabane pour ces petits merdeux de scouts qui viennent chanter des trucs à la con autour d'un feu de bois.

Skolvan trouva l'argument recevable et n'y répondit pas. Son regard courait devant lui à la recherche d'un indice. Il accrocha de loin un arbre mort, couché en travers du passage. En se rapprochant, il vérifia avec satisfaction qu'il ne s'était pas trompé. Une tache brune maculait l'écorce. Il s'accroupit et l'observa avec curiosité.

– C'est quoi ? demanda Lucas, penché dans son dos.

– Ça pourrait être du sang. Tu n'as pas quelque chose pour gratter ?

Lucas se redressa et plongea la main dans une poche de sa salopette.

– Pas de problème. Gab a toujours sur lui sa bite et son couteau.

Il extirpa, parmi un bric-à-brac de rondelles, d'écrous et de boulons graisseux, un Opinel qu'il tendit ouvert, la pointe en avant. Skolvan opéra une incision sur la tache et fit sauter un éclat de l'écorce suspecte. Il l'enveloppa soigneusement dans un Kleenex, rendit le couteau à son propriétaire et, après avoir empoché le mouchoir, reporta son attention sur l'étrange construction. Les rubans rose pastel, noués aux branches du peuplier, attestaient du temps passé et des intempéries. Lucas avait peut-être raison au sujet des scouts. Le culte qu'ils vouaient à la nature, le goût qu'on leur connaissait pour les veillées au son des guitares laissaient supposer que cette cabane pouvait leur appartenir.

La tenture damassée qui fermait l'entrée était gorgée d'eau. Elle laissa la main de Skolvan poisseuse de moisissure. Les deux hommes foulèrent le sol couvert de branchages. Des cendres froides et du bois calciné reposaient dans un coin, prisonniers d'un cercle de pierres rondes. Une odeur âcre de fumée persistait. Skolvan frissonna, saisi par une impression désagréable. Ce lieu ne ressemblait à rien de ce qu'il connaissait, trop vaste pour une cabane de scouts, trop précaire pour un abri de chasse, trop inconfortable pour une retraite de naturistes. De plus, cette construction autour d'un tronc d'arbre l'intriguait.

– Tu es déjà venu ici ? demanda-t-il, mal à l'aise.

– Jamais, répondit Lucas, la goutte au nez et les joues piquées par le froid.

L'orifice au faîte du toit laissait passer la lumière. Skolvan releva les yeux. La statuette érotique lui apparut. Il donna un coup de coude à son voisin.

– Hé, tu vois ce que je vois ?

– Putain, la paire de couilles ! s'exclama le ferrailleur d'un air goguenard. Je savais bien que ça partouzait par ici !

– Tu me fais la courte ?

– Ça t'excite, hein ?

Lucas mêla les doigts de ses mains. Skolvan posa un pied dessus et fut propulsé vers la statue. Le chanvre qui la maintenait était pourri. Il céda à la première traction. Skolvan sauta à pieds joints et montra sa capture.

– Tu as bien fait de venir. Ça va faire chic sur ta cheminée, dit Lucas en considérant avec envie le membre dressé et les testicules significatifs de la statuette. Si j'en avais des comme ça, je gagnerais des millions dans les foires !

Skolvan lui enveloppa les épaules de son bras et l'invita à quitter la hutte.

Ils rebroussaient chemin vers la berge lorsque Lucas s'immobilisa. Son visage perdit les couleurs éclatantes de la vie au grand air, comme avant une syncope. Il tomba à genoux et se mit à hurler.

– Les salauds ! C'est pas vrai ! Les salauds ! C'est pas possible !

Skolvan découvrit alors la petite tête grotesque de La Glue dont les yeux étaient déjà dévorés par la vermine.

– Les salauds ! Les pourris ! Ces putains de chasseurs, il faut qu'ils massacrent tout !

Des larmes pathétiques inondèrent les yeux du ferrailleur qui pleurait son animal décapité. Skolvan jeta un coup d'œil circulaire sans trouver de traces du corps.

– C'était une brave bête, La Glue ! Elle faisait chier personne ! Pourquoi ils ont fait ça ? Hein ? Tu peux me le dire, toi ?

Il regardait Skolvan comme un chien qui n'avait jamais connu que les coups et qui cherchait un maître. Skolvan glissa une main compatissante sous son aisselle et l'aida à se relever.

– Viens, Gab. Allons-nous-en…

Skolvan resta encore une heure avec Lucas pour le consoler de la perte de sa chienne et se mit en retard.

La réunion dans le bureau de Zeman ne donna rien. En son absence, l'enquête n'avait pas avancé d'un pouce. Il se garda de révéler au chauffeur et aux autres membres de la brigade sa trouvaille de l'île. Il avait enveloppé la statuette érotique dans un chiffon répugnant, emprunté au ferrailleur, et l'avait déposée chez lui avant de se rendre quai des Orfèvres. Le chauffeur s'était montré d'une parfaite discrétion, mais Skolvan se doutait bien que, chaque soir, il rédigeait en trois exemplaires un rapport sur les faits et gestes de son client.

Skolvan constata avec satisfaction que Hubert ne participait pas à la tentative d'infiltration des SDF prévue pour la nuit. Le dispositif était en place. Il se vêtit des oripeaux fournis par la préfecture : un pantalon camouflé de l'armée, des chaussures avachies, une chemise en laine, un chandail élimé et une veste qui sentait la naphtaline. Il alla la salir dans un caniveau pour la rendre plus crédible aux narines des nomades de la rue et se mouilla les cheveux au robinet des toilettes d'un café des Halles avant de s'enfermer dans un « sous-marin » pour y être équipé d'un micro émetteur.

Skolvan était assis sur la banquette d'un camionnette aux vitres teintées de la préfecture. Tandis qu'un technicien lui collait avec du sparadrap un émetteur sur la peau du ventre, il surveillait à l'extérieur le lieutenant Dunoyer et un autre inspecteur qui battaient la semelle et soufflaient dans leurs mains pour se réchauffer. Le micro sans fil, agrafé sous le revers du veston, n'était pas plus grand qu'un ongle.

– Faites un essai, demanda le technicien.

Skolvan compta jusqu'à cinq. Il regrettait déjà cette idée de vouloir se substituer à la police. La découverte de la statue à tête noire et au ventre vert, affublée de ce sexe à faire pâlir une vierge, l'excitait bien davantage que la traque d'un hypothétique témoin. Même si le tueur était sur ses pas, Skolvan se doutait que, cette nuit, il ne se montrerait pas. L'homme était sans doute d'une audace folle, mais pas au point de s'aventurer dans un quartier grouillant de flics.

Le technicien lui donna une tape encourageante sur l'épaule et l'invita à aller son chemin.

Skolvan erra une bonne heure autour du Forum des Halles avant de se glisser sur les cartons qui servaient de couchages à une demi-douzaine de SDF. Ils étaient jeunes et pourtant profondément atteints par la dureté de cette vie marginale. L'alcool, la drogue, les coups avaient ravagé leurs visages, flétri leur peau, rendu leurs gestes craintifs. Leur langage était celui du macadam, un mélange d'argot, de verlan et de néologismes propres aux gens du trottoir. Un mâle dominant semblait régner sur la horde. Affublé d'une houppette à la Mohican, teinte en mauve, et d'anneaux en fer-blanc qui lui perçaient le nez et les oreilles, il était la caricature du punk vicieux. Ses petits yeux de fouine, gorgés d'excitants frelatés, formaient deux puits de haine. Il accueillit avec méfiance Skolvan qui prétendit être en manque. Le punk lui désigna, dans un rot de vin rouge, un promeneur susceptible de le satisfaire.

L'homme en question se retourna lorsque Skolvan lui tapa sur l'épaule. Joli garçon d'origine maghrébine, le cheveu dru, le regard profond, il portait un chaud et onéreux manteau de cuir noir.

– On m'a dit que je pouvais m'adresser à toi.

– Qui ça « on » ? questionna le jeune Arabe sur la défensive.

Skolvan montra du menton le groupe de SDF vautrés sur les cartons. Le Mohican qui les surveillait de loin leur fit signe.

– Qu'est-ce que tu veux ? demanda le Maghrébin en reprenant sa déambulation.

– Qu'est-ce que tu proposes ?

– Du *Black-pak*. C'est cent balles les deux grammes. J'ai aussi du *Marocco*, du *Pollen*, et même du *Double Zéro*.

– J'ai pas cent balles...

– Alors va te faire foutre !

Le revendeur de haschich accéléra le pas. Skolvan revint à sa hauteur. Cet homme lui inspirait un profond dégoût. Il aurait aimé le plaquer au sol et lui coller le nez sur les merdes de chien qui souillaient le trottoir.

– Pour cinquante francs, qu'est-ce que je peux avoir ?

Le Maghrébin ricana. Il crut dominer ce minable toxico qui avait humblement baissé les yeux. En réalité, Skolvan avait repéré Dunoyer et son acolyte qui avançaient droit sur lui.

– Pour cinquante balles, pauvre tare, je te file deux grammes d'herbe africaine. Ça te va ?

Skolvan acquiesça sans relever les yeux. Les deux officiers de police passèrent près de lui en le frôlant. Ils avaient chacun dans l'oreille un récepteur de la taille d'un Sonotone.

– Viens avec moi, dit le revendeur. On descend au parking.

Skolvan le suivit docilement et demanda d'un air innocent :

– Tu connais Omar Ghanem ?

– C'est mon frère.

– Tu sais ce qu'il est devenu ?

– Aucune idée. Qui va à la chasse perd sa place.

– Et Jésus Rios, le légionnaire, tu le connais ?

Le Maghrébin, saisi d'un doute, s'arrêta et fixa avec suspicion ce client tombé du ciel.

– Tu es qui, toi ? Ça veut dire quoi toutes ces questions ? Je te connais pas ! Je t'ai jamais vu !

Il prit soudain ses jambes à son cou comme poursuivi par la peste. Il n'alla pas bien loin. À l'angle de la rue suivante, deux hommes des Stups qui recevaient dans l'oreille, relayée par le « sous-marin », la conversation de Skolvan, le cravatèrent et l'emballèrent dans leur voiture.

Skolvan, furieux de son échec, rebroussa chemin vers le camp nomade en tapant du poing contre sa cuisse. Il se coula sur les cartons près du Mohican, surpris de le voir revenir si vite. Le punk lui tendit une bouteille de vin. Skolvan déclina l'offre. La plaisanterie avait assez duré. Il décida de ne plus prendre de gants.

– Dis-moi, tu connais Jésus Rios ?

– Tout le monde connaît Jésus Rios, grand buveur devant l'Éternel !

– Qu'est-ce qu'il devient ?

Le punk eut un haussement d'épaules enfantin.

– Il pourrit par la queue comme tous les poivrots. Sa grosse en sait quelque chose.

Il pivota sur les fesses et frappa du talon de son brodequin ferré l'arrière-train d'une femme couchée sur le flanc.

– Hé, poufiasse, réveille-toi ! Y a quelqu'un qui veut te causer !

Elle se redressa en grommelant une injure pâteuse. Skolvan ne put réprimer un mouvement de recul devant ce visage cramoisi, confit et granuleux comme la peau d'un litchi. Une blessure récente au nez avait formé une croûte purulente. Des cernes violets attestaient la maltraitance. Ses lèvres était gonflées et craquelées par le froid et les coups. Cette fille sans âge était au fond du gouffre, tout comme les Indiens les plus dégénérés d'Élisa. Elle fixait Skolvan sans le voir, la tête hirsute et dodelinante comme une harpie.

Le Mohican semblait se réjouir du spectacle de cette déchéance. Sa bouche sans lèvres s'ouvrit sur des dents entartrées et un éclat de rire odieux. Du coude, il invita Skolvan à lier connaissance avec la compagne de Rios.

– C'est qui ce crabe ? beugla-t-elle lorsqu'elle vit Skolvan ramper vers elle.

Il eut un haut-le-cœur. Elle empestait l'éther à plein nez.

– Parle-moi de Jésus Rios, dit-il en lui prenant le bras.

– Me touche pas, enculé ! hurla-t-elle.

– Je veux juste savoir ce qui est arrivé à Jésus.

– Va te faire enculer ! Jésus est un pédé d'enculé !

La zonarde se laissa tomber sur le flanc comme une masse et fit mine de sombrer dans un coma éthylique.

– Parle-moi, nom de Dieu ! cria Skolvan.

Malgré sa fascination pour le monde en marge, il commençait à perdre patience. Une rage montait en lui.

– Aboule le fric et je vide mon sac ! marmonna-t-elle, sans bouger.

Il agita devant ses yeux ahuris un billet de cent francs. Elle se redressa avec une agilité surprenante et s'empara de l'argent.

– Il s'est barré avec un bourge, cet enculé, avoua-t-elle en pliant avec précaution le billet avant de le ranger dans un sac à main insolite.

– Tu l'as vu ce bourgeois ? À quoi ressemble-t-il ?

– Encore cent balles et je te fais une pipe !

– Réponds ! À quoi ressemble ce bourgeois ?

– Hé, dis donc, toi, d'où tu les tires, tes biffetons ?

Le Mohican avait croché dans le bras de Skolvan et ancrait ses petits yeux vicieux dans les siens. Skolvan se dégagea d'un geste brusque.

– Laisse mon fiancé, petit pédé, glapit la femme de Rios en ricanant au nez du punk.

Elle bloqua la nuque de Skolvan de ses mains poisseuses et l'attira vers sa bouche infecte. Il sentit le souffle chaud de la pestilence et de l'éther et, hurlant de dégoût, lui repoussa la tête en arrière. Mais elle s'accrochait à lui comme une furie, cherchant à lui caresser le ventre et l'entrejambe. Le punk aperçut l'émetteur. Il fondit sur le dos de Skolvan comme un oiseau de proie.

– C'est quoi cette merde, là, sur ton ventre ?

– Va te faire foutre ! répondit-il en lui assenant un coup de coude.

Skolvan cria sous la torture de ses cheveux tirés par la harpie. Il la frappa du tranchant de la main sous le menton. La méthode manquait d'élégance, mais était d'une redoutable efficacité. La femme s'affaissa sur elle-même sans connaissance.

Le punk, debout, caressait de la pointe de son pied

ferré les côtes de Skolvan qui tentait de se relever en
se protégeant des mains. Trois autres SDF se mêlèrent
à la curée. Débordé sur les flancs, roué de coups, il fit
le dos rond et se protégea le visage des bras en espérant une aide providentielle de la police.

À quelques pas de là, Dunoyer ne se doutait de rien.
Un rideau de curieux, agglutinés devant ce spectacle
impromptu, lui cachait la vue. Il titilla son récepteur
d'oreille, croyant à un brouillage parasitaire. Son collègue, nonchalamment adossé à un rideau de fer
taggé, bâillait à se décrocher la mâchoire. Cependant,
un pressentiment oppressait la poitrine du jeune
homme. Il vit soudain des spectateurs s'écarter pour
laisser passer un SDF qui trébuchait, les mains à plat
sur son visage ensanglanté. Dunoyer se jeta en avant
en rameutant ses troupes par talkie-walkie.

Il trouva la pocharde sans connaissance et le punk
à genoux, hurlant de douleur, les mains crispées sur
ses testicules en feu. Deux autres individus ivres se disputaient une chaussure usagée. Dunoyer et son collègue les couchèrent sur le ventre et leur plantèrent un
genou dans le dos pour les menotter sans qu'ils oppo-
sent de résistance. Quant à Skolvan, il avait disparu.

Samedi 20 décembre

Minuit sonnait lorsque Skolvan arriva à sa péniche. Le bilan de la soirée était désastreux : une femme assommée, deux SDF sur le carreau et une chaussure perdue. Le temps de trouver un taxi, sa chaussette était trempée et son pied gelé. Le trajet ne suffit pas à le réchauffer. Furieux de s'être ridiculisé aux yeux de la police et pas très fier d'avoir frappé une femme, il avait préféré prendre la fuite. Les coups reçus le faisaient souffrir. Une brûlure intense au ventre, à l'emplacement de l'émetteur, lui laissait craindre le pire, sans doute l'électrolyse provoquée par le contact des piles sur la peau en sueur. Dans le taxi qui le ramenait chez lui, il tenta d'arracher le sparadrap, mais renonça, préférant attendre la lumière crue de sa salle de bains.

Le véhicule s'immobilisa à la hauteur du sémaphore. Skolvan jeta un billet de cent francs au chauffeur et fila en claudiquant sans attendre la monnaie. Après avoir empoché le billet avec satisfaction, le taxi reporta son attention sur la route et découvrit dans les phares Antonio la Brésilienne. Le travesti tentait sa chance dans la nuit blême en ouvrant largement les pans de son manteau de fourrure synthétique. Malgré le froid, il était en porte-jarretelles, bas résille et Wonderbra. Des bondieuseries à l'effigie de la Madone pendouillaient au rétroviseur du taxi. Croyant voir dans le sourire aguicheur d'Antonio la tentation de Lucifer, le chauffeur enclencha nerveusement la marche arrière pour ne pas tomber dans les rets de cette créature.

Skolvan s'immobilisa à mi-chemin sur le sentier qui menait à la passerelle. Son cœur bondit dans sa poitrine. Une silhouette accroupie se dissimulait derrière les arbustes du quai. Il ne pouvait compter ni sur le taxi, emporté dans une fuite éperdue, ni sur Antonio, fragile comme une gazelle.

Retrouvant les réflexes acquis à l'armée, il se fondit sans bruit dans la végétation pour surprendre l'individu par le revers. D'un bond, il se jeta sur lui. Un cri retentit. Une bouteille se brisa. Son adversaire à terre, Skolvan levait le poing pour le frapper au visage lorsqu'il retint son geste, stupéfait.

– Élisa ! Qu'est-ce que tu fous là ? Ça va pas !? J'ai failli t'assommer !

La jeune femme s'assit et le fixa avec colère.

– Et en plus, il m'engueule !

– J'ai déjà cogné une femme ce soir ! Ça suffit comme ça ! Rentre chez toi !

Il se releva et s'éloigna par le sentier. Elle se rua dans son dos.

– Attends, je me gèle le cul dans le bois, j'apporte une bouteille de tequila pour trinquer, je fantasme comme une malade, et tu me dis de rentrer chez moi !

Skolvan se tourna vers elle et la regarda avec tendresse. Il avait recouvré son calme.

– Je suis très touché, Élisa. Merci, mais j'ai eu une soirée un peu… mouvementée. J'ai envie d'être seul.

– À croire que tu es pédé !

En d'autres circonstances, la brutalité de la réflexion aurait prêté à rire. Ce soir, il se contenta de hocher la tête et se dirigea vers la porte d'entrée. Élisa remarqua qu'il boitait et se tenait le ventre. Elle courut après lui et lui prit le bras avec sollicitude.

– Tu es blessé ? Laisse-moi t'aider !

Skolvan la regarda de nouveau. Il scruta avec gravité son regard franc, ses pupilles ambrées comme deux brasiers réconfortants. Elle avait bu un peu de tequila, sans doute pour se réchauffer. L'odeur d'alcool se mélangeait à la senteur délicate de son parfum au jasmin. Il finit par lui faire signe d'entrer.

Élisa déambulait dans le salon de la péniche, arrêtant son regard sur une gravure marine, un objet personnel, la statue érotique posée sur le bureau. Skolvan prenait une douche. Elle fut frappée de ne découvrir aucun indice, ni vêtements, ni bijoux, ni photos, rien qui puisse rappeler la présence d'une femme. Seul le dessin d'un enfant dans un cadre témoignait d'un lien affectif de cet homme mystérieux avec son passé. Le décor était voué au travail, aux loisirs et à la vie quotidienne d'un célibataire. Elle se sentit cependant à l'aise dans ce vaste espace. Venant se frotter contre sa jambe, Tigrou ne fut peut-être pas étranger à cette impression. Elle le prit dans ses bras et le caressa. Le chat se mit à ronronner d'aise. Il n'avait pas connu d'aussi tendres caresses depuis une éternité. Élisa entendit Skolvan l'appeler. Elle abandonna aussitôt l'animal à sa frustration sur le bras du canapé.

Élisa s'immobilisa sur le seuil de la salle de bains. Skolvan, une serviette autour de la taille, assis sur le bord du lavabo, lui tendait d'une main une paire de ciseaux et un rouleau de sparadrap. De l'autre, il tenait une compresse sur son ventre.

– Tu veux bien jouer l'infirmière ?

– Apparemment, toi aussi tu as réussi ta soirée, constata-t-elle sans moquerie en le forçant à soulever la compresse.

– Hé, c'est cramé ! Qu'est-ce qu'il s'est passé ?

– On m'a posé un émetteur. L'alcali des piles a brûlé la peau.

– Et les marques, là ?

– Je suis tombé sur un petit vicieux… Tu peux nettoyer à l'alcool ?

– Avec plaisir, dit-elle en adoptant une mine faussement sadique. J'adore faire souffrir les gens.

– Ça tombe bien, j'adore les rapports sado-maso.

Élisa le suspecta soudain de dire la vérité. Elle masqua son inquiétude dans le maniement de la bouteille d'alcool et du coton hydrophile.

– Hé, ça pique ! protesta-t-il lorsqu'elle appliqua le coton imbibé sur la plaie.

La main d'Élisa tremblait. Elle détestait tout ce qui touchait de près ou de loin à la maladie. Elle avait assisté, impuissante, à la déchéance de son père atteint d'un cancer généralisé. Traumatisée à jamais par cette agonie, elle devait ce soir forcer sa nature.

Elle avait rêvé d'un homme fort et rassurant, souhaitant qu'il la serre dans ses bras, l'écrase de son corps, lui donne du plaisir. Maintenant, son désir éteint, elle n'espérait rien d'autre que finir de coller proprement ce sparadrap sur la compresse, appeler un taxi et partir.

– Merci, dit Skolvan dans un sourire tendre et sincère.

Il lui prit les mains et l'attira à lui.

– Il vaut peut-être mieux que je m'en aille, se défendit-elle, envahie d'une gêne qu'elle ne se connaissait pas.

– Après avoir tellement insisté pour rester ? Et dire que je n'ai même pas un fond de tequila à t'offrir.

Ce trait d'humour ne la fit pas rire. Elle chercha à libérer ses mains, mais ses poignets étaient prisonniers du désir de Skolvan. Il la retint de force, glissa un bras ferme dans son dos et scella ses lèvres aux siennes. Elle sentit une langue chaude et humide fouiller sa bouche. Sa résistance fondit en un instant. Elle y répondit avec délices, s'abandonnant contre son ventre et sa poitrine, entre ses jambes.

Cette nuit-là, ils s'aimèrent avec la passion des débutants. Leur rituel amoureux fut sans imagination, mais le plaisir les unit au même moment dans un accord parfait. Skolvan était sensible à ce synchronisme. Il y voyait le signe d'une entente susceptible de survivre au lendemain. La découverte respective de leurs corps fut tendre et indiscrète. Il avait connu des femmes qui, en guise de jouissance, laissaient échapper des jappements lugubres. Élisa ne leur ressemblait

pas. Peu avare de son plaisir, elle le montrait et le laissait entendre. Il en tira une satisfaction orgueilleuse,
persuadé que sa virilité affirmée y était pour quelque
chose. Fourbu par ces coups au cœur et par les meur-
trissures de son corps, il sombra dans un sommeil de
plomb d'où il ne sortit qu'au petit matin, reposé et
presque guéri.

Lorsque Élisa s'éveilla, le soleil hivernal filtrait
entre les persiennes qui occultaient les hublots. Tigrou
avait tiré un avantage de l'absence de Skolvan en prenant sa place auprès du corps nu et chaud de la jeune
femme, qui ne s'en offusqua pas. Elle se leva et passa
la tête dans le couloir. L'odeur du café flottait dans la
péniche silencieuse. Elle franchit le couloir d'un bond
pour se réfugier dans la salle de bains.

Skolvan, assis devant son ordinateur, naviguait sur
le Net à la recherche d'un indice. Le voile mystérieux
jeté sur la statue érotique trouvée dans l'île était aussi
épais que le capuchon d'un moine lubrique. Pourtant,
ce petit diable à la face noire et à l'érection forcenée
devait receler le secret des tueries. Il s'accrochait à
cette piste ésotérique, mais se perdait sur le réseau
mondial des inventaires érotiques, des bestiaires fantastiques, des statuaires patrimoniales. Chaque site
interrogé contenait des trésors insoupçonnés, réper-
toriés par les musées ou les collectionneurs privés. Sa
grand-mère, dont la langue maternelle était le breton,
répétait à plaisir : « Autant chercher une anguille dans
une meute de chiens. » Ce coup de fourche linguis-
tique s'appliquait aujourd'hui on ne peut mieux à la
situation.

Élisa le surprit en l'aveuglant de ses mains. Cette brève cécité lui fit du bien. Les statues érotiques du monde entier dansaient devant ses yeux une ronde qui finissait par ressembler à une farandole obscène, peinte sur le mur d'une salle de garde par un carabin inspiré. La jeune femme s'assit sur ses genoux et l'embrassa dans le cou. Elle avait revêtu son peignoir de bain dans lequel elle flottait.

– C'est pour impressionner tes maîtresses ? ironisa-t-elle en montrant la statue érotique d'un mouvement jaloux du menton.

– C'est plutôt par excès de modestie. Je tiens à leur rappeler que je ne suis qu'un homme

– Effectivement, sa virilité est impressionnante. Seuls les dieux peuvent se targuer de tels attributs.

– Les dieux ou les démons.

– C'est une statue démoniaque ?

– Je ne sais pas encore. On a fait connaissance hier seulement. Pour l'instant, son âme est moins éloquente que sa sexualité. Mais ma main à couper que ce petit Poucet paillard va me mettre sur la piste du tueur.

– Paillard ? Vous avez dit paillard ? lui glissa-t-elle avec volupté dans le creux de l'oreille en l'enlaçant de ses bras.

La main de Skolvan s'aventura sous les plis du peignoir. Élisa métamorphosa ses mots doux en baisers mouillés. Le tintement agressif de la sonnette mit un terme à ces caresses prometteuses. Skolvan se leva avec irritation. Il alla vérifier sur l'écran de surveillance qui était l'imprudent capable de le déranger à un moment aussi crucial. Son exaspération grandit lorsqu'il découvrit sur la passerelle Dunoyer, frigorifié et blafard. Il enfonça rageusement le bouton de l'interphone.

– J'espère que c'est important, lieutenant Dunoyer.

La voix de l'officier de police lui parvint forte et déformée.

– Non, c'est juste histoire de rigoler. On a un autre cadavre sur les bras. Et celui-là, vous ne devinerez jamais où on l'a trouvé.

Skolvan n'osa pas regarder Élisa qui avait pris sa place dans le fauteuil. Elle avait ramené les jambes sous elle et resserré les pans du peignoir comme si un vent glacial lui transperçait le corps.

Le chauffeur les conduisit quai de la Râpée. Dunoyer, réfugié à l'arrière, avait opposé un silence buté aux questions de Skolvan.

Lorsqu'ils débouchèrent devant l'Institut médico-légal, le périmètre était bouclé par des rubans en plastique de la préfecture de police, interdisant l'accès aux curieux. Skolvan fut le premier à jaillir de la voiture. Des inspecteurs de la brigade criminelle, affairés comme des orpailleurs, ratissaient minutieusement l'espace. Skolvan jeta un regard interrogateur à Dunoyer qui lui dit d'une voix sinistre :

– Le commissaire Narval va vous expliquer. À moins qu'il s'étouffe de rage. Dans ce cas-là, je prendrais le relais.

Soulevant le ruban coloré, il invita Skolvan à passer au-dessous pour pénétrer dans la zone interdite.

Les portes battantes de la salle d'autopsie s'ouvrirent sur les deux hommes. Une demi-douzaine de policiers et le docteur Payet, alertés par le grincement des charnières, se tournèrent vers eux. Un cadavre était allongé sur la table. Narval écarta avec nervosité ses collègues et se planta devant Skolvan dans l'attitude caractéristique de l'adjudant de compagnie qui s'apprête à passer ses nerfs sur une tête de Turc.

– Vous le connaissez ? aboya-t-il en désignant le corps nu sur la table d'autopsie.

Skolvan se réfugia dans une position défensive et fit sèchement non de la tête.

– Da Silva ! Chercheur au CNRS ! Attaché au musée France outre-mer ! Hier à midi, ce con était encore dans mon bureau ! Et vous savez où on l'a trouvé ?

Skolvan eut un haussement d'épaules pour marquer son ignorance, ce qui eut le don d'exaspérer le commissaire.

– Devant l'Institut médico-légal, hurla-t-il, hors de lui. Bordel de Dieu, ce psychopathe se fout de notre gueule ! On n'a même plus besoin de fourgon pour transporter les cadavres à la morgue ! Cet enfoiré le fait à notre place ! C'est pas le genre d'économie que le directeur général de la PJ apprécie ! Zeman s'explique avec lui en ce moment même ! Alors, vous, *le* spécialiste, qu'est-ce que vous en dites ?

– Rien.

Skolvan contourna le commissaire et se pencha sur le cadavre.

– Toujours la même blessure au cœur ? demanda-t-il au médecin légiste.

– Et oui, cher monsieur, ça devient lassant. D'autant qu'à ce rythme, je ne suis pas près de partir en vacances.

Skolvan la regarda à la dérobée, cherchant dans ses yeux une lueur d'humour. Il n'y décela que de la froideur et un reproche à peine voilé. Le docteur Payet avait choisi son camp. Il eut alors le sentiment désagréable que tous rejetaient sur lui la responsabilité des meurtres. Il se redressa avec agacement, toisant Narval et ses hommes.

– Qui est le suivant sur la liste des ethnologues que vous m'avez fournie ?

Dunoyer déplia nerveusement la feuille pour la consulter.

– Dieulefit.

– Eh bien, le prochain qui va avoir droit à ce traitement de faveur est sans aucun doute Floris Dieulefit, déclara-t-il d'une voix de prophète.

Cette annonce fut accueillie avec méfiance dans un silence hostile.

– Et qui est en tête de liste ?

– Mussenbroeck, siffla Dunoyer entre ses lèvres pincées.

– Eh bien, Mussenbroeck me semble le tueur parfait : vindicatif, intelligent…

– C'est ridicule ! s'insurgea Narval. Petrus est un copain d'enfance ! On jouait au foot ensemble à La Courneuve !

– Votre footballeur a photocopié la liste ! C'est peut-être pas une preuve, mais c'est suffisant pour qu'on lui pose des questions comme vous l'avez fait avec ce pauvre type !

Tous les regards obliquèrent vers le « pauvre type » dont la jeunesse et le physique agréable faisaient peine à voir. Ses longs cheveux noirs étaient dénoués et formaient une auréole d'encre autour de sa tête. Sans ses généreux attributs masculins, on aurait dit le tableau tragique d'une pietà. Narval, dans un soupir accablé, se tourna vers Dunoyer.

– On sait où se trouve Mussenbroeck ?

– Je téléphone au musée de l'Homme.

La troupe des policiers débarqua place du Trocadéro comme sur une plage de Normandie. Les hommes de Narval déferlèrent dans le hall du musée, gravirent les escaliers quatre à quatre et investirent l'exposition consacrée aux Indiens. Ils tombèrent en pleine inauguration. Les invités se pressaient autour d'un buffet dressé devant une baie vitrée qui donnait sur le Champ-de-Mars et la tour Eiffel. La vue était imprenable.

Une toile peinte pendait du plafond d'une hauteur considérable. Elle représentait un guerrier au regard orgueilleux dont le bas du visage était ensanglanté de vermillon. Le buste de l'Indien, décoré d'un plastron en épines de porc-épic, reposait sur le titre de l'exposition : *Les Prédateurs*.

Skolvan surveilla de loin le mouvement d'encerclement des policiers qui prirent position devant chaque issue. Narval, la mine soucieuse, se rendit au-devant de Mussenbroeck. Skolvan laissa les deux amis dans un face-à-face tendu et se fraya un chemin jusqu'à une table nappée de blanc sur laquelle les canapés disparaissaient à vue d'œil. Des bouches voraces postillonnaient des mots pâteux, entretenaient la rumeur et gonflaient démesurément les conversations au point de les rendre inaudibles. Un maître d'hôtel lui tendit

d'un geste mécanique une coupe de champagne. Skolvan la refusa et, renonçant à s'expliquer, montra du
doigt une bouteille de Tropicana. Tandis que le serveur
s'exécutait, il repéra, assise à une table voisine, une
hôtesse apprêtée comme une vendeuse en parfumerie.
Murée derrière des piles de livres, elle tenait la caisse
des ouvrages signés par l'auteur. Skolvan se hissa sur
la pointe des pieds et chercha des yeux l'énigmatique
professeur d'histoire. Il ne rencontra que des dos
secoués de rires et des faces hilares.

Son verre de jus d'orange à la main, il se faufila
tant bien que mal entre le buffet et les convives pour
atteindre la table réservée à la culture. La couverture
des livres reproduisait à l'infini le portrait de l'Indien
suspendu comme une menace au-dessus des têtes. Un
sous-titre en italique soulignait le nom de l'ouvrage :
Rêves et rites d'une société guerrière.

– C'est cent quarante francs, lui annonça l'hôtesse
d'un air niais lorsqu'il tendit la main vers un exem-
plaire. Vous avez droit en plus à une dédicace.

Il feuilleta les pages. Le cahier central était constitué de documents anciens sur la vie, la mort et la
mythologie des Oglalas, Indiens sioux des Plaines.
Cinq chapitres structuraient le livre. Le dernier était
intitulé « Sacrifice de soi ». Il éveilla la curiosité de
Skolvan qui extirpa de son portefeuille un billet de
deux cents francs. La jeune femme lui rendit la monnaie en dégageant des effluves de parfum bon marché
et de cigarette mentholée. Il empocha l'argent en évitant de la regarder pour ne pas marquer sa mémoire
de son image.

Le texte en quatrième de couverture accompagnait

une photographie de l'auteur. Floris Dieulefit, homme jeune, souriant et d'allure athlétique, était assis avec décontraction sur la rambarde d'un ponton flottant. Une vaste demeure à colombages occupait le fond du cadre.

Skolvan repéra une table à l'écart qui attirait du monde. Le professeur devait y dédicacer son œuvre. Il déborda le groupe et, le reconnaissant, resta un moment à l'observer. Dieulefit paraissait plus vieux que sur la photo. Âgé d'une quarantaine d'années, il portait une veste de bonne coupe à chevrons verts. Une pochette aux reflets pétrole trahissait son goût pour une élégance discrète. Son stylo Montblanc glissait avec aisance sur les pages de garde. Lorsqu'il levait les yeux vers une admiratrice, il cherchait à la séduire. Lorsqu'il s'agissait d'un homme, féru d'histoire, son regard devenait pénétrant. Skolvan se rangea dans la file d'attente.

Son tour arriva. Il présenta le livre ouvert que Dieulefit prit machinalement.

– Quel nom ? demanda-t-il d'une voix chaude et agréable.

– Heol Skolvan.

Il redressa la tête. Ses pupilles bleu clair avaient viré outremer comme deux saphirs au fond de l'eau. Son visage se mit à rayonner.

– Heol Skolvan ! Quelle surprise !

– Je n'imaginais pas vous faire une telle joie.

– Élisa m'a beaucoup parlé de vous. J'ai aussi reçu vos messages à la fac et ici, au musée. Pardonnez-moi de ne pas y avoir répondu, mais cette exposition a pris tout mon temps. Quel métier passionnant que le vôtre ! Votre enquête progresse ?

– Je n'enquête pas. J'étudie les comportements.

– Bien entendu. Élisa m'a raconté vos cours à l'Institut de criminologie. Je devrais venir vous écouter en auditeur libre. On n'est jamais assez attentif aux travaux des collègues. Je me dépêche. Il y a du monde derrière vous qui attend.

Il se mit à rédiger une dédicace.

– Voilà une rencontre qui mérite un mot… personnel. En quoi aurais-je pu vous aider? demanda-t-il avec détachement.

– En me parlant d'ethnologie.

– Original… Les rites amérindiens vous intéressent?

– La persistance de ces rites aujourd'hui.

Dieulefit referma le livre d'un air satisfait et le rendit à son propriétaire. Skolvan réfréna son impatience de lire sur-le-champ la dédicace.

– Vous savez, aujourd'hui l'Amérique indienne est bien triste. À part les *pow wows*, ces concours de danses traditionnelles, les rites ancestraux ont disparu avec les derniers Mohicans. C'est un peu comme le folklore breton.

Skolvan saisit l'allusion à ses origines. Elle n'était pas due au hasard. Dieulefit cherchait à lui faire comprendre qu'il en savait bien davantage sur son compte.

Une carte tricolore vint insidieusement se glisser entre eux. Skolvan constata, agacé, que le commandant Hubert n'était pas au fond de son lit à soigner ses ecchymoses.

– Brigade criminelle! annonça-t-il avec sa fatuité habituelle.

Les fausses Ray Ban qui occultaient son œil poché le sauvaient d'un jugement définitif sur son arrogante prétention. Dunoyer se tenait en retrait, prêt à intervenir, au cas où la situation dégénérerait de nouveau entre lui et Skolvan.

– Monsieur Dieulefit, n'est-ce pas ?

L'historien parut à peine contrarié par cette intrusion. Il maîtrisait parfaitement ses émotions.

– Oui, lâcha-t-il d'un air condescendant.

– Vous êtes en danger de mort.

Dieulefit éclata de rire.

– Ne riez pas, fit Hubert d'un ton si sérieux qu'il en devint comique. La situation est grave. Un tueur fou s'est mis en tête d'éliminer des u-universitaires… Il a déjà assassiné Lallemand et Da Silva. Vous êtes le troisième sur la liste. Mais rassurez-vous, vous ne risquez rien. Vous êtes sous la protection de la police. Un agent de sécurité vous suivra jour et nuit. Cela faciliterait notre tâche si vous collaboriez.

– Bien entendu, le coupa Dieulefit avec gravité. Pauvre Da Silva. Un homme remarquable, un ami… Comment est-ce arrivé ?

– Nous l'ignorons. Si vous voulez bien m'excuser…

Hubert délégua à son collègue le soin de donner les détails de la procédure de protection rapprochée. Il s'éclipsa au plus vite comme si la proximité de Skolvan était un danger tout aussi mortel.

– Eh bien, quelle histoire ! soupira Dieulefit en tendant la main vers un livre qu'on lui présentait.

– Je vous laisse à vos admirateurs, ironisa Skolvan. Je suis encore là un moment. Je visite l'exposition. Merci pour la dédicace.

Il s'éloigna sans attendre la réponse. Après quelques pas dans la foule saturée de pain de mie et de bulles de champagne, il ouvrit la couverture et lut : « À Heol Skolvan au nom prédestiné. Le guerrier purifié s'élèvera vers le Soleil. Fraternellement, Floris Dieulefit. »

Skolvan referma le livre, le serra sur sa poitrine et, comme au ralenti, se tourna vers Dieulefit. Il le vit écouter les recommandations de Dunoyer et, dans le même temps, répondre par des sourires à la sollicitude de ses admirateurs. Skolvan ressentait une impression étrange, un trouble proche du malaise. Il avait étudié l'infinie variété des psychopathes. Tous ou presque étaient des êtres froids, dénués d'émotivité. Certains, au moment du passage à l'acte, connaissaient même une baisse significative de leur rythme cardiaque. Il avait l'intime conviction que cet homme là-bas, assis derrière sa table, était de cette trempe. Il n'avait pas sourcillé lorsque Hubert avait présenté sa carte de police ; il n'avait pas bronché lorsqu'il lui avait appris la mort de Da Silva ; il avait même eu l'insolence de rire lorsqu'il lui avait dit que sa vie était en danger. Skolvan avait une intuition, ténue comme le fil d'une araignée, mais il allait s'y accrocher.

Une tape sur l'épaule le fit sursauter. Il découvrit la mine d'enterrement de Narval qui lui faisait signe de le suivre. Skolvan abandonna à regret Dieulefit et se mit dans les pas du commissaire.

Mussenbroeck se tenait à l'écart du cocktail. Le conservateur n'était pas un homme compliqué. Incapable de dissimuler ses sentiments, il accueillit Skolvan avec autant de chaleur que s'il était un pilleur de sépultures mayas.

– Alors, elle est de vous cette idée géniale que je pourrais être le tueur ?

– J'ai beaucoup d'imagination.

– C'est ça, foutez-vous de moi ! La brigade criminelle, en pleine inauguration d'une exposition qui a coûté plus d'un million de francs ! Vous délirez ou quoi ?

– Peut-être. Dites-moi plutôt pourquoi vous avez photocopié cette liste.

– Parce que je garde tout ! C'est le propre du conservateur !

– Vous n'aimiez pas beaucoup Roger Lallemand ?

– Je le détestais ! Et vous, je vous emmerde !

Narval comptait les points. Il s'interposa en évitant de prendre parti trop ouvertement.

– Petrus a passé les dernières quarante-huit heures à Glasgow pour un colloque. Des centaines de gens peuvent le confirmer.

– Tant mieux. Monsieur…

Skolvan salua Mussenbroeck et s'éloigna vers l'exposition.

Il foula un cercle formé de pictogrammes peints qui dansaient autour du symbole de l'astre solaire. Disposées en rond, des vitrines s'allumaient à l'approche des visiteurs et s'éteignaient dès leur départ. Le cocktail émettait un bruit de fond et, à cette distance, exerçait encore son attraction sur les retardataires qui filaient comme des comètes. D'autres invités, électrons libres et lents, tournaient autour des trésors que recelaient le mobilier d'exposition.

Skolvan se pencha sur un objet poli de forme étrange. Il avait la longueur d'une canne et la masse d'une arme, mais ce n'était ni l'une ni l'autre. Une étiquette le désignait sous le nom de *natoas*. Le portrait d'une fière Indienne accompagnait ce singulier bâton. Il était l'œuvre d'un peintre du XIXᵉ siècle, George Catlin. La squaw tenait un natoas droit comme un spectre. Elle appartenait à la tribu des Assinneboins, une branche dissidente des Sioux, et se nommait Chin-cha-pee, dont la traduction, moins poétique, signifie « Punaise qui rampe ».

– Elle vous plaît, ma petite Punaise qui rampe ?

Skolvan se redressa avec brusquerie. Il avait reconnu la voix de Dieulefit, mais ne le voyait nulle part. L'historien sortit de l'ombre grâce au sortilège d'une vitrine activée à son approche.

– J'en ai fini avec la corvée des signatures. Je peux vous éclairer ?

– Oui. Je n'y connais rien. Que tient-elle ? demanda-t-il en désignant le portrait de l'Indienne.

– Un bâton à fouir. Les squaws possédaient toutes un natoas. Elles s'en servaient pour ensemencer les graines ou déterrer les courges et les navets. Retourné contre un ennemi, le natoas pouvait se transformer en une arme redoutable.

Skolvan sonda le regard de Dieulefit sans parvenir à y déceler la moindre émotion. L'animal avait du sang de serpent dans les veines. Troublé par l'acuité et la fixité de ce regard, il baissa les paupières sur le portrait de Punaise qui rampe.

– La gravure en couverture de votre livre est du même artiste ? questionna-t-il.

– Exact. George Catlin a été, dans la première moitié du XIXe siècle, un infatigable portraitiste et un farouche défenseur des Indiens. Stu-mick-o-sucks, « Graisse du Dos de Bison », en couverture de mon livre, est le chef suprême de la nation Blackfoot.

Cette explication ennuya Skolvan. Les histoires de cow-boys et d'Indiens ne l'avaient jamais passionné. Même adolescent, il préférait la science-fiction au western. L'aventure de la conquête de l'Ouest était pour lui une duperie, un mythe, la plus grande escroquerie culturelle du XXe siècle. Entre le monde fantasmagorique d'un Flash Gordon, héros fictif, et l'univers de duplicité d'un Buffalo Bill, héros frelaté, son choix était fait. Il fixa l'historien pour lui faire sentir qu'il ne partageait pas sa passion des Indiens. Dieulefit ne sembla pas s'en émouvoir et se contenta d'ajouter.

– Je suis très fier de cette exposition. Elle est essentiellement composée d'objets de la vie quotidienne : des ustensiles, des outils, des armes... Elle est complémentaire de mon livre, qui évoque davantage les croyances et les rites. Je vous conseille de le lire. Je suis sûr qu'il vous intéressera.

– Je ne sais pas lire entre les lignes. Que signifie « Le guerrier purifié s'élèvera vers le Soleil » ?

– C'est un concept un peu romantique que tout le monde ne partage pas, répondit-il dans un éclat de rire. Vous savez, les Indiens avaient une compréhension animiste du monde. Ils attribuaient une âme à toute chose. Certaines pratiques magiques étaient destinées à rendre les phénomènes naturels favorables. Dans ce contexte, les visions, les rêves, les prémonitions tenaient une grande place. Malheureusement, cette quête de la pureté, de l'absolu, a été dénaturée par l'alcool.

Dieulefit remarqua la gêne soudaine de Skolvan, mais se garda d'en tirer profit.

– L'ivresse que procurent les boissons alcoolisées est un expédient, un raccourci pour entrer en communication avec les Esprits.

Skolvan chassa la moiteur de son front de la paume de sa main.

– Le sacrifice de soi est l'autre moyen de s'élever vers le soleil ? questionna-t-il avec difficulté.

– Exact.

– Dans la douleur ?

– Pas toujours. Il existe des méthodes douces. J'y consacre le dernier chapitre. D'ailleurs, si ça vous intéresse, je vous convie dans une heure à un exercice fort sain et très prisé des Indiens : le bain de vapeur. Dès que je le peux, je me rends au hammam de la Mosquée. C'est un endroit très agréable. Nous pourrions y continuer cette conversation. Qu'en dites-vous ?

Dieulefit ne se doutait pas que Skolvan brûlait du désir de ne pas le quitter. La psychologie de l'historien lui apparaissait encore éparse, éclatée. Il ne pouvait se raccrocher qu'à des aspects extérieurs de sa personnalité : maintien raffiné, regard pénétrant, propos intelligents. Skolvan faisait confiance à son intuition. Les deux derniers meurtres étaient des provocations. Le tueur connaissait ses victimes. Il appartenait sans doute au milieu universitaire. La présomption d'innocence n'était pas une étiquette à coller d'office sur le front de Dieulefit. Il accepta donc cette extravagante

proposition de l'accompagner au hammam de la Mosquée de Paris.

Skolvan était allé une fois ou deux, en été, boire du
café à la rose sous la tonnelle du jardin intérieur de la
Mosquée, mais il ne connaissait pas le hammam. La
promiscuité des corps nus, le spectacle indécent des
obèses, la chaleur visqueuse, parfumée à l'eucalyptus,
lui répugnaient.

Il se dépouilla à contrecœur de ses vêtements au
vestiaire, enfila un peignoir rêche comme un gant de
crin et chaussa des sandales en plastique avec lesquelles il se voyait déjà déraper sur le marbre mouillé.
D'un pas peu assuré, il traversa une première salle
tiède. Des hommes sous la douche se lavaient au
savon noir, exhibant des sexes flasques et mousseux.
Il se réfugia dans la salle suivante. La chaleur lui sauta
au visage. Sur la stèle centrale, des clients prenaient
des poses de sultans. Certains avaient même les
jambes levées contre la colonne de marbre pour faire
circuler le sang de leurs jambes variqueuses.

Il surprit Dieulefit allongé sur un banc de faïence
sous une alcôve latérale. Un jeune homme dont la
beauté était une ode à l'Orient lui gommait sans ména-
gement le dos au gant abrasif. L'historien se dressa sur
les coudes comme un sphinx en soupirant d'aise et
aperçut Skolvan. Il chassa le masseur d'un geste négli-
gent, se drapa dans son peignoir et alla accueillir son
invité.

– Je suis enchanté que vous soyez venu. N'est-ce
pas un endroit merveilleux ? Vous sentez cette odeur
d'eucalyptus ? Rien de tel pour dégager les sinus.

Skolvan, insensible au charme de l'endroit et aux bienfaits de cette plante aromatique, ne répondit rien. Il se sentait vulnérable dans cette tenue de circonstance et serrait les poings dans les poches de son peignoir.

– Allons nous asseoir, proposa Dieulefit.

Ils s'installèrent dans la niche, sur la marche en mosaïque, face aux clients dont le physique rappelait de très loin celui des habitués des salles de gym. Dieulefit croisa les jambes avec désinvolture et montra du menton un homme particulièrement adipeux.

– Vous voyez, lui aussi participe au mythe du guerrier purifié, dit-il en riant. Quand Christophe Colomb débarqua en Amérique, il s'attendait à trouver des monstres. Il fut surpris de découvrir des hommes de belle stature. Ensuite, les premiers contacts offrirent aux Indiens des choses... merveilleuses.

Skolvan nota avec curiosité l'intonation particulière que Dieulefit donna au mot « merveilleuses ».

– Ils croyaient, poursuivit-il, que les Blancs mangeaient du bois et buvaient du sang. Il s'agissait en fait de l'hostie et du vin de la communion. Tous leurs malheurs découlent de là : le pain les rend obèses ; le vin, ivrognes ; et la religion, débiles.

Skolvan le surveillait du coin de l'œil. La chaleur semblait rendre son regard bleu translucide. Il ne fixait rien, perdu au-delà des murs comme s'il remontait le cours du temps vers l'Amérique héroïque.

– En ces temps archaïques, lorsqu'un homme voulait implorer une vision, il s'enfermait pendant quatre jours et quatre nuits dans une loge à sudation. Souvent il s'agissait d'un simple trou recouvert de branches et de peaux de bisons. La chaleur à l'intérieur était suffocante. Vous voulez connaître l'enfer ?

– Non merci.

– Je plaisante. Allons dans la pièce la plus chaude. Vous aurez une idée de l'ambiance qui règne dans une loge à sudation.

Dieulefit se leva. Skolvan se sentit obligé de l'imiter.

– Quand implore-t-on une vision ? demanda-t-il en se tenant au mur de crainte de glisser.

– Quand on veut éprouver son courage, quand on projette une action guerrière, quand on cherche à entrer en communion avec les forces de l'au-delà. Les raisons sont multiples. Chez les Indiens, tout a un sens métaphysique, spécialement la chasse.

– À l'homme ? fit Skolvan en prenant soin de regarder où il mettait les pieds.

Dieulefit laissa filer un petit rire de connivence pour souligner qu'il savait apprécier ce genre d'humour.

– La chasse, la guerre…, répondit-il avec légèreté.

Ils pénétrèrent dans la pièce chaude. Skolvan, suffoqué par la vapeur brûlante, appliqua le revers de son peignoir sur sa bouche. Il eut le sentiment pénible que sa trachée et ses poumons se consumaient. La vue se heurtait à un voile brumeux. Des silhouettes immobiles comme des bouddhas dodus et dégoulinants jalonnaient le parcours. Skolvan fut tenté d'agripper Dieulefit pour ne pas s'égarer. Ils atteignirent, d'une démarche qui défiait la touffeur, une stèle centrale sur laquelle ils prirent place.

– Pour économiser vos forces, ne bougez plus et

fermez les yeux, lui conseilla Dieulefit. La quête de la vision est un apprentissage très long qui demande de la patience et du courage. Le jeûne participe aussi de cette recherche spirituelle. Lorsque vous avez le ventre vide, après quatre jours d'abstinence, les images surgissent comme des traits fulgurants. Il vous faut alors les interpréter, sinon elles s'évaporent comme de simples rêves éveillés.

Skolvan se mit à compter intérieurement jusqu'à cent en se promettant, dès ce nombre atteint, de lever le camp. La chaleur était intolérable. Ce régime, habituellement réservé aux homards, ne lui convenait pas. L'appréciation du monde réel lui suffisait sans qu'il cherche à pénétrer celui de ses rêves, qu'il savait torturés, douloureux et coupables.

– Êtes-vous marié ? demanda Dieulefit d'une voix atone de thérapeute.

– Je l'ai été, grommela-t-il.

– Avez-vous des enfants ?

– Un fils…

Benjamin ! Les événements de ces dernières heures l'avaient contraint de le négliger. Il ne manquait jamais le rendez-vous du week-end à Ploumanac'h. Mais aujourd'hui, samedi, il n'avait même pas trouvé le temps de prévenir l'institution qu'il ne viendrait pas. La chaleur moite du hammam lui oppressa les tempes. Ses paupières étaient si lourdes qu'il ne parvenait pas à les soulever, à la différence de son corps, qui semblait ne plus rien peser. Il eut la sensation étrange de se détacher de son enveloppe charnelle. Il se dit que le coma devait ressembler à cet état de flottaison.

L'image de l'oratoire de Saint-Guirec le frappa de plein fouet. Il eut même un recul de surprise. Il n'entendait plus la voix de Dieulefit, mais le bruit ouaté, dénaturé, ralenti, des cris des mouettes, comme si la bande-son ne défilait pas à la bonne vitesse. Le granit avait une couleur étrange, insaturée, tirant sur le pourpre. Les perspectives chahutaient dangereusement à mesure que la vision grand-angulaire se déplaçait vers le sol, le sable, les coquillages, les mains de Benjamin ! Benjamin riait d'un rire que Skolvan ne lui connaissait pas. Le visage réjoui de son fils lui procura un nouveau choc. Il ne l'avait jamais vu ainsi. L'enfant regardait vers le ciel, vers les mouettes, en croquant à pleines dents dans une barbe à papa d'un rose douteux. La vision se développa alors pour englober l'image inattendue, inquiétante, révoltante, de Floris Dieulefit dominant son fils. L'homme était vêtu d'un maillot de bain 1900. Il se séchait le corps dans une serviette rouge sang.

Skolvan écarquilla les yeux de stupeur. Un jeune homme était penché sur lui et lui secouait l'épaule. Il lui parlait, mais Skolvan ne comprenait pas ce qu'il disait. Il prit soudainement conscience que Dieulefit avait disparu. Il aurait été incapable de dire depuis combien de temps il flottait dans cet état léthargique. Il repoussa brutalement le garçon du hammam qui manqua de tomber et quitta l'étuve en courant.

Son portefeuille avait glissé de la poche de son blouson accroché à une patère du vestiaire. Il constata avec soulagement que rien ne manquait, ni l'argent ni la photographie de Benjamin. Le portrait de l'enfant s'inscrivait dans un joli cadre en carton. Le nom, l'adresse et le téléphone de l'institution de Ploumanac'h étaient imprimés sur la marie-louise. Il s'habilla à la hâte.

Skolvan, tout en roulant sur l'autoroute plus vite que de coutume, cherchait à se raisonner : ce n'était qu'une vision. Il ne croyait pas à la prémonition. Il mettait cette brutale image mentale de Benjamin sur le compte de la chaleur du hammam, de la fatigue accumulée, du stress qui depuis une semaine lui vrillait les nerfs. Cependant, il était persuadé que la présence envoûtante de Dieulefit n'était pas étrangère à cette illumination. De toute évidence, cet homme exerçait un réel pouvoir de fascination sur son entourage. Il l'avait vu à l'œuvre avec les invités du cocktail, les policiers, le personnel du hammam. Lui-même en avait subi les effets. Il fallait sans doute une grande force de caractère pour résister à sa séduction. Il ignorait encore s'il était doux ou dangereux d'y succomber.

Il fit la course pendant les deux dernières heures de route avec le soleil qui se couchait toujours plus tard à l'ouest lorsque la pluie ne s'en mêlait pas. La journée avait été froide et ensoleillée. Il arriva à l'institution avant la nuit. L'imminence de retrouver Benjamin ne le rassurait pas tant qu'il ne l'aurait pas serré dans ses bras.

Il gravit à toute vitesse les marches du perron, ne rencontra personne dans le hall, escalada l'escalier quatre à quatre et courut dans le couloir plus qu'il ne marcha. Une fois devant la porte de la chambre, la main sur la poignée, il calma sa respiration avant d'entrer.

La pièce était vide et en désordre. Une expression soucieuse ferma son visage. Parmi les cartes postales de Notre-Dame punaisées au mur, il remarqua un dessin qui ne s'y trouvait pas le week-end dernier. Ses jambes manquèrent de se dérober sous lui lorsqu'il découvrit la nature du croquis. Le trait, bien que naïf et hésitant, ne laissait planer aucun doute. Un homme, le torse nu, bariolé de peintures, était suspendu par des cordes. Des griffes lui déchiraient la poitrine. Skolvan arracha la feuille et la détailla d'une main tremblante. La vérité sur les crimes rituels de la région parisienne pourrait-elle venir de son fils ? Il plia en quatre le papier et le glissa dans son portefeuille comme s'il s'agissait du plan d'un trésor.

Il dégringola ensuite l'escalier et tomba sur la directrice. Elle grimaça lorsqu'il lui empoigna le bras.

– Où est Benjamin ? cria-t-il au comble de l'inquiétude.

– Il n'est pas dans sa chambre ?

– J'en viens ! Elle est vide ! Il fait presque nuit et vous ne savez pas où est mon fils ? !

– Lâchez-moi, vous me faites mal !

– Bougez-vous le cul pour le retrouver !

Il la repoussa sèchement en arrière pour qu'elle se dépêche de donner l'alarme. Elle recula dans le couloir en roulant des yeux effarés. Skolvan n'attendit pas qu'elle recouvre ses esprits pour quitter l'institution.

La plage était désespérément vide. La lumière cré-
pusculaire, ce moment instable entre la clarté et l'obscurité quand le loup mord la queue du chien, était
propice aux fausses reconnaissances. Skolvan, les
pupilles dilatées, se crevait les yeux dans l'espoir de
découvrir son fils. Mais le paysage ressemblait à une
image fixe. Les amas rocheux revêtaient déjà la couleur de la nuit. Il suivit le parapet qui surplombait la
plage. La guérite de Saint-Guirec se silhouettait sur le
fond de mer à marée haute. Même les mouettes
avaient déserté la baie, qui, pour la première fois de sa
vie, lui paraissait sinistre. Son cœur cognait dans sa
poitrine. Cette immense et paisible étendue d'eau
devant lui pouvait être un piège mortel pour un enfant
étourdi. Il avait de sourdes pensées à l'égard du personnel de l'établissement qui avait laissé son fils et son
copain sans surveillance. Ce dessin, résumant les
meurtres de Paris, le glaçait d'horreur. Seul le fait que
les deux adolescents aient disparu ensemble le rassurait. Il fut tenté d'aller rôder autour des cuisines pour
vérifier si cet escogriffe de Camille n'était pas accroché à une poubelle. Il n'eut pas besoin de se donner
cette peine. L'adolescent se découpa un instant dans le
soleil couchant avant de s'éclipser de nouveau derrière
l'oratoire de Saint-Guirec.

— Camille ! hurla-t-il en se jetant dans l'escalier de
la plage.

Il courut aussi vite que le sable le lui permettait.
Pendant le temps que dura cette course folle, il sentit
les muscles de son corps et l'énergie de son esprit tendus vers l'avant comme si sa vie en dépendait. Il
agrippa Camille par les épaules et le secoua.

– Camille ! Où est Benjamin ? Camille, nom de
Dieu, réponds-moi !

Camille ne savait que rire. Un caquetage grotesque
s'échappait de sa bouche débile. Skolvan comprit qu'il
n'en tirerait rien. Il l'abandonna à son sort et tourna
un regard perdu vers l'horizon. Dans les coins reculés
et confus de la baie, l'obscurité semblait dissoudre les
rochers dans la mer. Il retrouvait la sensation d'épouvante du jour de l'accident lorsqu'il avait pris
conscience que Benjamin flottait dans un coma profond. Une vague déferlante de terreur lui souleva le
cœur. Il crut qu'il allait avoir un malaise. Il pivota sur
les talons dans l'espoir de trouver à s'asseoir et tendit
la main à la recherche d'un appui lorsque, brusquement, il suspendit ce mouvement syncopé. Benjamin
avait conquis le sommet de la guérite du saint protec-
teur par la face cachée du promontoire.

– Benjamin !

Skolvan gravit les blocs de granit jusqu'à son fils et
l'étreignit au point de l'étouffer. Ce débordement pas-
sionnel laissa l'enfant pantelant. Skolvan enfouissait
de bonheur son visage dans son épaule. L'adolescent
n'aurait pas su dire si les tressaillements et les petits
cris de son père étaient des rires ou des pleurs.

Skolvan prit la décision de sortir Benjamin et
Camille de l'institution. Il boucla leurs sacs de voyage
en un rien de temps, signa les décharges dans le
bureau de la directrice qui ne lui avait pas pardonné
sa brutalité, et les installa à l'arrière de la Volvo. Avant
de prendre la route, il interrogea le personnel sur cet
étrange dessin découvert dans leur chambre. Une

infirmière pensa à la mauvaise influence d'un film diffusé à la télévision au cours de la semaine. Elle ne se
souvenait plus ni du titre ni des acteurs, mais croyait
savoir qu'il s'agissait d'un western. Skolvan chercha à
consulter les programmes. Malheureusement, le
Ouest-France du jour correspondant avait disparu.

Benjamin et Camille, excités par la perspective du
voyage, avaient d'abord sauvagement chahuté, puis le
sommeil les avait terrassés. Ils s'étaient effondrés tête-
bêche pendant plusieurs heures, laissant à Skolvan le
loisir de se remémorer les événements de la journée.

Lorsqu'il arriva à la péniche, peu avant minuit,
épuisé par les mille kilomètres de route, il n'avait toujours pas résolu l'énigme du dessin. Il coucha les adolescents dans la même chambre et écouta les trois
messages de son répondeur. Le premier lui procura du
plaisir. Il émanait d'Élisa qui lui disait tendrement
qu'elle pensait à lui. Le deuxième provenait de Narval,
dont le ton cassant le laissa indifférent. Le commissaire lui reprochait d'être parti sans laisser d'adresse.
Le troisième le surprit et excita sa curiosité. Dieulefit
s'excusait de s'être si cavalièrement éclipsé du hammam. Il s'était souvenu d'un rendez-vous important et
n'avait pas voulu le déranger dans sa méditation qui
paraissait bienheureuse. Il disait se tenir à sa disposition s'il le souhaitait. Le ton était plat, sans effet, mais
cette insistance à maintenir le contact lui parut suspecte.

Il alla consulter le programme de télévision de la
semaine. *Un homme nommé Cheval* d'Elliot Silverstein, film des années soixante-dix avec Richard Har-

ris dans le rôle-titre, avait effectivement été diffusé sur
une chaîne commerciale. Le résumé donnait une idée
vague du film : « Un riche aristocrate anglais, venu
chasser la perdrix dans les plaines américaines au
XVIIIe siècle, tombe sur une bande de Sioux qui n'a
jamais vu de Blanc. D'abord transformé en cheval de
bât, il devient ensuite leur chef. » L'article soulignait la
force de conviction de l'acteur principal et la qualité
de la reconstitution des scènes de la vie quotidienne
inspirées des tableaux de George Catlin, mais ne faisait aucune référence à un rituel qui aurait aiguillonné
l'imagination de Benjamin.

Dimanche 21 décembre

Skolvan passa un dimanche studieux. Réveillé tôt par Benjamin et Camille qui piaffaient d'impatience de prendre leur petit déjeuner, il abandonna son lit avec regret. Il tenta de leur expliquer, pendant qu'ils se goinfraient de tartines beurrées, que s'ils ne sautaient pas sur les canapés, ne vidaient pas le réfrigérateur et ne martyrisaient pas le chat, il les emmènerait le lendemain ou le surlendemain voir Notre-Dame de Paris.

Cette proposition eut l'effet souhaité pendant quelques heures. Il mit à profit ce calme provisoire pour se laisser porter sur les vagues informatiques d'Internet. La recherche de renseignements sur les rituels indiens qui mettaient en évidence le sacrifice de soi lui fit perdre la notion du temps. Il découvrit une multitude d'informations sur des pratiques sacrées, des danses magiques, des décoctions de chamans à base de cactus hallucinogènes. Il lut avec effarement le récit d'un *medicine-man* appartenant à une tribu du désert de l'Arizona qui se laissait mordre l'orteil par un lézard venimeux pour prouver son immortalité. Il dénicha un texte étonnant sur les tortures rituelles que les Iroquois infligeaient au XVIIe siècle à leurs ennemis : chairs découpées en lamelles, doigts sectionnés pour interdire l'usage de l'arc, scalps prélevés sur les têtes blondes de colons, cannibalisme de divers organes... Il trouva enfin des extraits du journal de voyage de George Catlin que le peintre rédigea au cours de ses pérégrinations et qui décrivait avec précision les coutumes sauvages de certaines tribus visitées. Mais à aucun moment, égaré dans cet océan infini de données, il ne put se dire qu'il était tombé sur la preuve qui lui manquait.

Il se plongea alors dans la lecture des *Prédateurs*, le livre de Floris Dieulefit. Il sauta des pages, accablé d'ennui par l'assommant langage universitaire. Il ne comprit rien à l'organisation guerrière des Sioux oglalas dont la structure clanique défiait l'entendement. Il se perdit dans leur mythologie complexe, confondant « les esprits serviteurs des esprits supérieurs » avec « les esprits associés, l'autre face des esprits supérieurs »... Il finit même par renoncer à s'intéresser aux esprits inférieurs, le jugeant trop bas dans l'échelle mythologique pour lui être d'un quelconque secours.

Le chahut orchestré par les deux adolescents le contraignit à suspendre sa lecture au moment où il allait aborder le chapitre consacré au « Sacrifice de soi ». Camille semblait vouer un véritable culte aux panneaux décorés d'hameçons et de harpons. Grimpé sur un meuble avec ses chaussures orthopédiques, il cherchait à vérifier du bout du doigt l'efficacité des pointes en acier. Skolvan le chassa d'une claque sur la nuque qui le fit hurler de rire.

De lectures interrompues en lentes déambulations dans le salon, la journée passa ainsi, cahin-caha. Il

s'évadait par intermittence, au-delà des hublots, sur-
veillant de loin les joutes sportives sur les aires de jeux.
À en juger par leurs hurlements, les rugbymen
devaient se frotter vigoureusement les oreilles. Il s'intéressa un moment à une belle cavalière avant qu'elle
ne disparaisse sous les frondaisons. L'après-midi fut
consacré à l'observation ennuyeuse des promeneurs
dont les chiens en liberté souillaient sans vergogne
l'herbe du terrain de rugby.

Il donna également trois coups de téléphone. À
chaque fois, il fut frappé par un déclic à peine percep-
tible qui précédait l'instant où le correspondant décro-
chait. Il réalisa que Zeman l'avait mis sur table
d'écoutes. Au troisième appel, il se méfia de ces
oreilles indiscrètes et ne s'exprima qu'à demi-mot. Il
joignit un ami cinéphile pour lui parler du film *Un
homme nommé Cheval*. Son interlocuteur connaissait
cette œuvre mineure et la suite franchement médiocre
qui en avait été tirée : *Le Retour de l'homme nommé
Cheval*. Skolvan se garda de lui révéler la raison de sa
curiosité et lui donna rendez-vous le lendemain dans
une brasserie de la porte Maillot.

Juste auparavant, il avait contacté un service d'assistance pour enfants handicapés. Ces vacances
impromptues devant se prolonger jusqu'au lendemain
de Noël, il ne pouvait y consacrer tout son temps. Le
responsable du planning promit d'envoyer une éducatrice spécialisée le lundi matin dès que possible.

Quant au premier appel, il l'avait destiné à Élisa
pour lui avouer qu'il avait beaucoup pensé à elle. La
jeune femme aurait souhaité le rejoindre, mais elle
consacrait ses dimanches à sa mère. Impossible de

déroger à ce rituel. Ils s'étaient promis de se retrouver le lendemain.

Que ses conversations fassent l'objet d'écoutes, que sa vie privée soit ainsi violée, le mettait en rage. L'observation assidue du monde extérieur lui confirma d'ailleurs que la police le surveillait. Une voiture banalisée avec deux hommes à bord stationnait dans une allée, face à la péniche. Il poussa la curiosité jusqu'à les épier aux jumelles. La tête d'un des policiers lui rappela quelqu'un. L'autre lui était inconnu.

Le jour déclinait. Le Bois se vida peu à peu de ses promeneurs. Une autre voiture de police remplaça la première. Skolvan leur souhaita bien du courage. La nuit s'annonçait glaciale. Il cuisina un plat de pâtes aux garçons, donna les restes à Tigrou qui bouda, et installa tout le monde devant la télévision pour visionner *E.T.*

Lorsque Skolvan glissa la cassette dans le magnétoscope, il s'interrogea sur la justesse de son choix. L'image du petit monstre risquait de refléter l'anormalité des adolescents et de les choquer. En réalité, la fable humaniste de Spielberg exerça sur eux un effet inattendu. Camille ouvrit des yeux démesurés en se bourrant de bonbons acidulés et Benjamin se transforma en spectateur vigilant. Il guettait avec une acuité particulière chaque apparition du bonhomme difforme, égaré dans notre monde hostile. Les gens « normaux » qui cherchaient à le capturer pour le disséquer plongeaient l'adolescent dans une transe hypnotique. Ce comportement fit sourire Skolvan. La participation affective de son fils à l'histoire le rassurait. Elle était la preuve que Benjamin s'identifiait au groupe des enfants investis de la mission de soustraire l'extraterrestre aux mains des « méchants adultes ».

Skolvan profita de ce moment de répit pour lire, sans passion, le cinquième chapitre du livre de Dieulefit. « Le sacrifice de soi » se résumait à une suite de recettes pour otenir des visions. L'auteur n'épargnait aucun détail d'une précision maniaque sur les dimensions de la loge à sudation, le nombre de branches de saule qui constituaient la couverture, la taille des pierres rondes qui étaient chauffées par le feu, la longueur des psalmodies que chaque participant devait interpréter... La conclusion laissa Skolvan perplexe. Elle se terminait par ces mots : « À la différence de certains peuples qui offrent à leurs dieux de façon spécieuse des animaux ou des prisonniers en sacrifice, ou encore qui supportent l'immolation de leurs héros par voie de substitution pour apaiser leur propre conflit émotionnel – le Christ sur la croix –, les Sioux pensent que seule la souffrance physique ressentie personnellement permet à l'individu d'avoir une compréhension pénétrante du monde. »

Cette phrase résonna de façon désagréable dans son esprit. Elle transmettait des vibrations d'agressivité, de mépris et de méchanceté. Il soupçonnait l'auteur de mentir par omission et de chercher à dissimuler, pour des raisons obscures, le sens profond de la quête de la vision. Il lui aurait fallu des semaines pour s'immerger dans l'univers mythologique des Indiens d'Amérique du Nord. Le temps lui manquait. Le tueur était en embuscade quelque part dans le Bois, peut-être en ce moment même. Il le surveillait. Il l'épiait. Skolvan le savait, le sentait. Il devait donc parer au plus pressé.

Une bibliographie d'une centaine d'ouvrages clôturait le livre. Skolvan la parcourut négligemment. Des titres en anglais et en français faisaient référence à des danses traditionnelles : *The Ghost Dance, the Sun Dance*... La danse du Soleil... Il se souvint des propos de Mussenbroeck sur le cœur palpitant de la momie andine offert au dieu Soleil ; il se remémora le discours vindicatif de Lallemand sur l'opposition tragique des chasseurs tutsis et des pasteurs hutus ; surtout, il n'avait pas oublié la mystérieuse dédicace de Dieulefit : « Le guerrier purifié s'élèvera vers le Soleil »... Aucun moyen dans l'immédiat ne lui permettait de se procurer ces livres. Cependant, l'idée lui vint de jeter une bouteille électronique dans la mer du Net en ouvrant sa boîte aux lettres à des réponses éventuelles. Il rédigea une brève missive dans un anglais approximatif, demandant des renseignements sur la Danse du Soleil, et alla se coucher.

Lundi 22 décembre

Lorsque Skolvan se réveilla, il fut surpris de n'entendre aucun bruit dans la péniche alors que la lumière maussade du jour filtrait entre les persiennes. Un coup d'œil dans la chambre des adolescents lui permit de constater qu'ils dormaient comme des loirs. Dans son sommeil, Camille avait bavé sur son oreiller aussi sûrement que s'il avait sucé la tétine percée d'un biberon. Skolvan s'arrêta un instant sur le profil parfait de son fils. Devant cette beauté gâchée par autant de souffrance, il se sentait désemparé et malheureux.

Il mit le café à filtrer et alla se réveiller sous la douche. Vêtu du peignoir de bain, une tasse fumante à la main, il traîna les pieds jusqu'au bureau où la statue maintenait son érotique exubérance avec une belle constance. Les photographies des cadavres dépassaient du dossier de la brigade criminelle. Il les fit glisser du bout du doigt hors de la chemise et les étala l'une à côté de l'autre.

Frappé par une illumination, il posa brutalement la tasse de café sur le bureau, s'empara d'un rouleau de ruban adhésif et fixa les cinq images sur la paroi de la péniche. Puis il prit du recul comme un visiteur de galerie d'art. Car il s'agissait bien de cela. Les cinq portraits des corps repêchés dans la Seine étaient en analogie avec les cinq autres vus à l'exposition de Dieulefit et les cinq autres encore qui ornaient le mur du salon d'Élisa. Dans presque tous les cas il s'agissait d'Indiens, même si les premiers vivaient il y a plus d'un siècle, les autres n'étaient plus que des caricatures dégénérées de leurs ancêtres, et les derniers des macchabées sans identité.

Cette découverte lui remit en mémoire la missive électronique qu'il avait expédiée la veille sur Internet. Sur l'écran de l'ordinateur, l'icône de la boîte aux lettres indiquait que des messages avaient été déposés. Il s'assit, but une gorgée de café et releva son courrier. Son unique correspondant était un Indien blackfoot du Montana, du nom de Iron Shell, qui possédait un site Web. Un mot charmant en anglais lui indiquait l'adresse sur laquelle il devait se connecter pour tout connaître de la danse du Soleil.

Les documents, intitulés *Sundance*, s'ouvrirent. Skolvan en fut ébloui. Ils recelaient la preuve qu'il cherchait. La pratique de la danse du Soleil chez les Indiens des plaines remontait à la nuit des temps. Interdite par les autorités américaines à la fin du siècle dernier, elle s'était perpétuée dans la clandestinité des réserves du Dakota jusqu'à nos jours. Des gravures anciennes montraient des Indiens suspendus par la poitrine face au soleil. Un des dessins était l'œuvre de George Catlin, témoin en 1830 d'une danse rituelle chez les Mandans. Des tiges en bois transperçaient la peau des pectoraux des suppliciés. D'autres tiges, enfoncées dans leurs mollets, leurs bras et leurs flancs, supportaient le poids de crânes de bison. Ils étaient destinés à alourdir les corps suspendus et à aider l'arrachement des broches plantées à l'horizontale dans les poitrines.

Skolvan comprenait enfin la nature des blessures relevées sur les cadavres. Il ne faisait maintenant plus de doute que Floris Dieulefit était l'auteur de ces crimes. Skolvan frissonna d'horreur en imaginant le calvaire que les victimes avaient enduré avant d'être sauvagement assassinées et jetées dans la Seine. Les hommes tombés entre les griffes de cet ogre n'étaient pas morts de ces tortures atroces. Au contraire, le tueur les avait gardés en vie, se délectant de leurs souffrances, comme le chat avec la souris, pour finalement leur assener un coup mortel au cœur.

Skolvan déroulait les textes et les dévorait aussi vite que sa maîtrise de l'anglais le lui permettait. Le descriptif du rituel – quatre jours et quatre nuits de cérémonies à l'issue desquels les participants tombaient en transes osmotiques avec les Esprits – le passionna. Un tronc de peuplier, peint de quatre couleurs, servait de mât au supplice. À la fourche, deux statues du nom de Iya et Gnaske pendaient, affublées d'organes génitaux démesurés pour montrer au monde leur libertinage.

Skolvan donna une tape familière sur la tête de la statuette orpheline qui pointait son sexe vers lui.

Le récit se poursuivait, terrifiant. Le chaman préposé au rituel mordait cruellement le téton du guerrier pour atténuer la douleur du percement de la poitrine. Armé d'un couteau à double tranchant, il pinçait la peau et incisait la chair, essuyant le sang qui coulait des plaies à l'aide de poignées de sauge. Les bâtonnets en hêtre étaient ensuite introduits dans les incisions. Des lanières en crin de bison tressé tombaient du plafond de la hutte sacrée et coulissaient sur la fourche du mât. L'impétrant était alors tiré vers le soleil dans le roulement des tambours et la stridence des sifflets en os d'aigle. Certains suppliciés pouvaient rester des heures suspendus avant que le poids de leur corps ne déchire les chairs et les libère de leurs souffrances.

Le café était froid. Skolvan s'adossa au fauteuil, comme soulagé, libéré d'avoir découvert la vérité. Cependant, il savait que ni la statue trouvée dans l'île, ni ce dossier Internet sur la danse du Soleil ne constituaient les preuves de la culpabilité de Dieulefit pour la Police judiciaire. De plus, il redoutait le geste intempestif d'un policier comme Hubert, prompt à dégainer. Il ne voulait pas qu'on tue Dieulefit. Il ne voulait pas que ce spécimen exceptionnel se retrouve à la morgue sous le scalpel du docteur Payet. Il devait le protéger contre lui-même et contre la police.

L'image d'Élisa lui frappa l'esprit. Il ne la croyait pas en danger. Le tueur ne s'attaquait qu'à des hommes qui lui rappelaient ses chers Indiens. Mais l'androgynie de la jeune femme ne la mettait pas à l'abri d'un soubresaut démoniaque de Dieulefit. Il s'empressa de l'appeler. Cependant, lorsqu'il entendit sa voix à l'autre bout du fil, il raccrocha. Il s'était rappelé que trop de monde partageait sa ligne et bénéficiait de ses conversations.

Benjamin choisit ce moment pour montrer le bout de son nez. Skolvan avait totalement oublié ses jeunes invités. Il jeta un coup d'œil à l'horloge de la cuisine :

neuf heures. L'éducatrice n'arriverait pas avant un moment. Il joignit au téléphone Anna, sa voisine, qui aimait beaucoup Benjamin. Son handicap, ajouté au sien, donnait à leur relation un lien affectif particulier. Même si Benjamin lui exprimait peu d'attachement, il l'acceptait avec une curiosité bienveillante, ce qui dans son cas pouvait être considéré comme de la tendresse. Anna accueillit la requête avec joie. Le temps de franchir à son rythme les deux passerelles, elle serait là, ce qui laissait à peine une minute à Skolvan pour se jeter sur ses vêtements s'il ne voulait pas être surpris en peignoir de bain.

L'humidité rendait l'atmosphère suintante. Skolvan tira jusqu'au menton la fermeture de son blouson et se dirigea vers sa voiture sans chercher à se dissimuler aux yeux des policiers. Il aperçut de loin leurs mines défaites après une nuit de veille. Dès qu'il monta à bord, il surprit l'un d'eux qui communiquait la nouvelle à sa hiérarchie. Il démarra et roula à travers le Bois à une vitesse modérée pour ne pas semer ses suiveurs.

Arrivé place du Trocadéro, il planta le nez de la Volvo perpendiculairement au trottoir et au ras du pare-chocs d'un car de CRS en stationnement. Les gardiens, au chaud dans le véhicule, abattirent leurs jeux de cartes de stupéfaction. Skolvan riait à l'idée de laisser aux policiers chargés de le surveiller le soin de gérer le problème. Il fonça vers les marches du musée de l'Homme, sourd aux vociférations d'un CRS qui tentait de le retenir.

Le parcours labyrinthique du musée n'avait plus de secret pour lui. Il trouva le chemin du bureau de Mussenbroeck sans hésiter. Le conservateur était absent ; la pièce, vide. Il fureta autour d'un fichier avant de laisser courir son doigt sur les cartons marqués de la lettre D pour Dieulefit. Une fiche lui était consacrée. Elle ne comportait que des références d'ouvrages universitaires et un numéro de téléphone. Skolvan le composa à tout hasard. Un disque de France Télécom lui signala que le numéro du correspondant n'était plus attribué. Il remit la fiche à sa place et rechercha du regard un indice.

La clochette savoyarde pendait à la clé qui ouvrait la porte blindée de la réserve. L'occasion était trop belle. Il tira la porte à lui. La cloche tinta. Personne ne protesta.

Sans savoir précisément ce qu'il cherchait, il se dirigea, comme mû par une force inexplicable, vers l'étagère des objets érotiques. D'un coup d'œil, il repéra, parmi les ventres ronds et les sexes bandés, le frère jumeau de la statue rapportée de l'île. Une plaque clouée sur le socle indiquait : *Iya, esprit de la danse du Soleil*.

Iya et Gnaske formaient une belle paire de débauchés, mais il n'était pas plus avancé. Il imagina la tête de Zeman et du juge d'instruction lorsqu'il leur expliquerait que le tueur s'excitait sur des représentations maléfiques, membrées comme des rhinocéros, et torturait ses victimes quatre jours et quatre nuits durant, au rythme d'un tambour et selon un rituel inspiré des

Indiens sioux. Il avait intérêt à consolider ses preuves et à affûter ses arguments s'il ne voulait pas passer pour un illuminé. Ses sombres réflexions furent balayées par une voix intempestive.

– Monsieur Skolvan !

Le ton était outré. Skolvan découvrit Petrus Mussenbroeck qui écarquillait les yeux de stupeur. L'expression scandalisée de son visage désignait Skolvan comme un abominable profanateur de sépultures.

– Posez cet objet et sortez immédiatement !

– Calmez-vous, j'ai rien cassé…

L'assistante de Mussenbroeck se tenait dans le dos de son patron et affichait par mimétisme le même faciès offusqué.

– Je vous demande de sortir !

– Et moi, je vous demande où se trouve votre petit copain Floris Dieulefit.

– Sortez ou j'appelle la sécurité !

Skolvan brandit d'un geste impatient la statuette dans la direction du conservateur.

– Appelez la sécurité ! J'en ai rien à foutre ! Vous saviez très bien ce qu'était la danse du Soleil ! Vous ne m'avez rien dit ! Pourquoi ? Vous cherchez à protéger votre collègue ?

Mussenbroeck se tourna avec un calme forcé vers son assistante.

– Suzanne, appelez la police !

– Nom de Dieu ! hurla Skolvan. Vous ne savez rien dire d'autre ?

Dans un mouvement de rage, il frappa la statuette contre le montant métallique d'une étagère. La tête noire roula aux pieds du conservateur qui crut être la proie d'un cauchemar. L'assistante, affolée par cette soudaine violence, prit la fuite.

Skolvan jeta de dégoût la statue décapitée par-dessus son épaule et quitta la réserve. Mussenbroeck ne tenta rien pour le retenir.

Le comité d'accueil sur les marches du musée était impressionnant. Des officiers de la brigade criminelle tenaient les CRS à distance. Dunoyer chaperonna Skolvan jusqu'à une Peugeot 406 noire garée à côté de la Volvo. Le lieutenant affichait sa mine habituelle de clown triste.

– Une pièce rare, cette statue…, dit-il comme à lui-même. Le copain de Narval va sûrement porter plainte.

Skolvan lui jeta un regard en coin, cherchant à percer le sens de cette phrase sibylline : reproche feutré ou sourde menace.

La vitre arrière de la 406 s'abaissa, révélant le commissaire divisionnaire Zeman emmitouflé dans un manteau en poil de chameau.

– Alors, monsieur Skolvan, on fait encore des siennes ?

Skolvan répondit par un haussement d'épaules peu courtois.

– On perd votre trace, on la retrouve. Vous allez, vous venez… Ne devions-nous pas collaborer au projet exaltant de mettre hors d'état de nuire ce fou furieux ?

– Il n'est pas fou.

– Je sais. Vous me l'avez déjà dit. Vous progressez ?

– Appelons cela comme ça.

– On peut savoir ?

– J'accumule des preuves.

– Une suffit.

– Il faut que ce soit la bonne.

Zeman laissa passer un temps en sondant le regard froid de cet impulsif psychologue pour se persuader de sa bonne foi. Le soupir qu'il poussa trahit ses doutes.

– Puis-je encore quelque chose pour vous ? demanda-t-il avec lassitude.

Skolvan récupéra, coincée sous un essuie-glace de la Volvo, une contredanse pour stationnement gênant avec demande d'enlèvement. Il la tendit à Zeman qui ne put retenir un sourire amusé. Il referma la vitre et donna l'ordre à son chauffeur de partir. Dunoyer se crut autorisé à revenir au premier plan.

– J'ai des ordres, annonça-t-il, les yeux baissés, comme si, en l'absence de son supérieur, il trouvait ses nouvelles prérogatives usurpées.

Skolvan observa le jeune homme avec attention. Ce dernier ne lui inspirait pas une franche sympathie, mais, le trouvait touchant. Il décida de se montrer aimable.

– Mes patrons ont pensé, poursuivit le policier, encouragé par cette attitude, que vous pouviez servir d'appât au tueur.

– La chèvre et le chou.

– Je vous demande pardon ?

Skolvan lui fit signe de continuer.

– En conséquence, ils ont décidé de vous faire suivre.

– Merci, j'avais remarqué.

– Ah…

Dunoyer se trouva stupide.

– Ils vous ont dit aussi d'écouter mes conversations téléphoniques ?

– Je… je ne suis pas au courant. On me dit pas tout. Je ne suis que lieutenant.

– Ne vous excusez pas, dit Skolvan en lui donnant une tape amicale sur le bras.

Il lui tourna le dos et s'installa au volant de la Volvo.

Une voiture banalisée le suivit jusqu'à la brasserie de la porte Maillot où il avait donné rendez-vous à son ami cinéphile. Il fila au sous-sol pour téléphoner. Élisa n'était pas chez elle. Il lui laissa un bref message, lui demandant d'éviter tout contact avec Floris Dieulefit.

Lorsqu'il remonta du sous-sol, il croisa un des policiers qui fit mine de ne pas le voir. Il s'installa à une table face à la porte d'entrée. Son ami était en retard. Le serveur se présenta et repartit dans le même mouvement avec la commande d'un Vittel cassis. Lorsqu'il revint avec la bouteille et le verre, l'amateur de western, brandissant une cassette vidéo, fit une apparition triomphale.

– Salut. Ça fait un bail.

Skolvan confirma d'un hochement de tête.

– J'ai trouvé ton *Homme nommé Cheval*, en VO et en PAL. Que demande le peuple ?

– Raconte-moi.

Le cinéphile ne se fit pas prier. Il commença ainsi :

– C'est l'histoire d'un mec…

Il raconta donc l'histoire édifiante de cet aristocrate anglais, pétri de sentiments chrétiens, plein de morgue et de pudeur, qui fut un temps soumis à la sauvagerie et à la superstition d'une tribu indienne. Il s'émancipa de sa position d'esclave et finit par conquérir le cœur de la fille du chef. Cette ascension sociale ne fut rendue possible qu'après le sacrifice de soi au cours d'une danse du Soleil, les cicatrices laissées par les broches enfoncées dans sa poitrine devenant pour l'avenir les marques honorifiques de son courage et de son altruisme.

Skolvan se dit, en retraversant le Bois de Boulogne au volant de sa voiture, qu'il venait d'acquérir une nouvelle preuve sans valeur. Dès son retour à la péniche, il libéra l'éducatrice spécialisée en exigeant d'elle d'éviter les sorties le lendemain. Elle parut désapprouver cette recommandation, mais s'abstint de tout commentaire.

Benjamin et Camille ne manifestèrent aucune joie particulière de le revoir. Vautrés sur les tapis du salon, ils dessinaient au feutre des figures étranges sur du papier Xerox. La rame de l'imprimante y était passée. Skolvan, n'osant pas piétiner leurs œuvres, contourna les feuilles coloriées qui proliféraient comme des nénuphars et alla glisser la cassette dans le magnétoscope.

Élisa arriva avec la nuit. Un taxi la déposa devant la péniche. Elle marqua un temps d'arrêt en découvrant les adolescents. Skolvan fit les présentations. Benjamin, le regard tendu vers l'inconnue, la tête légèrement inclinée de côté, exprima sa curiosité habituelle. Gênée par cette acuité blessante, la jeune

femme regrettait déjà d'être venue. Elle avait rêvé
d'une soirée intime et retrouvait son amant encadré
d'un monstre de beauté et d'un débile léger. Elle jeta
un regard furieux à Skolvan, qui, conscient de la situation, força son sourire. Benjamin eut un geste inattendu et spontané qui détendit l'atmosphère. Il sauta
au cou d'Élisa et colla ses lèvres sur ses joues. Tout le
monde se mit à rire. Même si le caquetage de Camille
avait quelque chose d'inquiétant, la cohabitation pouvait être envisagée sans trop de craintes.

Skolvan entraîna Élisa et l'installa devant le poste
de télévision. La cérémonie de la danse du Soleil dans
Un homme nommé Cheval constituait le clou du film.
Le lord anglais, torse nu devant la communauté sioux
au grand complet, subissait avec stoïcisme les tortures
que le chaman lui infligeait. Les pectoraux percés par
les broches, il était hissé vers l'orifice du toit afin de
voir le soleil en face.

Élisa regarda l'extrait sans manifester la moindre
répulsion, et lorsque Skolvan interrompit la diffusion,
elle se tourna vers lui avec naturel.

– Et alors ? demanda-t-elle.

– Et alors, c'est le *modus operandi* du tueur.

Un éclair de lucidité traversa les yeux sombres de
la jeune femme.

– Tu sais qui c'est ? murmura-t-elle comme si elle
redoutait la réponse.

– Qui veux-tu que ce soit ?

Élisa se dressa d'un bond. Son visage exprimait
tout à la fois le refus et la raison.

– C'est pas possible ! s'emporta-t-elle. Des dizaines
d'Indiens participent chaque été à des danses du

Soleil ! J'en ai rencontré dans les bars de Rapid City qui exhibent leurs cicatrices comme des trophées ! Il y a même des Japonais, des adeptes d'une secte, je ne sais plus laquelle, qui se font percer la poitrine ! C'est devenu une foire touristique ! N'importe qui peut très bien avoir commis ces meurtres !

Abattue, elle se rassit dans le fauteuil, le regard rivé sur l'écran éteint. Skolvan voulut la consoler en posant une main tendre sur sa nuque.

– Laisse-moi tranquille ! cria-t-elle dans un mouvement hautain.

Benjamin et Camille, alarmés par l'emportement de la jeune femme, la regardaient avec inquiétude comme s'ils craignaient pour sa santé. Skolvan s'accroupit devant elle pour chercher à capter son regard. Elle pleurait.

– Je suis désolé, murmura-t-il. Dès que je l'ai rencontré, j'ai eu l'intuition que c'était lui. Je ne sais pas où il est, mais lui sait où je suis. Le comportement des psychopathes est invariable. Il va chercher à me prouver qu'il est le plus fort, à faire un coup d'éclat, par bravade. C'est ce moment que j'attends... Tu ne sais pas où il est ?

Élisa tourna vers lui un pauvre regard noyé de larmes et fit non de la tête.

– Tu ne connais pas son adresse ?

Elle répondit de nouveau par la négative.

Il lui sourit et lui tendit la main. Elle la prit et se réfugia dans ses bras. Camille, soulagé, donna une grande claque dans le dos de Benjamin en caquetant comme un vieux dindon courroucé.

Pendant ce temps, le commissaire Zeman réunissait son état-major dans son bureau. Narval, au téléphone, se débattait avec un correspondant qui semblait lui déverser dans l'oreille des flots de récriminations.

– Écoute, Petrus, ce type est un occasionnel, plaidait-il à Mussenbroeck. On n'est quand même pas responsables de toutes les conneries qu'il peut faire. Oui, une statue du XIXᵉ siècle, c'est triste, mais c'est moins grave que les macchabées qu'on repêche dans la Seine...

Zeman, de son fauteuil, lui fit signe d'en finir. Hubert buvait du petit lait en souriant méchamment comme s'il se délectait de l'embarras de Narval qui poursuivait :

– Non, mon vieux, le directeur de la PJ ne paiera pas les dégâts. Il y a des assurances pour ça. Tu peux toujours lui envoyer la facture... Oui, on choisira mieux la prochaine fois... C'est ça. Salut.

Il reposa d'un coup sec le combiné sur l'appareil et immola Hubert du regard.

– Pourquoi vous rigolez, vous ?

L'officier de police se vit en un instant la cible de toutes les flèches que ses collègues rêvaient de lui décocher. Son visage s'empourpra, ce qui souligna hideusement son ecchymose.

– Ben, moi je l'ai toujours dit. Les statistiques le prouvent : quarante-cinq pour cent des psychopathes sont passés par l'armée.

L'ancien militaire qu'était Narval se dit que ce crétin de Hubert n'allait pas faire de vieux os dans son service.

– Plus de la moitié d'entre eux ont été réformés pour des raisons psychiatriques.

Hubert, satisfait de son effet, ne se doutait pas qu'il avait engorgé de fiel le foie de Narval.

– Et alors, explosa le commissaire, ça veut dire quoi ? Que les militaires sont des psychopathes et Skolvan un tueur parce qu'il a pété une statue dont tout le monde se fout ?

Hubert courba l'échine et planta son regard sur une tache de la moquette qui ressemblait à son hématome. Cette enquête lui portait la poisse. Il aurait dû demander une autre attribution. Ses réflexions furent interrompues par un soupir de déprime du divisionnaire.

– Avec tout ça, on n'avance pas. Qu'est-ce qu'elle a d'exceptionnel, cette statue ?

– Une bite comme ça ! fit Narval en dressant son avant-bras et son poing fermé.

Ce soir-là, il en fallait plus pour dérider le divisionnaire.

– Cette… extravagance anatomique explique le geste de Skolvan ?

– On ne sait pas. Mussenbroeck dit que cette statuette participe d'un rituel des Indiens d'Amérique du Nord, la danse du Soleil.

– La danse du Soleil…, fit Zeman d'un ton rêveur en glissant davantage dans son fauteuil.

Narval tenta de regonfler le moral de son patron en adoptant un ton optimiste.

– Dieulefit, le troisième sur la liste, est professeur de civilisation américaine. Il collabore avec nous avec beaucoup d'enthousiasme. N'est-ce pas, Dunoyer ?

– Absolument. Il est très sympa, confirma le jeune homme, flatté d'être sollicité.

Zeman grogna comme un vieil ours, sourd aux airs de violon destinés à l'endormir. Il constatait avec agacement que l'entrain de ses hommes masquait les piétinements de l'enquête.

– Quoi d'autre ? demanda-t-il en désespoir de cause.

– Le résultat du labo sur le morceau d'écorce rapporté de l'île par Skolvan, poursuivit Dunoyer qui prenait goût à ce genre de conférence au sommet.

Zeman se redressa avec intérêt, invitant du regard le lieutenant à poursuivre.

– C'est bien du sang mais du sang de chien.

Zeman s'avachit de nouveau. Son regard morne tomba sur Hubert.

– Et vous, Hubert, la femme du légionnaire vous a-t-elle fait des confidences ?

– Non, patron, je suis désolé. J'ai rien pu en tirer. Elle est confite dans l'alcool.

– Excellent !

Zeman avait claqué des mains. Droit et digne, il souriait comme pour une photo officielle. Cette brusque exubérance inquiéta Narval. L'éclat de Zeman lui apparut comme le signe funeste d'une dérive nerveuse due aux pressions de la direction, à l'angoisse de l'annonce d'une nouvelle victime, au désespoir d'une enquête qui s'enlisait.

– Je vais vous dire le fond de ma pensée, finit par annoncer le divisionnaire sans se départir de son sourire. Ce Skolvan se moque de nous. Et je pèse mes mots. Évidemment, on ne va pas le soumettre à la question comme au temps de l'Inquisition pour savoir ce qu'il nous cache. Mais ce que je sais, c'est qu'il est un *Phtirius pubis*. Vous savez, ces petites bêtes qui mordent et qui ne lâchent plus, vulgairement appelées morpions.

Des sourires illuminèrent les visages des policiers.

– Eh bien, nous aussi on peut se montrer collants. C'est même une spécialité de la maison. Alors vous allez me carrer ce type dans votre collimateur et ne plus le lâcher. Exécution !

Narval, rassuré sur le compte de son patron, retroussa sa moustache et découvrit des dents de carnassier.

L'atmosphère s'était épaissie avec la nuit. Antonio avait pris ses quartiers dans le Bois. Il arpentait le trottoir en prenant soin de rester dans le halo de l'éclairage urbain dans l'espoir que la teinte orangée du sodium lui procurerait un peu de chaleur. Il mit du temps avant de repérer la voiture des policiers en embuscade dans l'allée qui bordait le terrain de rugby. Il se demanda ce que ces deux voyeurs pouvaient bien manigancer. La buée couvrait les vitres du véhicule, ce qui accentuait le mystère de leur présence. Une main l'effaçait nerveusement par intermittence. Il se dit, en tortillant sur le macadam ses jambes résillées, qu'il valait mieux offrir quelque gratification sexuelle à ces brutes velues plutôt que de rester sous cette pluie poisseuse et glacée qui collait les poils de son manteau synthétique comme ceux d'un chien errant. Il traversa la rue et se dirigea vers le véhicule avec la ferme intention de leur faire des propositions malhonnêtes. Arrivé du côté du chauffeur, il cogna à la vitre. Elle s'abaissa électriquement. Antonio ouvrit les pans de son manteau dans un geste démonstratif et prometteur. Le policier au volant avait d'autres appétits. Il cracha de la buée et des injures :

– Gare tes miches, connard, tu me gâches la vue ! Et dégage du paysage ou je te fais coffrer !

Antonio se drapa dans ses fourrures avec dignité et leur montra ses talons hauts. Si près de Noël, il aurait espéré plus de compréhension et de chaleur humaine. À croire que ces sentiments étaient bannis dans la police. Il se réfugia sur le bord de Seine, dans la lumière au sodium, et reprit ses incessants allers et retours. Les rares voitures filaient sans même ralentir. Le cafard lui tomba sur la nuque. Il se surprit à regretter le bon temps où il pouvait tapiner sans vergogne le long de l'allée de Roland-Garros. Mais depuis le parachutage d'un nouveau commissaire, un jeune homme de vingt-cinq ans au demeurant ravissant, lui et ses copines étaient devenues à proximité de la porte d'Auteuil *personae non gratae*. Résultat : la communauté des Brésiliennes avait éclaté dans le Bois et chacun travaillait dans son coin.

Les hublots éclairés de la péniche de Skolvan eurent un effet désastreux sur son moral. La silhouette d'une jeune femme, aperçue un instant, finit de l'anéantir. Il se dit, submergé par la déprime, qu'il ne serait jamais l'amant de Skolvan, cet homme si attrayant et sexy. Comment ce sympathique quadragénaire pouvait-il n'aimer que les femmes ?

Ses noires pensées furent instantanément chassées par la découverte d'un type tapi dans les bosquets. Il se tenait accroupi et immobile, tourné vers la péniche. Il portait un lourd manteau en cuir sombre, ceinturé à la taille, et un chapeau agrémenté d'une discrète plume de faisan. Antonio se rapprocha. Il pensait avoir débusqué un drôle d'animal, un chaud lapin terrorisé par l'ouverture de la chasse. Pensant qu'il était de son devoir de le rassurer, il franchit, par un étroit chemin bordé d'arbustes, les quelques pas qui le séparaient de l'inconnu. L'homme sursauta en découvrant le travesti. Il fit face, mais son visage demeura dans l'ombre du chapeau et le contre-jour des hublots de la péniche.

– Coucou, ma biche ! Il faut pas avoir peur comme ça ! Je suis pas le grand méchant loup !

Antonio se voulait aussi rassurant qu'un monsieur respectable qui appâte les enfants à la sortie de l'école avec une poignée de bonbons. Il tendit la main vers l'inconnu pour l'aider à franchir le pas.

– Si j'ai une grande bouche, c'est pour mieux te…

Ce furent les dernières paroles du pauvre Antonio. L'homme au chapeau de chasse lui appliqua sur la nuque une main brutale, gantée de caoutchouc couleur eau de Javel, et lui enfonça dans la poitrine, à l'emplacement du cœur, un long bâton en bois qui ressemblait au natoas de la squaw Punaise qui rampe. Antonio eut un hoquet ensanglanté et tomba à genoux en écarquillant les yeux de stupeur. Le regard de Dieulefit n'exprimait ni haine ni violence, juste une froideur terrifiante. Il enfonça davantage le natoas sous une poussée sèche. Antonio vomit du sang. Il leva les mains vers le visage de celui qui le tuait comme pour le griffer, mais renonça. La force lui manquait. Il laissa retomber ses bras le long du corps et mourut dans un souffle, les fesses écroulées sur les talons hauts de ses chaussures.

Dieulefit plaqua sa main jaune sur le visage du mort comme pour lui fermer les yeux et repoussa brutalement la tête en arrière pour ôter le pieu de la poitrine défoncée. Le corps bascula sur le côté. Dans la chute, un pan du manteau s'ouvrit, révélant les pathétiques accessoires du travesti. Dieulefit ne put retenir un ricanement odieux en découvrant, sous le porte-jarretelles, le pauvre sexe d'Antonio comprimé dans une culotte violette de femme. Le tueur essuya avec dégoût l'extrémité ensanglantée du natoas contre les poils souillés du manteau de fourrure. Dans son dos, les lumières de la péniche s'éteignaient une à une. Les riverains du bord de Seine et la faune du Bois de Boulogne s'apprêtaient à passer une nuit sans histoire.

Mardi 23 décembre

Skolvan sortit de la péniche avant l'aube pour humer l'air. Le temps était frisquet. Avec Élisa réfugiée dans ses bras, la nuit avait été paisible. Ils avaient fait l'amour sans hâte, mais avec beaucoup de passion, comme pour une dernière fois. Leur silence, jusqu'à ce qu'ils s'endorment, avait été hanté par l'image odieuse de Dieulefit.

Skolvan arpenta le pont. La voiture des policiers stationnait toujours de l'autre côté de la rue. Il régnait sur le Bois un calme de fin de nuit. Il aimait ce temps suspendu, cette petite heure étrange où la rumeur lointaine de la ville ne s'entendait pas encore. Si au cours de la matinée les nuages retenaient la pluie, il emmènerait les garçons visiter Notre-Dame. Le regard vague sur les grands arbres, il sentait sous ses pieds le roulis de la péniche. Il savait que tant qu'il resterait prisonnier volontaire sur cette embarcation cernée par la police, jamais le tueur ne montrerait le bout de son nez. Il devait s'exposer. Il devait le provoquer.

Deux heures plus tard, Benjamin et Camille, enca-
drés par les deux adultes, franchissaient la passerelle.
La perspective de surprendre la figure légendaire de
Quasimodo dégringolant l'escalier d'une tour ou che-
vauchant une gargouille de la cathédrale les mettait
dans un état proche de l'hystérie. Pour eux, le monde
réel et le monde imaginaire se confondaient. Le gardien des cloches de Notre-Dame existait vraiment.
Peut-être même rêvaient-ils en secret de devenir ses
amis ?

Skolvan fermait la marche. Il ne remarqua pas le
corps à moitié nu d'Antonio qui croupissait dans une
fange mousseuse entre la paroi du quai et la coque de
la péniche. Ses fesses blêmes, affublées d'un string,
pointaient de façon grotesque comme deux misérables
bouées d'amarrage. Skolvan fit grimper les adolescents à l'arrière de sa voiture et les obligea à boucler
leurs ceintures. Élisa, prévenue de la présence des
policiers, ne put résister à l'envie de les épier. Elle les
vit démarrer avec un temps de retard pour laisser la
Volvo prendre du champ.

Ils traversèrent Paris en suivant la voie Georges-
Pompidou jusqu'au Châtelet. Skolvan ne chercha pas
à garder le contact visuel avec les suiveurs. Il imaginait sans peine le branle-bas qu'avait provoqué son
départ. Cette excursion en famille par ces temps trou-
blés avait sans doute mis Zeman en transe. Le divisionnaire devait avoir rameuté ses troupes et mobilisé
le parc automobile de la brigade.

Il trouva à se garer quai aux Fleurs, non loin du
parvis de Notre-Dame. La matinée fut consacrée à la

visite guidée de la cathédrale, devenue, au fil des ans, un rituel. Benjamin ne se lassait pas de parcourir la croisée du transept, de déambuler dans les chapelles rayonnantes, de monter les marches des tours, furetant dans chaque recoin comme un chiot excité. Skolvan avait cherché longtemps la raison de cet engouement et l'avait trouvée, un jour par hasard, en inspectant les livres de la bibliothèque de l'institution de Ploumanac'h. La fiche d'emprunt de *Notre-Dame de Paris*, glissée dans une pochette transparente, solidaire de la couverture, portait le nom de Benjamin un nombre incalculable de fois. Les pages étaient écornées, marquées de ses empreintes. Skolvan crut même que son fils en avait confondu certaines avec des tartines tellement elles étaient tachées de chocolat et de confiture. Il avait développé une frénésie gloutonne pour cette histoire du monstre amoureux de la Gitane. Skolvan décida un jour de récompenser cette belle obstination. Il l'emmena à Paris pour lui montrer que Notre-Dame existait réellement. Pour Benjamin, le choc de l'imaginaire avec la réalité fut un éblouissement qui lui arracha des larmes. Skolvan n'imaginait pas offrir à son fils, naguère meurtri par sa faute, autant de joie et de bonheur. Ce plaisir mutuel était leur secret qu'ils ne partageaient avec personne. Même Élisa n'eut droit à aucune explication.

La jeune femme suivit avec ennui le guide qui ânonnait des explications inaudibles. Cette balade historico-religieuse au milieu des touristes l'assomma et acheva de la vider de son énergie. Depuis la révélation de la veille, un froid intérieur la consumait. Cette visite forcée accentuait encore son malaise. La cathédrale était glaciale comme un tombeau. L'humidité suintait de la pierre. Les courants d'air sentaient la mort. Elle avait toujours considéré les cérémonies juives dans sa famille comme des curiosités folkloriques, mais, dans cette atmosphère moisie de caveau, affadie par l'odeur de l'encens, elle se surprit à rêver de palmiers et de synagogues au bord de la mer.

Élisa ne recouvra des couleurs que dans le vent glacé du parvis. La statue équestre de Charlemagne dominait la place. Skolvan tenait le bras de la jeune femme. Il éprouvait le besoin de la sentir physiquement près de lui, de se confier, peut-être même de se confesser. Depuis des semaines, la solitude lui pesait. Ces dernières nuits, une image de violence, appartenant au passé, lui avait taraudé l'esprit. Elle surgissait et disparaissait aussi vite, comme balayée par un vent de sable. Ces réveils brutaux l'épuisaient. Il sombrait au petit matin dans un sommeil sans fond, presque à l'heure où il fallait se lever. Cette vision était toujours la même : une lame tranchait un cou ; un flot de sang en jaillissait comme une source chaude ; une cascade de rires couvrait un râle d'agonie...

Skolvan connaissait l'origine de ce cauchemar. Il n'avait jamais tout à fait réussi à l'enfouir dans le tréfonds de sa mémoire. L'image l'assaillait certaines nuits sans crier gare. Ce n'était pas aujourd'hui qu'il allait s'allonger sur le divan d'un analyste pour extirper cette vision d'épouvante. Il consacrait trop de temps à la schizophrénie des autres pour se préoccuper de la sienne. Il la savait inoffensive et vivait avec. Mais quand l'occasion se présentait, il ne répugnait pas à révéler des éléments de son passé militaire et à évoquer la personnalité complexe de l'adjudant Maillard. Ces confidences l'aidaient parfois à chasser pour un temps cette image obsédante. Élisa, avec une raideur craintive, fit les frais de son désir d'épanchement.

– Maillard était aussi laid que Quasimodo, mais à l'intérieur, dans son cœur, il était son contraire : un type froid, cynique, brutal. C'était un redoutable guerrier, un vrai soldat, un meneur d'hommes comme je n'en ai jamais connu. Je lui dois tout. Même ce que je suis aujourd'hui.

Le couple déambulait entre les jardinières du parvis de la cathédrale. Benjamin et Camille gambadaient devant eux en chahutant. Élisa lançait de temps à autre des regards anxieux à Skolvan. Elle avait horreur des histoires de militaires et, surtout, ne comprenait pas où il voulait en venir. Skolvan, aveuglé par son passé, oubliait les policiers aux alentours qui le surveillaient, négligeait les garçons insouciants qui s'éloignaient vers un vendeur ambulant, dédaignait cet homme coiffé d'un chapeau en feutre vert, affublé d'une plume de faisan, qui se rapprochait de son fils...

– On nous a héliportés dans les montagnes, assez loin du village où les otages étaient retenus. Il faisait encore nuit quand on nous a largués en pleine nature. Il restait plusieurs heures de marche avant d'atteindre l'objectif. Maillard était sous mes ordres, mais c'est lui qui menait le commando. C'est avec l'aube qu'il a commencé à déconner. Le soleil s'est levé derrière une montagne. Il a dit que c'était le mont Moriah de la Bible, qu'il était Abraham et moi, Isaac, son fils, que Dieu lui avait parlé et lui avait commandé de me tuer.

Mon sacrifice allait ressembler à celui du Christ sur la croix. Je lui ai dit de la fermer et de continuer de marcher. On avait des vies à sauver…

Le commissaire Narval contemplait d'un air dégoûté le corps souillé d'Antonio allongé à ses pieds sur une civière. La plaie au cœur était particulièrement répugnante. Il fit signe aux hommes de l'identité judiciaire d'emballer le cadavre dans un sac en plastique. À l'exception d'Anna, choquée par la mort tragique du travesti et répondant aux questions d'un enquêteur de la brigade criminelle, les rares curieux étaient tenus à l'écart.

Narval détourna le regard au bruit d'une voiture qui freinait dans son dos. Il vit Zeman s'extraire de la 406 et se diriger vers lui à grandes enjambées.

– Vos premières conclusions ? fit-il sans ambages.

– Le travelo a été tué, là, dans les fourrés, traîné sur quelques mètres et balancé dans la flotte.

– Sous les hublots de Skolvan ?

Narval confirma d'un signe de tête sans rien exprimer. Ils suivirent des yeux un inspecteur qui portait vers une camionnette le manteau de fourrure synthétique d'Antonio.

– C'est le chasseur traqué par sa proie, laissa échapper Zeman d'un ton rêveur. Ce type est vraiment gonflé.

– Oui, sous le nez des deux flics qui surveillaient la péniche.

– Ils n'ont rien vu ?

– Je les ai fait virer du lit. Ils jurent leurs grands dieux qu'ils n'ont pas dormi.

Zeman laissa errer son regard sur les environs et l'arrêta sur Anna.

– Qui est-ce ?

– Anna Deschamps, la voisine. C'est elle qui a découvert le corps et alerté le commissariat du XVIᵉ.

– Qu'a-t-elle à la jambe ?

– Du plastique. C'est une ancienne infirmière. Elle a sauté sur une mine au Kurdistan. C'est moche, hein ?

Zeman exprima sa compassion d'un hochement de tête. Des gardiens de la paix s'emparèrent de la civière et la soulevèrent.

– Et vous, cette cicatrice ? demanda-t-il en pointant un doigt curieux vers la lèvre fendue de Narval.

– Ah ça ! Un abruti à l'armée qui m'a balancé son flingue en pleine poire. Il était bourré. C'est con, hein ?

Zeman eut le même mouvement de tête de compassion en regardant les agents emporter la dépouille d'Antonio vers une fourgonnette de la préfecture.

– Qu'est-ce qu'on fait ? demanda Narval.

– Rien. On maintient le dispositif Morpion.

Skolvan serrait maintenant le bras d'Élisa. Il avançait en Somalie vers un village de montagne. Le soleil cognait. Les pierres chauffaient. Les rebelles se défendaient contre l'attaque surprise du commando français. Les culasses des armes automatiques sentaient la poudre. Les otages étaient libres et vivants.

– C'est à ce moment qu'un de mes hommes est arrivé en criant. Maillard égorgeait les terroristes. Quand je suis arrivé, des cadavres gisaient à ses pieds. Il était couvert de sang. Il tenait son poignard sur la gorge d'un autre qu'il avait tourné vers La Mecque. Il

riait comme un dément. Je lui ai demandé d'arrêter.
J'ai vu la lame trancher la gorge de cet homme d'une
oreille à l'autre. Alors, j'ai sorti mon Colt et je lui ai tiré
une balle dans la tête.

Élisa frissonna d'horreur. Elle osait à peine le
regarder. Skolvan, quittant enfin les contrées
rocailleuses, écrasées de soleil, où son esprit tourmenté l'avait emporté, chercha des yeux parmi la foule
les deux adolescents. Il repéra d'abord Camille qui
revenait vers lui en se goinfrant d'une gaufre coiffée
de crème Chantilly. Son cœur bondit dans sa poitrine.
Les enfants n'avaient pas d'argent pour s'offrir cette
gâterie. Il se jeta en avant en criant :

– Benjamin !

Il aperçut l'homme au chapeau de chasse et reconnut Dieulefit qui entraînait son fils.

– Benjamin !

Skolvan se mit à courir comme un fou.

Le tueur et l'enfant disparurent par l'escalier
commun au parking souterrain et à la crypte archéologique du parvis de Notre-Dame.

– Benjamin !

Dunoyer se propulsa hors d'une voiture en stationnement devant la préfecture de police. Il avait vu trop
tard l'homme au chapeau et le fils de Skolvan disparaître dans le sous-sol du parvis. Il courut pour rattraper Skolvan et le rejoignit en haut des marches du
parking.

– Qui est-ce ? cria-t-il en lui agrippant le bras.

– Lâche-moi !

Skolvan le repoussa si violemment qu'il manqua de

tomber. D'autres policiers en civil arrivaient de toutes les directions. Skolvan dévala les marches de la crypte et se rua à l'intérieur.

Dunoyer empoigna son talkie et donna l'ordre de bloquer les issues du parking souterrain, esquissant le signalement de l'homme qu'il avait entr'aperçu. Déjà un concert de sirènes retentissait et un ballet d'automobiles se mettait en branle autour de la place.

Une heure après le déclenchement de l'alerte, Dieulefit et Benjamin restaient introuvables. La moitié de la brigade criminelle et autant de gardiens de la paix, au total une centaine d'hommes, avaient passé la crypte et le parking au peigne fin. Sans résultat. Le tueur et son otage s'étaient volatilisés.

Skolvan, épuisé dans ces souterrains lugubres, pollués par la puanteur des gaz d'échappement et par la musique sirupeuse, avait fouillé, parfois seul, parfois accompagné de policiers, chaque zone d'ombre, chaque coin sombre. Il débusqua dans une remise, sur un matelas infect empestant l'urine, un SDF. Il croisa à plusieurs reprises Dunoyer, affairé comme un chien fou, et lui en fut reconnaissant. Il écouta un moment les explications d'un technicien d'entretien du parking qui niait l'existence d'une connexion avec un tunnel de service du métro ou d'une ouverture sur les égouts de la capitale. Il se fit guider vers l'endroit où avait été découverte une basket d'adolescent. Elle n'appartenait pas à Benjamin. Les torches des inspecteurs balayèrent les environs sans rien trouver. Il demanda à Narval, débarqué en catastrophe, de faire ouvrir au pied de biche tous les coffres des voitures.

Le commissaire refusa. Une telle décision n'était pas de sa compétence.

Skolvan sentait une vague haineuse lui soulever la poitrine. Cette rage consumait ses dernières forces. Il ne pouvait pas croire que Dieulefit ait pu s'évaporer comme un mauvais génie. Il était forcément quelque part. Narval étala sur un capot les plans des schémas électriques et des gaines d'aération. Certaines étaient suffisamment larges pour contenir le corps d'un homme, a fortiori celui d'un adolescent. Des hommes de la brigade formaient un demi-cercle autour de leur patron. Hubert avait repris du service pour la circonstance, mais gardait ses distances. Skolvan perdit soudain patience.

– Qu'est-ce que vous attendez ? Foncez, bordel ! Allez voir dans ces putains de gaines !

– J'ai pas d'ordres à recevoir de vous ! beugla Narval avec colère. Si vous nous aviez donné l'identité du tueur, il se serait pas tiré comme un rat ! Maintenant, on est dans la merde !

– Ca, c'est vrai ! lâcha Hubert. Quelle connerie d'avoir amené ces deux débiles ici !

Skolvan bouscula un policier et sauta sur le capot. Ses pieds froissèrent les plans et enfoncèrent la tôle. Hubert n'eut pas le temps de lever les bras. Skolvan tomba sur lui de tout son poids. Ils roulèrent sur le sol. D'une main, Skolvan l'étranglait ; de l'autre, il lui défonçait le visage à la vitesse d'un marteau-pilon. Des bras le ceinturèrent et le cravatèrent pour l'obliger à lâcher prise. Traîné sur le sol, il ruait et se débattait comme un forcené. Le coup de talon d'un policier dans sa poitrine lui coupa le souffle et calma sa fureur.

Hubert se redressa et trouva un appui contre une portière. Son nez brisé saignait. Ses yeux étaient deux fentes tuméfiées. De ses lèvres éclatées bavait du sang. Il était sonné comme après un round de trop. Narval écarta les curieux.

– Oh, bon Dieu ! lâcha-t-il en découvrant la gravité des blessures.

Deux hommes cherchèrent à remettre le blessé sur ses jambes. Il refusa leur aide en grognant une injure.

– Appelez une ambulance ! cria Narval à la cantonade.

Hubert, brisé par la souffrance, humilié par les coups, se voûta contre la portière et mêla ses larmes au sang de son visage.

– Skolvan ! hurla Narval. Skolvan ! Nom de Dieu, où il est ?

Des dizaines de regards se croisèrent pour sonder les extrémités de l'allée.

– Quoi ? ! Vous l'avez laissé filer ? explosa le commissaire.

De rage, il donna un coup de pied dans un enjoliveur de roue qui sauta de la jante et alla se perdre sous une voiture. Le silence qui suivit parut à tous lugubre.

Skolvan s'était engouffré dans la première sortie de secours rencontrée et propulsé vers l'air libre. Des hommes de la Criminelle, en embuscade sur le parvis, le reconnurent sans chercher à le retenir.

Une heure auparavant, Dieulefit avait agi de même. Après avoir offert des gaufres aux garçons, au nez et à la barbe de Skolvan, il avait proposé à Benjamin un jeu de piste qui le mènerait sur les traces de Quasimodo. Il ne pouvait pas mieux tomber. Benjamin l'avait suivi avec une docilité d'esclave. Dieulefit avait d'abord entraîné l'adolescent dans les toilettes du musée archéologique, attendu que les premiers poursuivants, Skolvan en tête, dégringolent les étages du parking, et était ressorti sans hâte par un accès piétons discrètement aménagé dans le paysage du jardin public. Il avait même remarqué la silhouette d'Élisa qui lui tournait le dos et semblait pétrifiée au milieu de la foule ignorante du drame qui se jouait. Au moment où elle pivotait vers lui, il s'était laissé envelopper par le mouvement d'un groupe de touristes, ressemblant à un père, accompagné de son fils, en pèlerinage à Notre-Dame de Paris.

Skolvan courut récupérer sa voiture quai aux Fleurs. Il avait hâte de s'y réfugier pour laisser éclater son désespoir. Il dissimula son visage dans ses mains. Les sanglots le submergèrent. Le cauchemar de l'accident de Benjamin se répétait. Son fils, comme par le passé, se trouvait en danger de mort par sa faute. De longues minutes s'écoulèrent avant qu'il recouvre ses esprits et puise en lui le courage d'affronter la réalité.

Dieulefit n'était pas un kidnappeur ordinaire. Il avait tué Lallemand et Da Silva par provocation. L'enlèvement de Benjamin consacrait sa supériorité. Skolvan se força à l'optimisme. Si son fils n'avait pas été découvert dans un coin sombre du parking, la poitrine défoncée par un pieu, c'est qu'il était toujours vivant. Si le tueur avait pris le risque fou de le sortir de ce souterrain où les flics grouillaient comme dans une termitière, c'est qu'il avait l'intention de l'emmener dans une cache connue de lui seul. S'il avait décidé d'appliquer le rituel à la lettre, Benjamin disposait de quatre jours de sursis. Skolvan ignorait l'endroit où se terrait ce monstre, mais connaissait avec certitude le lieu des crimes. Il mit le contact et déboîta. Il savait ce qu'il lui restait à faire.

Il gara la Volvo loin de la péniche et poursuivit à pied en longeant la berge. Il progressa lentement en se tenant sur ses gardes. Une voiture marquée *Police* passa au ralenti. Il la vit s'arrêter à la hauteur d'une autre, banalisée, dans laquelle deux hommes attendaient. La toile se tissait autour de lui.

La péniche de sa voisine était abritée par les arbres. Les branches dénudées offraient une pauvre couverture, mais en restant dans le prolongement d'un tronc il pouvait passer inaperçu. Il se laissa glisser le long d'un bout et atterrit dans l'annexe. Anna le vit et ouvrit le hublot. Skolvan s'accroupit dans le fond de la barque et lui fit signe de se taire. Par gestes, il lui demanda de l'attendre du côté Seine.

Il contourna à la godille la poupe de la péniche. Anna l'attendait, la tête comiquement passée par un hublot.

– Vous avez su pour ce pauvre garçon ? dit-elle d'une voix sinistre comme si la peste s'était abattue sur la ville.

– Quel garçon ?

– Antonio !

– Non, je sais pas.

– Il a été tué, cette nuit, juste devant chez vous !

Skolvan dut faire un effort pour dissimuler son émotion. Ce garçon était peut-être mort par sa faute. Les liens avec le tueur se resserraient. Le moment où il allait se retrouver face à lui se rapprochait. Dieulefit ne cherchait rien d'autre que cette confrontation.

– Vous avez des détails ?

– Des détails ? s'exclama Anna avec horreur. Vous voulez des détails ? Mon Dieu, les policiers ne savent même pas ce qui s'est passé. Ils ont parlé d'une sorte de pieu dans sa poitrine. C'est affreux.

Anna, bouleversée, prit soudain conscience de la présence de Skolvan, debout dans son annexe, une main sur le bord du hublot.

– Pourquoi vous cachez-vous ?

– Je veux pas que les flics me voient.

– Il y a déjà quelqu'un chez vous, une jeune femme avec le copain de Benjamin.

Skolvan exprima son soulagement. Élisa avait eu la bonne idée de ramener Camille. Il se remit à godiller.

– Où est Benjamin ? lança Anna en se penchant davantage.

Il ne répondit pas.

Par le premier hublot donnant sur le salon, Skolvan ne vit personne. Au travers du deuxième, il aperçut les pieds d'Élisa qui dépassaient d'un canapé. Il frappa à la vitre. La jeune femme se leva d'un bond et se précipita pour ouvrir. Skolvan se glissa à l'intérieur et serra la jeune femme dans ses bras. Cette étreinte leur fit du bien. Il vit à l'autre bout du salon Camille, vautré dans un fauteuil et emporté dans un sommeil agité.

Élisa, blottie contre sa poitrine, entendait son cœur battre et captait sa respiration. Le sentant fort et calme, elle trouva le courage de poser la question qui lui brûlait les lèvres :

– Benjamin ?

Les yeux de Skolvan se voilèrent de larmes. Il la serra encore plus fort. Elle comprit que l'enfant n'avait pas été retrouvé.

– Il est... vivant ?

– Je l'espère, répondit-il avec effort.

– Qu'est-ce que tu vas faire ?

Il se détacha d'elle, révélant un visage imprégné d'une implacable dureté. Elle sentait en lui une violence, une force animales qui lui firent peur, et recula instinctivement dans un mouvement de défiance.

– J'ai deux solutions, annonça-t-il avec calme. Soit je laisse les flics s'en occuper et j'attends, le cul sur une chaise. Soit j'utilise ma méthode, celle que j'ai apprise à l'armée. À ton avis, laquelle est la bonne ?

– Je ne sais pas, murmura Élisa.

– Je vais coincer cet enculé !

Skolvan se rua dans la cuisine. Elle le vit ouvrir le réfrigérateur, sortir la chaussette et la retourner. Le chrome du Colt lui sauta aux yeux.

– Tu vas le tuer ? demanda-t-elle avec effroi.

– Il faut d'abord que je le trouve.

Skolvan avait les yeux rivés sur le pistolet. Il le soupesait comme pour en évaluer le poids et la qualité.

– C'est avec cette arme que j'ai tué Maillard.

Il releva vers elle des yeux cruels.

– Maillard a foutu ma vie en l'air. J'ai voulu comprendre pourquoi il s'était mis à égorger les prisonniers. J'ai voulu décortiquer les mécanismes qui l'avaient poussé à commettre ces meurtres. Voilà le résultat : cinq ans plus tard, je cours après un autre malade qui a kidnappé mon fils. Cinq ans pour en arriver là...

Skolvan coinça le Colt dans son pantalon, rabattit son pull par-dessus et se dirigea vers un meuble. Il en sortit son sac de voyage qu'il remplit d'un poncho, d'un bonnet de laine, d'une paire de chaussettes et de brodequins.

– Où tu vas ?

Skolvan retourna vers la cuisine.

– Sur une île de la Seine, à Villennes. C'est là que Dieulefit commet ses crimes. C'est là que je vais l'attendre.

Il ouvrit un placard et enfourna dans le sac un paquet de gâteaux, un sachet de raisins secs et une brique de lait. Puis il repassa devant Élisa sans la regarder. Il s'immobilisa face à la bibliothèque. Sa main tâtonna derrière un rayonnage et réapparut avec deux boîtes de balles calibre 11,43. L'une suivit le chemin des vêtements et des victuailles. L'autre disparut dans une poche de son blouson. Son regard tomba sur la photographie de Dieulefit au dos du livre *Les Prédateurs*. L'homme, debout sur un ponton, souriait. Skolvan arracha rageusement la couverture et la fourra dans le sac.

Élisa, au bord des larmes, ne le quittait pas des yeux. Elle aurait tant voulu le retenir.

– Heol...

Sa petite voix attira l'attention de Skolvan. Il lui adressa un sourire triste.

– J'ai peur, dit-elle en tremblant.

Il posa le sac et se rapprocha d'elle pour la prendre dans ses bras.

– Moi aussi, murmura-t-il à son oreille. Mais je n'ai pas le choix. Benjamin est ce que j'ai de plus beau au monde. Si je le perds, ma vie n'a plus de sens.

Serrant désespérément Élisa contre lui, son regard se perdit au-delà du hublot, sur l'île de Puteaux de l'autre côté de la Seine. Il revit la route, la nuit, sous la pluie ; les phares jaunes qui éclairaient les talus filant à toute vitesse ; le pont de pierre au bout du chemin comme un mur dressé, compact ; le virage au dernier moment...

– On était allés planter des épingles dans le nez de Saint-Guirec. J'avais bu. Benjamin avait cinq ans. Ma femme était à côté de moi...

Élisa, pelotonnée contre sa poitrine, retenait son souffle.

– Le virage est arrivé très vite. Il y avait un pont. Je n'ai pas pu l'éviter. Je l'ai percuté de plein fouet. J'ai été éjecté. Je n'avais rien ou presque. Katel et Benjamin étaient restés dans la voiture. J'ai rampé vers eux. Ma femme était morte et mon fils dans le coma...

Élisa ressentait à chaque mot les imperceptibles crispations des muscles de Skolvan. Ses tympans vibraient au son de sa voix comme lorsque, petite fille, elle gardait l'oreille collée contre la poitrine de son père.

– Benjamin... Benjamin avait explosé les deux vitres latérales avec sa tête. Il saignait du nez et des oreilles.

Élisa ferma les yeux. Le froid intérieur qui l'avait saisie ces dernières heures envahissait de nouveau ses membres. Elle aurait voulu crier.

– Il est resté longtemps dans le coma. Et puis un jour, il est revenu. Il ne se souvenait de rien, pas même que j'étais son père. Les mois ont passé. Je me suis engagé dans l'armée. Une idée un peu romantique, une tradition aussi. Dans ma famille, il n'y a que ça, des militaires et des curés...

Élisa avait senti fuser dans la poitrine de Skolvan un petit rire moqueur qui l'aida à se détendre.

– Benjamin a fait des progrès. Moi aussi. On a commencé à se voir les week-ends, à se reconnaître, à se chercher, à s'aimer...

Skolvan s'écarta d'Élisa et plongea son regard dans le sien.

– Il faut que je le retrouve.

Élisa prit le visage de son amant entre ses mains et déposa un tendre baiser sur ses lèvres.

– Prends soin de toi, le supplia-t-elle.

Skolvan le lui promit dans un pâle sourire.

– La voisine s'appelle Anna. C'est une brave femme. Demande-lui de s'occuper de Camille.

Il lui caressa furtivement la joue et empoigna le sac de voyage. Il le lança par le hublot dans l'annexe et disparut en un clin d'œil comme s'il s'était jeté à l'eau.

Le Bois de Boulogne grouillait de policiers. Skolvan se doutait que l'immatriculation de sa Volvo avait été communiquée à toutes les voitures qui patrouillaient. Il repéra un barrage et s'enfuit en sens inverse. Des motards surveillaient le flot des véhicules qui empruntaient le pont de Saint-Cloud en direction de l'autoroute de l'Ouest. Il rebroussa encore chemin sans être inquiété. Il pensa qu'il valait mieux éviter les artères trop fréquentées et rouler comme un retraité par les rues paisibles de la banlieue.

Le plan des communes de l'ouest de Paris ouvert sur le siège passager, Skolvan conduisait en ruminant les indices dont il disposait. Peu de chose en vérité. Si Dieulefit respectait le rituel, il emmènerait Benjamin dans cette cabane sordide au cœur de l'île déserte. L'espoir était mince, mais il s'y accrochait comme un naufragé. Son poing écorché contre les dents de Hubert serrait le volant.

Les feux tricolores à un carrefour passèrent du rouge au vert. Il accéléra. Au milieu du croisement, il sentit une masse noire bondir sur sa gauche. Une Mercedes percuta la portière de son côté. Il ressentit le choc en même temps que le bruit sourd de la tôle emboutie. Le silence qui suivit lui rappela cruellement le souvenir de l'accident. Il frappa de rage sur le tableau de bord. Ce n'était pas le moment d'avoir un accrochage.

Il fit sauter sa ceinture de sécurité, se heurta à sa portière bloquée et dut s'extraire du côté passager. Un bricoleur du dimanche aurait compris que la Volvo n'irait pas plus loin. La roue battait de l'aile, le bras de direction était faussé. L'autre véhicule ne valait guère mieux. La calandre était défoncée et le radiateur pissait dru sur le macadam.

Les portières de la Mercedes s'ouvrirent. Skolvan comprit au premier coup d'œil que les deux hommes

qui en sortaient étaient des voyous en costumes de flanelle et cravates de soie. Le conducteur, le visage cramoisi, pointait un doigt accusateur vers lui.

– Connard ! vociféra-t-il. Tu as de la merde dans les
yeux ou quoi ?

Le passager, les cheveux noirs et gluants de
Gomina, contournait en courant l'arrière de la voiture
pour se porter au-devant de Skolvan.

– Tu es passé au rouge, pédé !

– C'est vous qui êtes passés au rouge !

– Ta gueule, tête de mort ! hurla le conducteur.

Il avança d'un pas menaçant. Sa tête partit en
arrière sous le coup de poing que Skolvan lui assena.
Le deuxième l'atteignit à la gorge. Il glissa sur le sol
comme un sac. Son collègue ne sut pas se protéger à
temps. Skolvan l'agrippa par la nuque et lui écrasa le
visage contre le capot. Le bruit sonna creux. Des perles
de sang giclèrent sur la peinture noire, composant des
rigoles du plus bel effet. L'attaque de Skolvan fut si
soudaine que les chauffards n'eurent pas le loisir de se
plaindre.

Skolvan lâcha son adversaire qui se vautra sans
connaissance sur son collègue. Il essuya sa main poisseuse de gomina sur la flanelle du costume et se
redressa face à des badauds ébahis. Une dame, pétrifiée, tenait en laisse un caniche qui s'oubliait sous lui
comme une chienne sénile. Skolvan repéra à l'étage
d'un pavillon un riverain pendu au téléphone. Il était
temps de filer. Personne n'osa le retenir.

Après avoir dégringolé une rue bordée de pavillons,
Skolvan se rendit compte qu'il avait oublié le sac de

voyage dans le coffre de la Volvo. Il fit demi-tour au pas de course. L'attroupement avait grossi. Un des protagonistes de l'accident s'était relevé. L'autre trempait toujours dans l'eau fumante du radiateur éventré. Skolvan s'immobilisa en entendant une sirène de police, si proche qu'il la crut dans son dos. La voiture déboîta d'une rue perpendiculaire et remonta à toute allure vers le carrefour. Skolvan rebroussa chemin. Il devrait se passer de son sac.

Il se fit pincer dix minutes plus tard à l'intersection d'une route nationale. Un car de police chevauchait le trottoir dans une allée adjacente. Les agents à l'intérieur du fourgon cherchaient à coincer les automobilistes qui ne respectaient pas un stop. Skolvan les vit trop tard. Les témoins du pugilat avaient donné de lui un signalement si précis que les gardiens jaillirent du car comme un seul homme en vociférant. Skolvan n'opposa pas de résistance. Les agents le collèrent contre la grille d'un pavillon et le fouillèrent. Le délit de fuite, évoqué par l'un d'eux, prit soudain une autre tournure lorsqu'ils mirent la main sur le Colt 45. Skolvan, gardant son sang-froid, leur demanda de contacter le commissaire Zeman de la brigade criminelle. Le chef qui menait le groupe, enchanté de sa prise, crut malin d'ironiser sur ses propres relations. Quelqu'un dans sa famille connaissait de loin le garde des Sceaux. Quand on se balade avec un Colt coincé dans le pantalon, il est préférable d'avoir une personnalité dans la manche… Skolvan fut menotté et poussé dans le fourgon.

Ses menottes ne furent ôtées qu'une fois transféré sous bonne garde dans une cellule du commissariat central. On ne lui laissa aucune chance de s'expliquer. La grille refermée à clé, les gardiens disparurent. S'il ne manifestait pas bruyamment sa présence, sa détention risquait de durer des heures. Il se mit à crier.

Un skinhead au teint de cadavre et aux joues creuses, assis sur une banquette dans son dos, lui demanda grossièrement de la fermer. Skolvan se retourna et lui colla une gifle magistrale pour lui apprendre le respect. Sonné, le skinhead n'eut pas le temps de recouvrer ses esprits. Skolvan l'arracha du banc et lui encastra le visage entre deux barreaux. Le bras tordu dans le dos, il n'avait plus qu'à implorer la pitié. Skolvan remarqua que ses doigts, comme ceux de Robert Mitchum dans *La Nuit du chasseur*, étaient tatoués sur le devant des phalanges. Mais il ne s'agissait ni de *Love*, ni de *Hate*, mais de croix gammées. Il approcha ses lèvres de l'oreille du nazillon et lui dit méchamment :

– Vas-y, gueule ou je te pète le bras !

Le skinhead n'eut pas besoin de forcer sa nature. Il se mit à hurler de terreur et de douleur. Deux gardiens apparurent au bout du couloir.

– Tu vas la fermer ! dit l'un d'eux.

– Oh, merde ! dit l'autre en découvrant le skinhead, la bouche tordue et les tempes meurtries par les barreaux.

– Appelez Zeman, le patron de la Criminelle, et dites-lui que je suis là !

– Lâche-le d'abord !

– Bouge ton cul ! hurla Skolvan, ou je lui casse les doigts un à un !

– Lâche-le, je te dis !

Un bruit sec comme une brindille qui se brise glaça de stupeur les deux policiers. Le skinhead se mit à hurler à la mort.

– Putain, il m'a pété le doigt ! Il est cinglé, ce mec ! Faites ce qu'il vous dit !

– Alors, je continue ? demanda Skolvan avec froideur.

– On en a rien à foutre de cette tapette ! lâcha l'un d'eux.

Le même craquement résonna désagréablement à leurs oreilles. Le skinhead couina comme une bête. Il se mit à sangloter.

– Va chercher le commissaire ! lança, affolé, le gardien à son collègue.

Le face-à-face entre l'agent et Skolvan dura une éternité pendant laquelle le skinhead ne cessa de geindre. Skolvan ne relâcha pas sa pression sur son crâne rasé, douloureusement encastré entre les barreaux, et sur son bras tordu dans le dos.

Un homme, les manches de chemise retroussées et le nœud de cravate ramolli, arriva enfin. Son ventre débordait du pantalon.

– Bon, maintenant, tu lâches ce type…

Le commissaire ne termina pas sa phrase. Pour la troisième fois, le sinistre craquement de l'os brisé vrilla leurs tympans. Le skinhead ne put retenir un hurlement atroce.

– Ouvrez cette cage ! ordonna le commissaire.

Les gardiens mirent Skolvan en joue avec leurs armes et ouvrirent la cellule. Le skinhead fut abandonné à sa douleur sur le banc et Skolvan conduit sous escorte vers un téléphone.

Zeman récupéra Skolvan avec plaisir. Ce psychologue imprévisible, à l'âme de guerrier et aux mœurs
de sauvage, appartenait à cette catégorie d'hommes
qu'il aimait. De plus, la disparition de son fils le poussait à lui accorder des circonstances atténuantes,
même si cette indulgence pouvait paraître suspecte
aux yeux de sa hiérarchie. Elle n'était pas près d'oublier qu'un de ses fonctionnaires était à l'hôpital avec
une fracture du nez. Zeman se dit qu'une phrase de
reproche bien sentie, devant témoins, serait au moins
à porter à son crédit :

– Vous êtes comme Attila ! Quand Skolvan passe,
tout le monde trépasse !

Cette bienveillance de Zeman choqua les policiers
présents. De plus, la situation ne prêtait pas à rire, pas
même à sourire. Depuis l'enlèvement de Benjamin,
des heures précieuses s'étaient écoulées. Prisonnier du
quai des Orfèvres, Skolvan considérait qu'il était de
retour à la case départ. De son côté, la police, même
si elle n'avait pas ménagé sa peine, n'avait pas pro-
gressé. La vie de ce professeur d'histoire était passée
au crible, mais ce travail de fourmis allait prendre des
jours. L'immeuble où il demeurait comportait une
double issue. Les inspecteurs chargés de sa « protection » avaient surveillé un appartement vide. Sa mise à
sac n'avait apporté aucun indice nouveau.

Zeman jouait nerveusement avec le Colt 45 posé à
plat sur le sous-main de son bureau, le tournant dans
un sens, puis dans l'autre avec une régularité
maniaque. Il se rendait compte que Skolvan, effondré
dans un fauteuil, était dévoré par l'angoisse.

– Comment a-t-il fait pour nous échapper ? demanda le commissaire. On quadrillait la place !

Le filet de voix qui sortit de la bouche de Skolvan contraignit les hommes présents au silence.

– Je vous ai déjà dit que les psychopathes sont d'une audace incroyable. Une nuit, Dahmer, le Cannibale de Milwaukee, a laissé échapper une de ses victimes. Vous savez où il l'a récupérée ? Au commissariat de police...

Le silence devint poisseux.

– Les flics ont cru à une querelle d'homosexuels. Ils ont laissé Dahmer repartir avec ce pauvre garçon. Quand ils se sont rendu compte de leur méprise, le foie et les reins du gosse rissolaient dans une poêle.

Les hommes exprimèrent leur dégoût par des exclamations scandalisées. Zeman ne se laissa pas impressionner. Il en avait entendu et vu d'autres. Il se coucha presque sur son sous-main pour donner du poids à ses interrogations.

– Quelles sont nos chances de retrouver votre fils ?

– Vivant ?

La lucidité de Skolvan ébranla tout de même le commissaire qui n'osa pas répondre.

– Si Benjamin se montre docile, poursuivit Skolvan, il l'exécutera dans trois jours. Sinon, il est déjà mort...

– Pourquoi trois jours ?

– Parce que les Indiens font tout par quatre et qu'on a déjà perdu une journée : quatre jours de jeûne, quatre jours de danse, quatre jours de souffrance...

Zeman passa une main fébrile sur son front pour se convaincre qu'il ne rêvait pas.

– Que se passe-t-il pendant ces quatre jours ?

– Il va l'honorer, le préparer au rituel, lui peindre le corps. Ensuite, avec un couteau, il va lui percer la peau et lui enfoncer des broches dans la poitrine.

Narval, les fesses au chaud sur le radiateur, écoutait Skolvan en se demandant à quel siècle il appartenait et dans quel monde il vivait.

– Ensuite, il va le suspendre pendant des heures à la fourche d'un arbre. Il va chanter. Il va danser. Il va taper sur un tambour pour l'encourager.

– D'accord, on a compris.

Zeman ne cherchait qu'à épargner Skolvan, mais celui-ci projetait mentalement les images terrifiantes du calvaire programmé de son fils. Il ne voyait rien ni personne. Parti vers cette île, il était tapi dans un coin de cette hideuse cabane et assistait, impuissant, au supplice de son enfant.

– Benjamin ne pèse rien. Alors, il va inciser ses mollets, ses cuisses, et y accrocher des crânes. Il faut que les broches de la poitrine s'arrachent d'elles-mêmes...

– Ça suffit, je vous dis ! Taisez-vous maintenant !

Skolvan eut un battement de paupières et fixa le commissaire comme s'il le découvrait. Soudain, il écarquilla les yeux, comme frappé par une illumination.

– Je sais avec quoi il tue ses victimes ! s'exclama-t-il, le souffle coupé. Il utilise un natoas !

– Je vous demande pardon ?

– Un bâton à fouir. J'en ai vu un au musée de l'Homme.

Zeman ne put retenir un frisson d'épouvante. Il

venait de comprendre que Skolvan avait assisté par l'esprit à la mise à mort de son fils.

Un officier fit irruption.

– Patron, on a une piste ! Un appartement, rue de Varenne !

Skolvan, Zeman et Narval se dressèrent en même temps.

– Il est au nom de sa mère, qui est morte il y a six ans. Une voiture est déjà partie en éclaireur.

– Pas d'intervention sans mon ordre ! clama Zeman en ouvrant le tiroir de son bureau pour récupérer son arme.

Le commissaire croisa le regard anxieux de Skolvan.

– Vous venez avec nous !

Skolvan lui en fut reconnaissant. Zeman, pressé d'entraîner dans son sillage les hommes présents, oublia le Colt 45 sur le bureau. Dans un geste vif qui échappa aux regards, Skolvan s'en empara et le coinça dans son pantalon. Il rabattit son pull par-dessus et quitta la pièce en dernier.

Un groupe de la brigade anticommando avait été constitué à la hâte. Les hommes étaient équipés de treillis et de cagoules noirs. Un gilet pare-balles complétait leur panoplie. Skolvan renonça à leur expliquer que les psychopathes offrent généralement peu de résistance au moment de leur arrestation. Épouvantés au contraire à l'idée d'une quelconque violence exercée contre eux, ils se transforment en moutons de peur des coups et de la souffrance.

Un policier, encagoulé et armé d'un bélier, défonça

la porte de l'appartement de Dieulefit en trois coups bien sonnés. Les acteurs se ruèrent l'arme au poing à l'intérieur. En coulisses, Skolvan, Zeman, Narval et des figurants attendaient. Un policier revint sur le palier. Il arracha sa cagoule et prévint le divisionnaire que la voie était libre : l'appartement était inoccupé.

Lorsque Skolvan entra dans le salon, il comprit qu'il venait de pénétrer dans l'antre du monstre, son lieu secret, l'endroit où il laissait libre cours à son imaginaire torturé et à ses fantasmes pervers. La décoration reflétait jusqu'au malaise la personnalité du tueur : murs tendus de tissus or, boiseries et plafond peints en laque noire, mobilier Chesterfield en cuir rouge. Skolvan se serait cru dans l'univers lugubre et décadent d'un bordel de l'Ouest américain du début du siècle. Des huiles figuratives, accrochées aux murs, accentuaient ce sentiment de décalage dans le temps. Elles appartenaient pour la plupart à l'école du *Western Art*, genre pompier d'un autre âge qui exaltait le courage et l'intrépidité des pionniers de la Conquête en lutte contre la nature et les Indiens. Une gigantesque toile partageait un mur avec une bibliothèque en bois d'acajou. Elle représentait une mêlée confuse, un écheveau sanglant de corps tordus de douleur, percés de flèches et de balles. Skolvan lut sur la plaque de cuivre clouée au bas du cadre : *Battle of Little Big Horn*.

Les policiers s'affairaient, empilant dans des cartons tout ce qui leur paraissait intéressant ou suspect. Skolvan déambulait comme l'homme invisible au milieu de cette activité bourdonnante. Livré à lui-même, il pénétra dans la chambre à coucher tapissée de crêpe noir. Face au lit en fer forgé, une immense reproduction écrasait la pièce et la rendait aussi morbide qu'un caveau. Skolvan connaissait cette œuvre peinte par un artiste italien de la Renaissance, Andrea del Sarto. Elle représentait le sacrifice d'Abraham. Le maniérisme empesait la peinture. La solennité du geste d'Abraham sur le point d'égorger son fils, Isaac, soulignée par le rouge sang de sa tunique, accentuait encore le classicisme de l'œuvre. Le délire schizophrénique de Maillard en Somalie avait poussé Skolvan à s'intéresser à l'histoire mythique d'Abraham, père supposé fondateur en Palestine du judaïsme, du christianisme et de l'islam. Ce syncrétisme semblait commun aux deux hommes, même s'ils bâtissaient leurs crimes rituels sur des croyances archaïques différentes.

Skolvan repéra sur la table de chevet la collection complète des textes édités par le ministère de la Défense. Les communications scientifiques dont il était l'auteur figuraient en bonne place. Il en avait assez vu. Il se retira sur la pointe des pieds.

Une bruine givrante, accompagnant la fin du jour, semblait s'installer pour la nuit. Skolvan se retrouva sur le trottoir. Personne ne lui porta la moindre attention. Sans se retourner, il s'éloigna dans la rue de Varenne, le dos rond, les poings dans les poches. Il emprunta la première artère transversale et tomba sur une station de taxis.

Le chauffeur était taciturne. Il l'emmena en banlieue, à l'endroit où la Mercedes avait percuté la Volvo. Sa voiture avait été poussée le long d'un trottoir. L'autre véhicule avait disparu, sans doute enlevé par une dépanneuse. Le sac de voyage se trouvait toujours dans le coffre. Skolvan le récupéra avec satisfaction en rajoutant une torche électrique et un couteau commando qu'il conservait dans la trappe de la roue de secours.

Les tôles déchiquetées de la casse de Gab Lucas semblaient s'agiter dans un ballet dément sous la lumière froide d'une lune prise dans le halo bruineux. Skolvan paya grassement le chauffeur qui, sans sourciller, avait accepté de le conduire en pleine nuit si loin de Paris. Le ferrailleur, alerté par le taxi qui s'éloignait, apparut, précédé du faisceau d'une lampe et de l'aboiement d'un chien. Skolvan, le sac au bout du bras, attendait.

– Ah, c'est toi ! fit Lucas, soulagé.

Il avait revêtu un kimono en viscose noire d'un goût douteux et tenait au bout d'une ficelle une chienne bâtarde aussi laide que La Glue. La lumière de la torche accrocha le sac.

– Tu emménages ? s'exclama-t-il en riant. Tu vas pas être déçu : vue imprenable, confort super, télé couleur ! La bouffe, c'est pas terrible, mais j'ai quelques bonnes bouteilles ! Ah oui, c'est vrai, tu bois pas...

– J'ai besoin de ta barque.

– Je me disais aussi... Pas de problème, mon prince, elle est à toi.

Il récupéra la chienne frémissante, la cala sous un

revers de la robe de chambre pour la tenir au chaud et exécuta un demi-tour comique. Ses pieds, glissés dans des mules avachies, menaçaient de s'échapper à chaque pas. Skolvan découvrit avec amusement dans le dos de la tunique la représentation terrifiante d'un dragon écailleux dont le crachement de feu lui brûlait les reins.

– Tu as vu, j'ai une nouvelle copine ! dit-il avec fierté en perçant la nuit du faisceau de sa lampe électrique.

– J'ai vu… Tu as aussi un kimono d'enfer.

– Ouais, c'est un cadeau de la taupe que j'ai hébergée. Elle m'appelait son Fu Manchu. Devant les clients, ça la foutait mal. Tu sais comment je l'appelle ?

– Qui ?

– Ma chienne.

– Non.

– La Glue II, comme le souverain pontife ! D'ailleurs, elle est aussi rare que le foutre d'un pape ! Hein, La Glue II, que tu es une bonne Glue !

L'homme et l'animal se léchèrent mutuellement le museau. Skolvan fouilla dans le sac et lui tendit la photographie de Dieulefit.

– Tu le connais, ce type ?

Lucas ramena la torche sur la couverture du livre.

– Jamais vu. C'est un collègue à toi ?

Skolvan se garda de répondre. Il marchait obstinément vers le fleuve dont il commençait à sentir l'odeur fade et écœurante. La barque était amarrée au bout d'un ponton branlant. Skolvan jeta le sac dans l'embarcation et s'installa près du moteur.

– La nuit, tu vas te vautrer dans la vase. Tu veux pas attendre demain ?

– T'inquiète pas pour moi, répondit Skolvan en tirant sèchement le cordon de démarrage.

Le moteur hoqueta et lâcha un vent bleuté qui sentait le gasoil.

– Si ça va pas, je t'envoie une fusée de détresse, cria-t-il en s'éloignant vers le milieu du fleuve.

La nuit jeta sur lui un grand voile sombre. Lucas osa un geste de la main qui ressemblait à un au revoir.

Skolvan se vautra effectivement dans la vase. Il pesta en s'arrachant au cloaque nauséabond de la berge, mais préféra ne pas allumer sa torche de crainte de trahir sa présence. L'approche vers la cabane se déroula dans les règles de l'art militaire. En vain. La place était déserte. Rien ne permettait de soupçonner la venue de quelqu'un depuis sa visite avec Lucas. Il décida de s'installer pour la nuit. Le poncho lui servit de protection sur le sol humide. Il se coiffa du bonnet de laine, doubla ses chaussettes et abandonna ses mocassins ruinés au profit des brodequins. Assis en tailleur, le pistolet chargé à portée de main, il put enfin avaler des raisins secs et boire du lait. Il ferma les yeux pour se concentrer sur l'image de Benjamin qu'il espérait vivant, quelque part, non loin de cette île sordide où le tueur, selon toute vraisemblance, l'amènerait avant le quatrième jour.

Mercredi 24 décembre

Mauvaise nuit pour Élisa. Elle avait cherché le sommeil avant de connaître, à bout de fatigue, cet instant de flottement délicieux qui précède la perte progressive de conscience et l'oubli vertigineux de la vie. Il était maintenant près de cinq heures du matin. Elle venait d'entrer dans une phase paradoxale qui l'agitait beaucoup. Elle gémissait comme si un mal inconnu lui griffait les entrailles. Tigrou, en quête de chaleur, pelotonné entre un pli de la couverture et le corps de la jeune femme, ne dormait cependant que d'un œil de peur de prendre un mauvais coup. Par contre, la tragédie de la veille n'avait pas particulièrement ému Camille. Comme à son habitude, il s'était laissé embarquer vers des contrées lointaines hantées du seul Morphée. Les policiers à l'extérieur comptaient les heures. Ils ne croyaient plus qu'un événement puisse venir perturber cette fin de nuit. À intervalles réguliers et à tour de rôle, ils bravaient le froid pour inspecter les abords de la péniche. Leurs rondes terminées, ils retrouvaient avec plaisir la voiture surchauffée.

Personne ne se doutait que le tueur s'apprêtait à frapper de nouveau. Assis au fond d'un canot en aluminium, Dieulefit avait longtemps navigué dans le sillage d'une péniche qui remontait la Seine. Le bruit des deux moteurs se confondait. L'habitation de Skolvan lui apparut dans la lueur blafarde de la lune. Il réduisit les gaz et laissa glisser la barque qui vint cogner la paroi. Pas le moindre falot ne brillait. Il aurait pu croire qu'elle était inhabitée. Son sourire se fit cruel lorsqu'il découvrit un hublot du salon resté entrouvert. Il l'atteignit en godillant.

Élisa, espérant le retour de Skolvan dans la nuit, avait volontairement laissé le hublot ouvert. Dieulefit s'engouffra dans cette brèche comme une maladie secrète.

Une fois dans la place, il savoura sa puissance. Pénétrer le domaine privé de Skolvan lui procurait une telle excitation qu'il sentit une irrésistible pulsion battre entre ses cuisses. Ses yeux s'accoutumèrent peu à peu à l'obscurité. Il osa un pas vers le bureau. L'ordinateur était allumé. La lumière du repos d'écran bavait sur la statuette érotique. Dieulefit retroussa ses babines dans un sourire de vampire. Ses pupilles dilatées s'arrêtèrent sur son livre dont la couverture était déchirée et exprimèrent de la colère. Plus loin, elles accrochèrent les portraits des cinq cadavres fixés au mur et montrèrent de l'étonnement. Dieulefit semblait ne plus se souvenir où il avait vu ces visages. Soudain, il traversa le salon en diagonale pour se rendre dans la cuisine.

Des couteaux, aimantés par les lames, pendaient, manches en bas. Il choisit celui destiné à désosser le gigot et se dirigea comme un chat vers le couloir des chambres.

Élisa, saisie par un sombre pressentiment, se redressa. Trop tard. Dieulefit, debout sur le lit, les jambes de part et d'autre de son corps, s'assit brutalement sur son ventre et lui appliqua la lame de boucherie sur la gorge.

– Alors, on couche dans le lit du maître ? susurrat-il dans un sourire effrayant. N'aie pas peur, mourir n'est rien. C'est vivre qui est difficile. Où est mon cher ami Heol ? Heol, quel magnifique prénom ! Il t'a expliqué le sens de ce mot ?

Élisa suffoquait. Elle roulait des yeux immenses et battait des bras comme une noyée. Le monstre pesait sur son abdomen. Il était la pierre accrochée aux pieds du suicidé, le corps mort qui marque l'emplacement de la barque dans le port, l'entraînant inexorablement vers le fond. Elle ne discernait déjà presque plus son visage. L'air lui manquait. Elle s'entendait pousser des couinements de souffrance. Dans un instant, elle allait perdre connaissance. Cette extrémité lui apparut comme une chance d'échapper à la conscience de la mort. Dans le même temps, elle eut honte de sa lâcheté et de sa faiblesse. Elle cambra les reins dans un ultime sursaut de résistance et se mit à hurler.

– Chuuut, fit-il sans se départir de son calme. Tu t'épuises et tu m'énerves. Ce n'est bon ni pour toi ni pour moi.

Elle comprit la vanité de cette rébellion et se laissa sombrer. Des sanglots convulsifs la submergèrent. Elle pleurait comme une petite fille qu'un père autoritaire aurait enfermée dans sa chambre sans lumière. Dieulefit, excédé par ses larmes, lui empoigna les cheveux et lui enfonça la tête dans l'oreiller.

– Tu es plus loquace quand tu me parles de tes Indiens dégénérés ! Ces gros pleins de bière, ces renifleurs de colle, ces épaves vérolées ! Pourquoi tu n'aimes pas les miens ? Ils sont si beaux, si fiers, si purs ! Ils ont des corps magnifiques, des ventres musclés, des cuisses solides. Ça ne t'excite pas, ces hommes superbes ? Dis, réponds, salope !

Élisa sentit pour la première fois le tranchant de la lame sur sa gorge. La peau lui piquait. Elle comprit avec horreur qu'elle était entaillée. Elle ferma les yeux et s'offrit en sacrifice. Dieulefit, surpris de cet abandon, la fixa avec curiosité.

– Tu sais que tu me fais penser à un garçon ?

Une ombre furtive et menaçante dansa sur le mur. Dieulefit se retourna. Le panneau de la collection d'hameçons et de harpons l'atteignit en plein visage. La surprise, plus que la force du coup, le fit chanceler. Camille, son forfait accompli, se replia en sautant comme un cabri. Avant que Dieulefit ait eu le temps de réagir, l'adolescent s'était réfugié dans sa chambre.

Le tueur se rua en hurlant vers la porte hérissée de boulons en acier et s'y cogna. Dans son dos, celle d'Élisa claqua avec violence. La jeune femme avait su saisir sa chance. Libérée du poids de Dieulefit, elle avait bondi sur la serrure pour la verrouiller. Les deux chambres de la péniche étaient conçues à partir de cuves à mazout de cent mètres cubes dans lesquelles Skolvan avait fait percer des portes et des hublots. Le couteau de boucher se révéla une arme dérisoire pour forcer cette boîte aux parois en acier d'un centimètre d'épaisseur. Même les coups répétés d'une masse d'armes n'y seraient pas parvenus. Dieulefit s'excita toutefois contre elle, ne réussissant qu'à briser la pointe de la lame. Il jeta le manche à terre pour se préoccuper des hurlements que poussaient Élisa et Camille. Leurs cris, de nature différente, l'étonnèrent. La jeune femme, de toute évidence, piquait une crise de nerfs. L'adolescent, de son côté, appelait au secours à sa manière, en braillant comme un goret qu'on saigne. Ses vociférations auraient ébranlé les âmes les plus endurcies.

Dieulefit n'avait jamais rien entendu d'aussi épouvantable. Il recula vers le salon en se disant que l'être capable de hurler de la sorte n'était pas humain. Le faisceau d'une torche électrique traversa un hublot et balaya le salon. Les hurlements déments de cette créature avaient fini par alerter les policiers. Lorsque le balayage de la lumière s'arrêta sur lui, il se précipita vers le hublot resté ouvert côté Seine et se coula à l'extérieur. Il ne se laisserait pas prendre avant d'avoir achevé son œuvre.

Skolvan se réveilla en sursaut. Par l'ouverture du toit, il vit les premières lueurs de l'aube qui chassaient la nuit. Sa montre indiquait presque huit heures. La fatigue avait fini par le terrasser. Il s'en voulait de s'être assoupi. Il étendit les jambes en grimaçant pour lutter contre l'ankylose de ses articulations. Le froid le transperça. Il fallait bouger. Debout, il vida la brique de lait d'un trait et se bourra de biscuits.

La tenture putréfiée qui masquait l'ouverture lui

resta dans la main lorsqu'il l'écarta pour sortir. Il fit face au bois silencieux. Le fouillis des branches dépourvues de feuilles autour de la cabane lui apparut dans la lumière sale du petit matin comme un rouleau de fils barbelés inextricables. Le découragement lui sauta à la gorge et, telle une bête sauvage, il laissa échapper une plainte de désespoir. Dieulefit ne s'était pas montré. Une nouvelle journée de tortures commençait pour Benjamin. Comment le retrouver ? Était-il seulement encore vivant ? Cette impuissance à sauver son fils le désespérait. Il haïssait son incompétence, se sentait paralysé, englué. Dos à la cabane, il restait pantelant, les bras ballants, les yeux hagards dans cette clairière sinistre, au milieu de cette île déserte. Comment avait-il pu être assez fou pour croire que Dieulefit allait amener Benjamin dans cet endroit ?

Au même moment, les policiers se posaient la même question. Narval et ses hommes avaient investi la péniche de Skolvan. Ils étaient penchés sur une carte de la région parisienne. Le commissaire avait les traits tirés. La nuit avait été courte. Il se rongeait l'ongle du pouce en fixant Dunoyer d'un air absent et en soliloquant :

– Putain, c'est débile. Pourquoi faire tout ce chemin pour écorcher un mec ? Dunoyer, vous y êtes allé, vous, dans cette île ?

– Non, dans la casse, juste en face.

Narval jeta un coup d'œil à Élisa. La jeune femme était recroquevillée sur le canapé, les jambes repliées contre sa poitrine. Son visage livide et son regard fixe prouvaient qu'elle n'était pas encore revenue de l'enfer. Un médecin terminait de lui poser une compresse sur son entaille au cou. Le commissaire eut un élan de compassion. Il avait inspecté la chambre, vu les draps souillés de boue et de sang, les hameçons et les pointes de harpons éparpillés. Cette femme était vraiment passée tout près de la mort. La trouvant dans un tel état de choc, il avait craint de ne pas réussir à lui soutirer la moindre information. Elle avait fini par ânonner : Heol... sur une île... à Villennes... Narval reporta son attention sur ses hommes qui attendaient les ordres.

– Appelez la brigade, commanda-t-il à un officier, porteur d'un téléphone cellulaire.

Le policier composa le numéro et lui tendit l'appareil.

– Narval... Voilà le topo : Skolvan serait sur une île à Villennes...

Il réclama de la main la carte routière que Dunoyer lui remit avec empressement.

– Villennes, dans les Yvelines. Il y a une casse de bateaux. Le déchireur de péniches s'appelle Gabriel Lucas... Oui, je sais que vous savez... On quitte l'autoroute A13 à Orgeval et on suit la départementale 154 jusqu'au domaine du ferrailleur. Ensuite, il y a un chemin de terre. L'île est juste en face.

Dunoyer confirma d'un hochement de tête.

– Rendez-vous là-bas au galop ! Je veux le grand numéro du cirque Pinder : hélico, brigade fluviale et tout le bordel ! Compris ?... Comment ça, Bison futé ?

Narval crut à une blague.

– J'en ai rien à foutre du réveillon de Noël ! beugla-t-il. Si ça coince, faites ouvrir l'autoroute par des motards !

Narval raccrocha et rendit le téléphone à son propriétaire.

– Allez, c'est parti !

Il se heurta à un inspecteur qui paraissait embarrassé.

– Et le môme, qu'est-ce qu'on en fait ? Il refuse toujours de sortir de sa chambre.

– Et alors, il est bien là, non ? Quand il aura faim, il
sortira !

Narval contourna le policier et sonna le signal du
départ au pas de charge. La galopade dans l'escalier
central ne réussit pas à sortir Élisa de sa torpeur. Un
psychologue et un policier restaient à son chevet.

Skolvan s'était résolu à agir. Il se laissait porter par
le courant dans la barque de Lucas. Le moteur
consommait si peu qu'il aurait pu descendre la Seine
jusqu'au Havre. Il tourna d'abord autour de l'île, puis
élargit sa recherche en naviguant vers l'aval. Il croisa
d'énormes péniches chargées de sable qui remontaient
le fleuve. Elles provoquaient de dangereux remous qui
risquaient de le faire chavirer et le contraignaient à
serrer la rive au plus près.

Depuis peu, il se trouvait sur la commune de Triel-
sur-Seine. Les belles demeures se succédaient au
milieu de jardins proprets et d'espaces verts bien
entretenus. La rive en friche d'une propriété attira son
attention. Des orties géantes, desséchées par la rigueur
de l'hiver, se disputaient les abords d'un parc avec des
ronces arrogantes. Un ponton vermoulu, rongé par le
temps, ne résisterait sans doute pas à la prochaine
crue. Cependant, une barque en aluminium flambant

neuve éveilla les soupçons de Skolvan. Il entr'aperçut, derrière des arbres centenaires, une imposante maison aux volets clos. Il coupa le moteur dans un geste instinctif et se laissa glisser jusqu'au ponton. Il le heurta en douceur et se maintint d'une main tandis que de l'autre il fouillait son sac.

Lorsque Skolvan compara la structure en bois de l'appontement et la construction de la demeure lointaine à la photographie de la quatrième de couverture du livre de Dieulefit, il sut qu'il était arrivé à destination. C'était le même quai et la même maison à colombages : le repaire du monstre. Benjamin devait s'y trouver prisonnier, du moins l'espérait-il. Ses réflexes de défense, acquis à l'armée, lui revinrent en un instant. Il se coucha dans l'embarcation et la laissa filer au gré du courant, la guidant cependant au gouvernail vers la terre ferme. À l'abri des regards, il fixa le bout à une racine et s'équipa à la hâte. La lampe électrique dans une poche, la boîte de balles dans une autre, il escalada la rive.

Dans le parc à l'abandon, Skolvan progressait avec prudence en se dissimulant derrière les arbres. De plus près, il découvrit l'état de décrépitude de la vaste demeure. Certains volets pendaient dangereusement et menaçaient de tomber. Des planches barricadaient les portes-fenêtres du rez-de-chaussée. Du temps de sa splendeur, cette villa devait être fort belle. Une véranda ruinée en attestait. Skolvan y repéra les restes momifiés d'un salon de jardin en rotin. Il y a bien longtemps, un jour de grande détresse, les propriétaires avaient dû fermer les portes et les fenêtres, jeter la clé dans le fleuve et partir pour ne jamais revenir.

Skolvan prit la véranda pour cible. Il se mit à courir aussi vite que sa fatigue le lui permettait. Il atteignit le mur. La respiration sifflante, les narines
pincées, le teint blême, il constata avec désagrément
qu'il n'avait plus ses jambes de vingt ans. Elles étaient
cisaillées par l'effort à hauteur des cuisses.

La véranda s'ouvrait à tout vent. Aucune vitre
n'avait résisté au temps et aux vandales. Une croûte de
moisissure couvrait le carrelage disjoint par endroits.
Le toit éventrée de la verrière laissait couler du lierre
qui dégringolait de la façade. Skolvan écarta le mur
végétal et tira d'un coup sec sur l'un des volets. Le crochet céda. Il saisit son arme, fit sauter le cran de sécurité et avança avec précaution son visage près de la
vitre.

Le salon, tout en longueur, était meublé, mais l'obscurité empêchait d'en discerner les détails. Du coude,
il brisa le carreau, saisit la poignée et fit jouer la cré-
mone. La porte-fenêtre s'ouvrit vers l'intérieur d'un
coup de pied. Si Dieulefit se trouvait dans la maison, il
devait maintenant être averti de la présence d'un visiteur.

Skolvan fit un pas en avant. Le verre brisé crissa
sous ses semelles. Il discernait dans la profondeur du
salon des formes étranges et figées. Certaines avaient
des contours humains. Son imagination enfiévrée lui
jouait des tours. Là où il n'y avait sans doute rien
d'anormal, il voyait des êtres hybrides, mi-monstres,
mi-hommes, prêts à le déchirer à coups de griffes. Par
le passé, il avait connu des expériences extrêmes au
cours desquelles ses nerfs avaient été mis à rude

épreuve. Mais, à l'époque, l'ennemi était toujours iden-
tifiable : intégristes, terroristes, mercenaires… Aujour-
d'hui, il pénétrait dans un univers infiniment plus
dangereux, sulfureux, irrationnel, perverti par la
démence. Il se méfiait des pièges que Dieulefit pouvait
lui tendre. Il repoussa violemment les volets pour y
voir clair.

La lumière éclaboussa le salon. Aucun dragon
fabuleux ne lui sauta au visage. Ces spectres n'étaient
que des mannequins. Il demeura cependant ébahi sur
le seuil de la porte-fenêtre. La pièce était un musée
oublié. Les statues de cire alternaient avec des vitrines.
Les murs étaient tapissés d'objets guerriers entrecroi-
sés : des piques, des pointes, des lames… Le mannequin le plus proche de lui retrouvait des couleurs dans
la lumière du jour. Il avait un faciès indien. Sa tête
coiffée d'un crâne de bison cornu, sa peau outrageu-
sement peinte en brun et son nez busqué comme le
bec d'un aigle lui donnaient l'air d'un banal fantoche.
Le danger et le mystère avaient disparu. Cependant,
sa tenue en peau d'antilope, frangée et magnifique-
ment décorée de perles de verroterie multicolores,
étincelaient dans la semi-obscurité.

Skolvan, pour redonner vie à ces objets archaïques,
ouvrit une fenêtre et força sur les volets. Des planches,
côté jardin, empêchaient l'ouverture. Une brusque
poussée fit craquer l'obstacle. Un flot de lumière blessante déferla dans la pièce, révélant la poussière accumulée par des années d'oubli.

À l'étage, dans une chambre, Dieulefit était assis
sur un lit, tout habillé. Un énorme édredon, gonflé de

plumes, lui couvrait les jambes. Il venait d'être tiré du
sommeil par les craquements du rez-de-chaussée. Il se
leva sans bruit, glissa les pieds dans des bottes four-
rées et saisit son lourd manteau de cuir. Convaincu
qu'un visiteur se promenait dans la maison, il empoigna le natoas.

Skolvan passait d'une vitrine à l'autre. Il y découvrait des objets surprenants, appartenant aux temps
héroïques des premiers contacts entre les Indiens et
les Blancs : des boucliers en peau, ornés de motifs zoo-
morphes ; des poupées en bois, représentant les dieux
de la guerre ; des tabliers de danse perlés, réservés aux
cérémonies sacrées ; des casse-tête à l'extrémité en
forme de boule, incrustés de nacre et de cuivre... La
richesse de cette collection privée l'émerveillait. La
galerie d'armes blanches surtout l'impressionnait par
sa diversité. Les vulgaires couteaux à scalper succédaient aux lames d'épée gravées et aux fines baïon-
nettes des fusils de traite du XVIIe siècle.

Un mur s'ouvrait sur un couloir sombre comme un
four. Skolvan abaissa un interrupteur électrique. Pas
de courant. Il braqua la torche vers ce trou noir. Le
faisceau lumineux accrocha des visages grotesques
fixés aux murs. Les masques se perdaient dans la profondeur et l'obscurité du couloir. Il décida de braver
ces faces terrifiantes qui le menaçaient de leurs yeux
vides. Certains étaient en bois peint, d'autres en terre
cuite, d'autres encore en cosses de maïs. Ils appartenaient à toutes les aires culturelles de l'Amérique du
Nord.

Au fur et à mesure qu'il progressait, il croisait des portes closes. Le silence de la maison l'oppressait. Le froid qui y régnait glaçait ses os. Il aurait voulu effacer les sourires agressifs ou moqueurs de ces masques, gardiens muets d'un monde encore plus effrayant. Il évitait de les regarder, se concentrant sur cet obscur cul-de-sac vers lequel le couloir semblait mener.

Des planches occultaient une fenêtre, laissant passer des rais de lumière entre les interstices, permettant de distinguer un escalier en chêne qui grimpait à l'étage. Skolvan posa le pied sur la première marche. Elle grinça affreusement. La deuxième poussa une plainte encore plus lugubre. Cependant, il poursuivit son ascension.

Dieulefit recula dans l'encoignure d'une porte du palier. Il venait de découvrir avec stupéfaction Skolvan qui montait vers lui. Il avait surtout vu l'arme à feu qu'il serrait dans son poing. Son bâton en bois ne pesait pas lourd contre cet énorme pistolet. Il réalisa, dans un mouvement de panique qui lui fit ébranler la porte du talon, que sa vie était en danger.

Ce bruit arrêta Skolvan. Les nerfs à vif, le doigt crispé sur la détente du Colt, il sondait de la torche la partie visible du palier. Des cognements réguliers, provenant des profondeurs de la maison, détournèrent son attention. Leurs résonances grimpaient, depuis les fondations jusqu'à lui, à travers la canalisation du chauffage central. Ils étaient forcément d'origine humaine puisque l'eau ne circulait plus depuis longtemps dans les tuyaux. Il redescendit les marches.

Le faisceau de la lampe le guida sous l'escalier du rez-de-chaussée. Il y découvrit une porte basse qui s'ouvrait sur les marches en pierre de la cave. L'obscurité y était aussi épaisse que dans un puits. Skolvan chercha dans une profonde respiration le courage de poursuivre. Enfant, il avait été gavé par ses parents d'histoires terrifiantes d'ogres et de loups-garous dont les repaires occupaient les sous-sols des maisons hantées. Il pensait qu'un fond de vérité était à l'origine de ces croyances populaires. La peur qu'il ressentait naguère avant de s'endormir, bercé par ces récits fantastiques, n'avait rien de comparable avec celle qui l'envahissait aujourd'hui à mesure qu'il descendait cet escalier étroit aux murs crayeux. Le froid humide de la terre lui saisissait les jambes, lui nouait le ventre, lui oppressait la poitrine. Les cognements cessèrent et la lampe émit des signes de faiblesse. Il fut sur le point d'abandonner. Sans l'aide de la lumière, cette descente aux enfers était au-dessus de ses forces.

Il sentit sous ses pieds de la terre battue. La maison était construite sur des caves voûtées dans lesquelles un homme pouvait tenir debout. Une lueur grise, au ras du plafond, tombait d'un soupirail aux vitres encrassées et grillagées. Il aurait pu éteindre sa lampe. La clarté était suffisante pour distinguer les détails du bric-à-brac qui encombrait un établi et des étagères. Il fouilla d'une main tremblante parmi des pots de peinture végétale et des flacons de somnifère. Il découvrit, sous des chiffons, des portefeuilles, des papiers d'identité, le livret militaire de Jésus Rios. Les preuves s'accumulaient. Son pied foula un objet mou. La lampe lui révéla un amas d'habits usagés et crasseux, jetés pêle-mêle contre le mur. Il reconnut le pantalon, le pull et le blouson de Benjamin. Au même moment, la résonance contre la tuyauterie du chauffage central retentit de nouveau, plus près, plus fort. Skolvan se redressa et balaya la cave avec la torche. Un casier à bouteilles masquait en partie une planche dressée contre un mur.

Le fracas du verre brisé sur le sol fut épouvantable. Skolvan avait rageusement bousculé le casier et la planche. Ils dissimulaient un couloir au bout duquel se dessinait la forme demi-ronde d'un autre soupirail. Le bruit contre la canalisation avait cessé. Le couloir en terre battue desservait des portes en bois brut, certaines ouvertes, d'autres fermées par une simple targette, toutes percées au centre d'un judas en forme de cœur. Skolvan colla son œil au premier trou. Il s'écarta de la porte, comme stupéfait, et ferma les yeux. Des larmes le submergèrent. Benjamin était vivant, là, dans la chaufferie, assis à même la chape en ciment, vêtu de son seul slip, chaussé de ses baskets, un quart militaire cabossé à la main. Son corps était entièrement peint de bandes blanches et jaunes.

Skolvan tira la targette et se précipita dans la pièce. Benjamin sursauta en découvrant son père. Skolvan tomba à genoux et étreignit son fils. La cave était un tombeau. Il ôta son blouson et couvrit le corps glacé de l'enfant. Il lui saisit le visage à deux mains. Benjamin pleurait. Ils mêlèrent leurs larmes. Il le coiffa de son bonnet. Il lui frictionna le dos et les cuisses. Il pleurait et il riait. Il lui insufflait sa vie, sa chaleur. Il lui murmurait des mots tendres, des mots d'amour comme seul un père peut en dire à son enfant. Benjamin se pelotonnait contre lui. Il n'avait pas lâché le quart militaire. Skolvan comprit que cet objet, cogné contre le tuyau de la chaudière, avait guidé ses pas. Il décrispa un à un les doigts de Benjamin de l'anse et l'aida à se lever. Il fallait quitter ce trou infect aux murs rongés de salpêtre, souillés de graffitis obscènes, griffés des ongles de ceux qui ne voulaient pas mourir…

Leur fuite fut éperdue. Skolvan tenait son fils par la taille et courait sous les rires muets des masques du couloir sans lumière. Benjamin touchait à peine le sol. Le faisceau de la lampe dirigeait leurs pas vers la lumière provenant du salon. Ils se laissèrent happer par elle. Ils traversèrent le musée, bousculant au passage une peau d'ours qui couvrait le mannequin d'un chaman. Le sorcier battit des bras d'un air courroucé avant de s'écraser sur une vitrine qui vola en éclats.

Le natoas cueillit Skolvan en plein front au moment où il atteignait la véranda. Il bascula brutalement en arrière et s'affala de tout son long. Une entaille profonde libéra un flot de sang. Benjamin poussa un hurlement de terreur, un cri rauque dont il fut le premier surpris. Il échappa in extremis au coup que Dieulefit lui destinait. L'adolescent poussa dans les jambes du tueur un fauteuil en rotin qui se désagrégea en dégageant une poussière de moisissure. Dieulefit trébucha dans les restes pourris du siège. Benjamin en profita pour s'enfuir, faisant preuve d'une vélocité insoupçonnée. En un clin d'œil, il disparut sous les grands arbres du parc, dans l'enchevêtrement de la nature à l'abandon. Dieulefit poussa un cri de

rage. Il fracassa le fauteuil d'un coup de natoas pour
s'ouvrir un passage et se lança à sa poursuite.

Skolvan, étendu sur le parquet du salon, eut un sursaut de conscience et tenta de redresser la tête. Ses
paupières, engluées par le sang de la blessure, battaient d'affolement. Le Colt ! L'arme était coincée dans
sa ceinture. Il tâtonna son ventre à la recherche du pistolet. Ses doigts rencontrèrent la crosse en ivoire. Il
gémit faiblement. Sa conscience lui échappait. Il
devait la retenir, mais elle s'effilochait. Il s'agita, se
débattit, luttant pour ne pas sombrer dans ce monde
des ténèbres. L'obscurité se fit de plus en plus épaisse.
Il vit encore Benjamin, le corps zébré de jaune et de
blanc. Le jaune devint noir et le blanc, gris, puis à son
tour, noir, et puis plus rien…

Dieulefit enrageait. Il décapitait les orties géantes
à coups de natoas. L'enfant était introuvable, volatilisé
comme un colibri. Le tueur ne pouvait pas soupçonner que Benjamin, grâce à son extraordinaire agilité,
avait trouvé refuge dans un arbre centenaire. Cette
position perchée lui permettait de surveiller sans être
vu les allers et venues de l'adulte. L'adolescent avait un
sourire triomphant. Il était aussi agile que Quasimodo
dans les tours de Notre-Dame. Il se crut même capable
d'atteindre de branche en branche, sans remettre le
pied à terre, le mur d'enceinte qui clôturait la propriété.

Dieulefit sembla abandonner la partie. Il s'en
retourna d'un pas lourd de menaces vers la véranda.
Peu de temps après, Benjamin le vit tirer par les pieds
son père inanimé. Il faillit pousser le même cri rauque,

mais sa bouche s'ouvrit sur un silence pathétique. Le tueur traînait le corps vers le bord de Seine. De son perchoir, Benjamin apercevait le ponton flottant et l'arrière de la barque en aluminium vers laquelle se dirigeaient l'homme et son père.

Le manège de Dieulefit dura une demi-heure. Benjamin ne cessait de l'observer. Il entrait dans la maison et en ressortait peu après chargé d'un sac, d'un rouleau de corde, de pots de peinture. Il était cependant trop éloigné pour distinguer ce qui se manigançait dans la barque. Benjamin eut l'impression qu'il ligotait les mains et les pieds de son père et qu'il le recouvrait d'une bâche. Lorsque l'embarcation piqua vers le milieu du fleuve et disparut à contre-courant, Benjamin se résolut à descendre de son poste d'observation.

Il courut vers l'enceinte et la longea, le nez au ciel, à la recherche d'une branche susceptible de le porter assez près du faîte du mur pour y prendre appui et sauter à l'extérieur. Il jeta son dévolu sur un châtaignier gigantesque dont les ramifications monumentales s'étendaient dans toutes les directions. Avec le sérieux d'un petit homme, il fit glisser la fermeture Éclair du blouson de son père jusqu'au menton et, sans cesser de fixer le but à atteindre, évalua ses chances de réussite. Benjamin était alerte et vif comme un ouistiti. Chaque veine de l'écorce était une prise ; chaque nœud du tronc, un appui. Il atteignit la première branche basse, roula autour dans un mouvement de liane, et s'y trouva accroupi le plus naturellement du monde.

La suite fut un jeu d'enfant. Il marcha en équilibre

vers le mur. Lorsque la branche devint trop étroite, il progressa à quatre pattes comme un chat. Le mur était sous lui. Il n'eut qu'à se laisser pendre. Les pointes de ses baskets touchèrent la mousse des pierres faîtières. Il lâcha prise.

Une route déserte longeait d'autres propriétés dont il ne voyait pas les habitations. Un talus, adossé au mur, se creusait pour former un fossé de drainage des pluies. Benjamin sauta à pieds joints, roula sur lui-même et se redressa sans dommage. Il était libre.

Dieulefit tenait la barre de la barque et remontait le fleuve à plein gaz. Skolvan, à ses pieds, se tenait tranquille sous la bâche. L'île était en vue. Brusquement, le tueur se réfugia sous le dôme d'un saule sans couper le moteur. Un hélicoptère de la gendarmerie stationnait au-dessus de la coiffe de végétation qui couvrait l'île. Des Zodiac, chargés d'hommes en noir, quittaient la berge et traversaient la Seine. Dieulefit s'affola de la fumée que répandait autour de lui le moteur au ralenti. Au même instant, Skolvan s'agita sous la bâche. Dieulefit le calma d'un coup de pied rageur avant d'exécuter un rapide demi-tour. Son territoire secret ne l'était plus.

Un caducée d'infirmière occupait l'angle du pare-brise d'une Peugeot 205. Une jeune femme, l'esprit accaparé par une malade qu'elle venait de piquer dans l'espoir de soulager sa souffrance, conduisait sans hâte lorsqu'elle croisa sur le bord de la route un drôle de petit bonhomme. Dans la plupart des familles, on s'apprêtait à fêter Noël. Les cadeaux s'amoncelaient au pied des sapins. Les ménagères s'affairaient dans les cuisines, finissant de farcir les dindes ou de napper les bûches. Et voilà qu'un gamin se promenait seul, à moitié nu et à la tombée du jour, dans un quartier isolé de cette lointaine banlieue. Elle jeta un coup d'œil dans le rétroviseur. L'adolescent ne s'était même pas retourné au passage de la voiture. L'impression qu'elle avait eue en le croisant se révélait juste : ses jambes étaient peintes de zébrures jaunes et blanches. Elle freina et repartit en marche arrière. Elle le dépassa de nouveau et s'arrêta pour l'observer.

Il était vêtu d'un blouson d'homme dans lequel il flottait et d'un bonnet de laine comme en portent les marins. Elle imagina un instant un aliéné évadé d'un asile. Elle n'était pas loin de la vérité. Elle vit, à travers le pare-brise, ses joues creusées de deux sillons de larmes qui effaçaient les traits jaunes et blancs de son visage peint. Ses lèvres s'ouvraient et se fermaient à un rythme régulier. Elle abaissa la vitre et l'entendit parler. Il répétait inlassablement :

– Benjamin Skolvan, Benjamin Skolvan, Benjamin Skolvan...

La nuit tombait. Narval se trouvait au cœur du dispositif qu'il avait mis en place. L'hélicoptère bourdonnait au-dessus de sa tête. Les hommes de la Criminelle et ceux de la brigade anticommando en tenue de combat avaient investi le périmètre autour de la cabane. Dunoyer s'approcha du commissaire en tenant du bout des doigts l'emballage vide de la brique de lait.

– Il semble qu'il ait passé la nuit là, annonça prudemment le jeune homme qui avait constaté l'humeur exécrable de son patron.

– Vous pouvez dire à ce putain d'hélicoptère de foutre le camp ! meugla-t-il.

– À vos ordres.

Dunoyer exécuta un demi-tour.

– Lieutenant !

Dunoyer fit volte-face. Il détestait ce ton autoritaire de militaire à la retraite, cet air arrogant de vieille ganache. Il toisa le commissaire comme s'il avait affaire à un vulgaire adjudant de compagnie.

– On plie bagages ! brailla Narval, furieux après lui-même. On ne trouvera rien ici !

Dunoyer modifia son jugement. Ressentant le dépit du commissaire d'avoir perdu la trace de Skolvan, il partagea son désarroi et acquiesça d'un signe de tête.

La troupe se replia sur la casse de Gab Lucas. Sous les phares des véhicules de police, les amas de tôles des péniches déchiquetées apparaissaient comme des sculptures métalliques d'expression contemporaine. Mais personne n'était vraiment sensible à l'art spontané de la ferraille empilée. Lucas, une canadienne jetée sur ses épaules et la chienne grelottant dans ses bras, battait en retraite vers sa masure. Narval, à bout de nerfs, courait derrière lui.

– Monsieur Lucas, je vous ordonne de vous arrêter immédiatement !

– Et puis quoi encore ! s'exclama le ferrailleur en poursuivant son chemin comme si de rien n'était. J'ai une roteuse au frais, une ballottine de canard à partager avec La Glue II, et une petite bûche rien que pour

ma gueule! Et vous voulez que je me gèle les miches
à écouter vos conneries! On est pas des bêtes! C'est
Noël!

– Vous avez envie de passer le réveillon au trou?

Lucas freina et fit front avec un calme qui augurait
un redoutable coup de tabac.

– Des menaces? Viens, La Glue II, ces gens ne sont
pas de notre monde!

Dans une raideur comique, il pivota et s'enfonça
avec mépris dans la nuit.

– Emballez-moi cet énergumène! hurla le commissaire.

Une cavalcade s'ensuivit. Des policiers se saisirent
de Lucas qui, faute de pouvoir se servir de ses poings,
rua comme un roussin irascible. L'obscurité masqua
sans doute des coups vicieux, mais pas les plaintes de
ceux qui rencontrèrent les bottes du ferrailleur. Ses
injures abominables dont la plus douce était « tarés »,
et les aboiements hystériques de la chienne mirent
l'exaspération des policiers à son comble. Ils couchèrent Lucas sur le sol pour le maîtriser et chassèrent la
chienne pour lui fermer le clapet.

Narval, navré de ces débordements et usé par la
fatigue, laissa échapper un soupir accablé. Il se reprochait souvent son manque de patience et de psychologie. Ce soir encore, il n'avait pas pris le temps de lire le
mode d'emploi de cet individu. Il reconnaissait secrè-
tement que l'usage de la force donnait parfois de bien
médiocres résultats. Il eut presque pitié de ce type qui
vociférait des injures, la bouche tordue dans la boue
séchée de la casse. Son apitoiement fut de courte
durée. Il se mit à rêver d'une bière fraîche au comp-

toir du bistrot en bas de chez lui avant d'aller réveillonner avec une bande de copains dans un restaurant du quartier.

La réalité serait tout autre. Son téléphone cellulaire sonna. Il le porta à l'oreille.

– Narval, j'écoute...

Son visage exprima d'abord la stupéfaction, puis une joie sauvage, accompagnée d'un bruit de bouche de jubilation. Il raccrocha et rameuta sa troupe.

– Lâchez ce type! On lève le camp! On a retrouvé le môme! Le fils de Skolvan!

– Vivant? demanda un policier en se portant à sa hauteur.

– Oui, vivant!

Benjamin était assis sur une chaise dans le bureau de l'officier de permanence de la gendarmerie de Villennes. Une couverture lui réchauffait les jambes. Il buvait à petites gorgées un breuvage chaud dans un bol. Un fonctionnaire enregistrait la déposition de l'infirmière sur ordinateur. La porte s'ouvrit sur un commandant, suivi de Narval et de quelques-uns de ses hommes. Leurs regards convergèrent vers Benjamin dont le visage conservait des traces de peinture. Il continuait de siroter le bouillon en manifestant à leur égard une indifférence absolue.

– Il ne parle pas, dit platement le commandant.

– Oui, je sais, répondit Narval. Il est handicapé. Enfin... il parle pas, quoi... Où a-t-il été retrouvé?

L'officier pointa, sur une carte murale de la commune, l'emplacement exact où Benjamin avait été récupéré par l'infirmière. Les lotissements boisés étaient hachurés ; les habitations dessinées avec précision ; la Seine coupait la carte en diagonale comme un serpent dolent.

– On perquisitionne aux alentours. On élargit peu à peu le cercle. Mais ce soir on est à court de personnel. C'est Noël...

Narval leva les bras au ciel comme s'il prenait le bon Dieu à témoin de la bêtise de fêter la naissance du Christ un soir comme celui-là. Il se tourna vers un homme de la brigade.

– Renforcez le dispositif des gendarmes avec tous les hommes disponibles.

Le policier quitta le bureau sans commentaire. Le commandant entraîna le commissaire vers une table où divers objets étaient étalés.

– C'est ce qu'on a trouvé dans les poches du blouson, dont une boîte de cartouches 11,43, dit-il d'un ton chargé de sous-entendus.

Narval inspecta des yeux le portefeuille de Skolvan, son téléphone cellulaire, les clés de la Volvo, des pièces de monnaie, un trombone tordu, la coquille vide d'un bigorneau blanchi par le sel de mer...

– On sait pourquoi le môme est peinturluré comme ça ? hasarda le commandant.

– Oui, répondit sèchement le commissaire en reportant son attention sur Benjamin.

Le gendarme pouvait mettre sa curiosité dans sa poche. Il n'en saurait pas plus.

– Comment s'appelle son copain ? lança Narval à la ronde.

– Camille, répondit Dunoyer.

– Faites-le venir... et la fille aussi.

L'absence de réaction sortit le commissaire de sa contemplation. Il se tourna vers ses hommes et remarqua l'air embarrassé du lieutenant.

– Quoi ? Qu'est-ce qu'il y a ? Vous allez encore me servir que c'est Noël ? demanda-t-il avec agacement.

– Elle est très choquée…

– Faites venir le copain et la fille immédiatement !

L'ordre était sans appel. Dunoyer fila sans demander son reste.

Skolvan avait repris connaissance sous la bâche. Il crut d'abord que la nuit, tombée, sentait le moisi. Il pensa même que le ciel était étoilé et que le monde flottait. Il s'agissait en réalité des trous qui constellaient la bâche et des mouvements que la Seine imprimait à la barque dans laquelle il était couché. Il s'agita et comprit que ses mains étaient ligotées et ses pieds entravés. Un coup de pied lui fit comprendre la précarité de sa situation.

Avec son réalisme habituel, il ne donnait pas cher de sa peau. Le couteau commando, attaché dans sa gaine à sa cheville, avait sans doute été subtilisé par Dieulefit. Toutefois, seul le sort de Benjamin le préoccupait. Il espérait que son fils avait réussi à s'échapper. Il prit conscience que les battements de son sang dans ses tempes étaient provoqués par les élancements de son entaille au front. La blessure avait cessé de saigner, mais le faisait souffrir. Ses paupières étaient lourdes de sang caillé. Il tordit plusieurs fois la bouche pour tenter d'écroûter son visage.

Peu à peu, les sensations lui revenaient. Il sentit le chanvre des cordes lui mordre la chair des poignets,

l'embarcation toucher le ponton. Lorsque Dieulefit
arracha la bâche, il ferma les yeux et fit le mort. Il se
laissa traîner sur le sol jusqu'au pied de la véranda. La
nuit tombait. Le tueur l'abandonna pour un temps au
cours duquel il chercha à repérer Benjamin dans le
parc. Sa position au ras du sol ne facilitait pas son
observation. Tout près de son visage, il remarqua des
débris de verre provenant de la véranda. Il rampa pour
s'en emparer.

– Alors, petite canaille, on est réveillé ?

Skolvan eut juste le temps de refermer le poing sur
un morceau de verre.

Le temps s'arrêta. Son immobilité lui faisait sentir
le froid cruel de la terre qui pénétrait dans son corps et
lui glaçait les os. Dieulefit allait et venait sans se préoccuper de lui. Il le vit préparer un bûcher avec l'excitation d'un inquisiteur réjoui à l'avance de brûler un
sorcier. Des brassées de branches mortes s'accumulaient en tas, non loin de l'orée du bois, au centre d'un
cercle d'arbres. À chacune de ses disparitions, Skolvan
en profitait pour entailler les cordes qui lui meurtrissaient les poignets. Dieulefit sortit de la maison avec
un fauteuil canné et posa un regard dépourvu d'émotion sur le prisonnier.

– Vos amis ont envahi mon île. Ils ont souillé le
cercle sacré. Peu importe. J'avais remarqué, il y a longtemps, des arbres là-bas, plantés en rond. Ce cercle
fera l'affaire. Les arbres se parlent entre eux. Vous
saviez cela ?

Skolvan se garda de répondre. La nouvelle de la
présence des policiers dans l'île lui réchauffa le cœur.

S'ils tenaient le même raisonnement que lui, il avait peut-être une chance de s'en sortir.

– Les arbres vous parleraient si vous saviez écouter. Le problème, avec vous, c'est que vous n'écoutez pas.

Dieulefit repartit vers la clairière avec le fauteuil. Skolvan recommença à tailler le chanvre qui lui liait les mains. Mais il dut interrompre cet exercice périlleux. Dieulefit revenait vers lui. Il savait par expérience que les psychopathes exigent une soumission totale de leurs victimes, la moindre résistance ou tentative d'évasion se soldant par une mort brutale et immédiate. Il devait se plier à ses exigences, éviter de le contrarier. Dieulefit lui saisit les pieds et le traîna vers le nouveau cercle sacré.

La nuit s'était installée. Skolvan eut un spasme de terreur lorsqu'il découvrit Dieulefit avec le couteau commando. Il crut sa dernière minute arrivée. Le tueur se pencha sur lui et taillada posément son pull et sa chemise. La lame était tranchante. Il éparpilla les lambeaux de vêtements sur le sol. Skolvan se retrouva torse nu. Il grelottait de froid et de peur car il venait de comprendre que Dieulefit le préparait à la danse du Soleil. Il se mit à crier :

– Tu es foutu ! Les flics seront bientôt là ! C'est toi qui l'as dit ! Ils sont dans l'île ! Ils arrivent !

Dieulefit se redressa et alla récupérer le natoas, dressé contre le fauteuil. Comme un golfeur, il visa la tête et frappa. Le coup ébranla Skolvan qui perdit connaissance.

Jeudi 25 décembre

– Minuit, chrétiens, c'est l'heure solennelle
Où l'enfant Dieu descendit parmi nous…

Dieulefit chantait à tue-tête. Son visage, éclairé par les flammes du bûcher, avait une expression diabolique. Le brasier, attisé par le vent, projetait des particules incandescentes. Il était minuit. La messe païenne de Noël pouvait commencer.

La douleur réveilla Skolvan, une douleur atroce. Le maître de cérémonie lui perçait la poitrine au-dessus du téton. Le sang qui s'échappait de la blessure se confondait avec les raies de peinture rouge et noire dont le tueur l'avait entièrement maquillé. L'incision au-dessus du deuxième téton fut encore plus insupportable. Skolvan poussa un hurlement affreux.

– Allons, ce n'est pas si terrible. Tenez, regardez…

Dieulefit ouvrit son lourd manteau de cuir et dénuda son ventre, puis sa poitrine qui portait les cicatrices du *sacrifice de soi* au dieu Soleil.

– Vous voyez, moi aussi j'ai participé à la danse du Soleil, il y a près de dix ans, en mémoire de mon frère, He Many Horses. Je vous raconterais peut-être son histoire si vous cessez de crier.

Skolvan ne voyait rien, n'entendait rien. Il ne sentait plus que cette brûlure épouvantable dans la poitrine. Les maux de tête, les douleurs de son corps meurtri disparaissaient sous cette souffrance qui lui déchirait le cœur. Il ne se rendit même pas compte que Dieulefit enfonçait dans ses chairs les broches du cérémonial.

> *– Minuit, chrétiens, c'est l'heure solennelle*
> *Où l'enfant Dieu descendit parmi nous*
> *Pour effacer la tache originelle*
> *Et de son père apaiser le courroux...*

Dieulefit, amusé par la cocasserie de la situation, interprétait le chant de Noël avec une conviction moqueuse. Il tira sèchement sur les deux cordes qui coulissaient sur une branche. Leurs extrémités se terminaient par des nœuds coulants serrés sur les broches. Skolvan laissait échapper à chaque traction exercée sur ses chairs meurtries des gémissements pitoyables. Son dos, puis ses fesses décollèrent du sol gelé. La peau de sa poitrine était démesurément étirée par le poids de son corps. Bientôt, seuls les talons de ses chaussures touchèrent encore la terre.

– N'est-ce pas une coïncidence merveilleuse ? Le soir de Noël ! Pendant que les chrétiens bénissent dans la prière la descente du Christ parmi les hommes, vous vous apprêtez à monter vers le Pays de l'Hiver éternel où le Grand Esprit vous attend ! Sachez apprécier ce bonheur, mon cher Heol !

Skolvan tournait sur lui-même à un mètre du sol. Il paraissait inconscient. Cependant, les yeux fermés, il s'efforçait de maîtriser la douleur lancinante qui irradiait sa poitrine. Elle se répartissait également des deux côtés. Les élancements étaient réguliers, maintenant presque supportables. Le froid devait agir comme un anesthésiant. Son esprit écorché par la souffrance fonctionnait à toute vitesse. Il passait en revue tous les scénarios possibles. Le plus pessimiste lui laissait entrevoir sa fin tragique : ses chairs ne résistaient pas au poids de son corps ; il tombait sur le sol ; il était alors sauvagement tué, le cœur perforé d'un coup de natoas. Le plus optimiste lui permettait de retrouver sa liberté : il réussissait à couper les liens de ses poignets à l'aide du morceau de verre qu'il avait miraculeusement conservé dans son poing. Il l'enfonça dans la paume de sa main. Cette douleur lui parut dérisoire comparée à celle de la poitrine, mais elle eut l'avantage, sans les annuler, de rendre l'une et l'autre tolérables. Il devait se concentrer sur ce bout de verre, guetter les gestes de Dieulefit, profiter de ses absences pour couper peu à peu le chanvre qui mordait la chair de ses poignets.

Dieulefit noua les extrémités des cordes au tronc d'un arbre et contempla son œuvre avec fierté. Le corps du supplicié, le dos cambré, les jambes pendantes, continuait de tourner sur lui-même. Les flammes du feu de bois baissaient d'intensité. Le tueur jeta une bûche dans les braises. Elles explosèrent dans la nuit en même temps que son rire vainqueur.

– Votre participation à la danse du Soleil va au-delà de mes espérances. Vous êtes presque le modèle parfait. Une âme de guerrier, un corps athlétique, un passé chargé...

Le tressaillement de Skolvan ne lui échappa pas. Il alla s'asseoir dans le fauteuil en se délectant du spectacle qu'il avait mis en scène.

– Eh oui, mon cher Heol, je me suis intéressé à vous ces derniers temps. J'ai beaucoup appris sur votre compte. J'ai d'abord lu votre littérature. Très universitaire, un peu barbante, mais instructive sur votre personnalité. Ce qui vous manque dans votre relation aux… Comment les appelez-vous ? « Les schizophrènes paranoïdes »… Ce qui vous manque, c'est l'expérience ! Grâce à moi, voilà une lacune comblée !

Il ramena sur ses jambes une couverture rouge et exprima par un soupir de contentement le plaisir du confort au coin du feu.

– Vous savez, ce qui compte dans la quête de la vision, ce n'est pas la méthode, mais le résultat, la qualité du rêve. Le jeûne, le percement des chairs, le sacrifice de soi, tout cela n'est rien. Car, lorsque le rituel est achevé, la douleur est oubliée. Mais le rêve demeure. Il vous accompagne. Il vous porte. Il vous aide à vivre. La réalité n'est jamais aussi parfaite que le rêve.

Dieulefit monologua ainsi pendant près d'une heure. Il donna une fois un coup de natoas dans les jambes de Skolvan pour s'assurer que son commentaire sur les bienfaits de la danse du Soleil n'intéressait pas seulement les chauve-souris venus se brûler les ailes aux flammes du bûcher. Satisfait de l'attention de son auditeur, qui poussa un vague grognement, il poursuivit jusqu'au moment où le froid lui parut trop intense. Il se réfugia alors dans la maison.

Skolvan, surpris du silence – même le feu ne crépitait plus –, ne put vérifier l'absence de son tortion-

naire. Il tournait le dos au brasier et au fauteuil vide.
Les cordes avaient fini par se stabiliser. Il n'osait pas
leur imprimer de mouvements de crainte de réveiller
la douleur. Il ouvrit les yeux et vit la branche qui le
supportait. Elle lui apparut comme un serpent mons-
trueux. Il trouva également l'obscurité épaisse et hostile. Mais il sut qu'il était toujours vivant et qu'il avait
fermement l'intention de le rester. Il recommença à
tailler les liens qui meurtrissaient ses poignets.

Skolvan ne réussit à délivrer ses mains qu'au petit
matin. La perspective de la liberté lui redonna une
folle énergie. Il agrippa une corde et se hissa à la force
des bras. Le soulèvement de son corps déchaîna des
douleurs atroces à l'emplacement des chairs torturées
par des heures d'étirement. Il dégagea une broche du
nœud coulant, puis l'autre. Libéré des cordages, il
lâcha prise. En touchant le sol, il se recroquevilla
comme un animal blessé. Son regard fiévreux fouillait
les abords de la maison à la recherche de Dieulefit. Il
ne le vit nulle part. À quelques pas, abandonné près
des cendres du feu éteint, il repéra le couteau commando qui avait servi à lui percer la poitrine. Il sauta
dessus d'un bond. Ses chances face au tueur augmen-
taient. Il coupa la corde qui entravait ses chevilles et
courut se mettre à l'abri dans le bois.

Malgré l'immense fatigue et la terrible souffrance,
à aucun moment il n'envisagea d'abandonner. Il devait,
d'abord, connaître le sort réservé à Benjamin ; ensuite,
capturer cette bête nuisible ; et, enfin, penser à se soi-

gner. Tapi dans un épais bosquet, il toucha du doigt les bâtonnets qui demeuraient enfoncés dans ses muscles pectoraux, provoquant un sursaut de souffrance. Il renvoya l'extraction des broches à plus tard, sous anesthésie et assistance médicale. Pour l'instant, il devait trouver un vêtement pour ne pas succomber au froid et attendre le moment propice pour terrasser son agresseur.

Dieulefit apparut peu de temps après en tenant une tasse remplie de café. Il ne remarqua pas tout de suite la disparition de Skolvan. Lorsque, à mi-chemin entre la véranda et le cercle sacré, il vit enfin les cordes se balancer sans le supplicié, il s'immobilisa de terreur et poussa un couinement de panique. La lame du couteau se posa sur sa gorge. Il lâcha la tasse qui explosa sur le sol. Skolvan, à présent maître de la situation, avait surgi dans son dos. L'attaque d'une sentinelle était un exercice qu'il avait répété maintes fois au cours de sa formation d'officier. Pendant son service actif, il n'avait jamais eu l'occasion de mettre en pratique la théorie. Mais, aujourd'hui, il devait retenir son bras de trancher la gorge à cet individu qui l'avait mis au supplice et avait tourmenté son fils. Il colla ses lèvres à son oreille et lui dit posément :

– Où est Benjamin ?

– Je vous en supplie, ne me faites pas de mal...

– Où est Benjamin ?

– Je ne sais pas. Il m'a échappé. Je n'ai rien fait...

– Écoute-moi, Dieulefit. Les Iroquois étaient des enfants de chœur comparés à moi, à ce que je vais te faire. Alors, tu as intérêt à me dire la vérité. Où est Benjamin?

Skolvan avait hurlé la question dans son oreille. Dieulefit grimaça. Terrifié à l'idée de subir des sévices, il se mit à pleurnicher.

– Je le jure… Je ne sais pas où il est… Cette créature est agile comme un singe…

– Encore un mot que tu vas regretter. Avance!

Skolvan le força à rebrousser chemin vers la maison. Il ne croyait pas à ce ton larmoyant. Les psychopathes, même dans les circonstances les plus défavorables, savent rester maîtres d'eux-mêmes et continuer à maîtriser l'art de la dissimulation, du mensonge et de la ruse. La rhétorique est pour eux une arme à double tranchant, aussi efficace que le couteau sur la gorge de Dieulefit. Skolvan avait appris à se méfier d'eux comme d'une maladie sournoise et mortelle.

Ils franchirent le seuil du salon. Dieulefit avait négligé le Colt 45. Skolvan poussa le tueur vers un fauteuil et se pencha pour récupérer le pistolet. La position courbée lui rappela cruellement la présence des broches dans sa poitrine.

– Assis! dit-il comme s'il parlait à un chien.

Dieulefit s'assit en agrippant les accoudoirs. Son regard sombre était fourbe et veule.

– Donne-moi ton manteau! J'ai froid!

Dieulefit s'exécuta. Il se leva et le tendit.

– Jette-le!

Le manteau en cuir atterrit aux pieds de Skolvan. De nouveau, la position penchée lui déchira la poitrine. Il lui commanda, du canon de l'arme, de se rasseoir. Ils s'installèrent face à face, à trois mètres l'un de l'autre, dans leurs fauteuils respectifs, comme de vieilles connaissances dans un club privé. Les Indiens fantoches semblaient les couver de leurs regards naïfs et bienveillants.

– Où est Benjamin ?

– Je vous l'ai dit. Il s'est enfui. Il m'a échappé…

Skolvan ne le crut pas davantage.

– Il y a le téléphone dans cette maison ?

– Non, rien ne marche.

– Tu as un portable ?

– Non.

Dieulefit afficha un sourire railleur. Il avait surmonté sa peur et recouvrait peu à peu son sang-froid et sa capacité à lire dans les pensées de son adversaire. Il commença son insidieux travail de sape.

– Il va falloir attendre vos amis de la police, dit-il d'une voix doucereuse à endormir les enfants. Ça va être long. Vous êtes épuisé. Vous avez passé une mauvaise nuit. Vous n'allez jamais tenir le coup.

– Ferme-la !

– Vous finirez par vous endormir. Mon manteau est chaud…

– Ferme-la, je te dis !

– Le bien-être va vous envahir. Vous laisserez tomber votre arme et…

Le bruit de la détonation leur déchira les tympans. Une vitrine vola en éclats sous l'impact de la balle. Le canon du Colt fumait. Dieulefit, effaré par la violence du coup de feu, se tenait l'oreille et fixait Skolvan comme s'il était un monstre de brutalité et de perversité.

– Vous ne respectez rien, mâchonna-t-il d'une voix sourde et haineuse.

– Ta gueule ! La prochaine est pour toi ! C'est moi qui pose les questions !... On est chez qui ici ?

– Chez ma mère. Elle est morte il y a quelques années...

– Tu l'as tuée ?

Dieulefit se dressa, horrifié.

– Vous êtes un salaud ! clama-t-il, sincèrement outré. C'est une honte de dire une chose pareille ! Ma mère était une sainte ! Je l'adorais ! J'ai été brisé par sa mort !

– D'accord, calme-toi. Explique pourquoi il y a une reproduction du tableau de del Sarto dans ta chambre à coucher à Paris.

Dieulefit se renfrogna comme un enfant buté. La même expression de haine sournoise figea ses traits.

– Vous êtes allé fouiner chez moi. Je n'ose pas imaginer dans quel état vous avez laissé mon appartement...

– Dévasté ! Réponds ! Pourquoi cet intérêt pour le sacrifice d'Abraham ?

– Parce qu'il est écrit dans la Genèse, chapitre XXII, verset 2 : « Prends ton fils, ton unique, celui que tu aimes, Isaac, et va au pays de Moriah et là offre-le en montée d'offrande sur l'une des montagnes que je te dirai. » C'est d'une immoralité sublime ! Offrir en sacrifice son propre fils ! Vous savez ce que ça veut dire, mon cher Heol, vous qui êtes né avec le couteau d'Isaac planté dans le cœur !

Skolvan brandissait le Colt d'une main tremblante vers la poitrine de Dieulefit. La clairvoyance de cet homme lui parut diabolique. Il aurait voulu en finir une fois pour toutes, viser la tête et presser la détente comme pour Maillard. Mais la hantise de cette histoire sans fin, de cette spirale infernale, de cette éternelle confrontation à l'image du père meurtrier, sa propre image, le terrifiait et paralysait son bras. Quant à Dieulefit, persuadé d'avoir percé le secret refoulé de Skolvan, il exultait et jouissait de la souffrance de l'autre. En quelques phrases, il avait inversé les rôles.

– Abraham dit à son fils : « Je ne suis pas ton père ! Je suis un assassin ! » N'est-ce pas magnifique ? C'est un rite de passage, un rite de mort. C'est le saut ultime hors de la raison et de la morale. C'est de la poésie pure, et les poètes sont des prophètes. Voilà pourquoi j'aime le mythe d'Abraham. Pas vous ?

Les recherches avaient repris au petit matin. En retrouvant Élisa et Camille, Benjamin avait manifesté une joie sauvage. La jeune femme s'était laissé prendre dans les bras par l'adolescent qui la serra fort contre lui. Depuis la veille, la police avait montré une certaine délicatesse pour atténuer le choc psychologique qui l'avait ébranlée. Elle portait encore autour du cou un bandage qui se confondait avec la pâleur de son visage. Malgré le repli sur elle-même qu'elle s'était imposé pour sortir du cauchemar, elle avait accepté de participer aux recherches dans le seul espoir de retrouver Skolvan.

Dès les premières lueurs de l'aube, une caravane de véhicules avait sillonné les rues désertes de Villennes. La voiture de Narval ouvrait la marche. Le commissaire avait somnolé une petite heure dans un fauteuil

de la gendarmerie. Épuisé, il laissait conduire
Dunoyer, qui ne valait guère mieux. Les adolescents à
l'arrière encadraient Élisa. Benjamin avait parfaitement compris l'enjeu de cette promenade matinale. Il
scrutait les murs des propriétés, cherchant à juxtapo-
ser l'image de la réalité avec celle de sa mémoire. Il
grogna soudain et trépigna d'excitation. Dunoyer
immobilisa le véhicule sur le bas-côté. La caravane se
gara derrière lui. Les portières s'ouvrirent. Benjamin
montra du doigt la branche de l'arbre grâce à laquelle
il avait réussi à s'échapper.

Narval traversa la route pour prendre du recul. Le
mur d'enceinte s'étendait sur plusieurs centaines de
mètres. Il était coupé au milieu par un portail rongé
de rouille. Dunoyer le rejoignit avec une carte de la
commune.

– C'est là, dit-il en pointant un doigt sur la carte. La
propriété donne de l'autre côté sur la Seine.

– On sait à qui elle appartient ?

– On sait à qui elle appartient ? répéta Dunoyer au
gendarme le plus gradé qui se trouvait près de lui.

L'officier répondit par la négative. Narval, accablé,
hocha la tête. Il composa un numéro sur son téléphone portable.

– Narval… Bonjour patron… Ah oui, joyeux Noël…
Les enfants ont eu leurs cadeaux ?… Ah, ils dorment
encore…

Le désir soudain de retourner en enfance lui traversa l'esprit. Il se racla la gorge pour effacer l'in-
flexion envieuse de sa voix et ne pas laisser paraître
son immense fatigue.

– On est au pied du mur si j'ose dire. Une propriété

apparemment à l'abandon. Oui, j'ai gardé le personnel de la BAC, plus une demi-douzaine de gars de la brigade et des gendarmes... D'accord.

Il raccrocha.

– Feu vert ! On fonce !

Les hommes de la BAC se dirigèrent au pas de course vers le portail. Élisa, sentant le dénouement proche, prit la main de Benjamin et la serra dans la sienne.

Dans le salon de la propriété, Dieulefit continuait d'exercer ses tortures psychologiques sur Skolvan.

– Au dernier moment, un ange apparaît et retient le bras d'Abraham. Il lui propose de remplacer le sacrifice de son fils par celui d'un bélier. Mais vous, vous n'avez pas écouté le porte-parole du Grand Esprit. Vous êtes allé au bout de votre folie. Vous avez sacrifié votre fils.

– Tais-toi !

– Quand j'ai préparé cette pauvre créature au rituel, j'ai vu la cicatrice sur son crâne...

– Ferme-la maintenant ! Je ne veux plus t'entendre !

– Je connais l'histoire de l'accident ! Un collègue à la fac de droit me l'a racontée !

Skolvan pointait l'arme dans la direction de Dieulefit. Il tremblait de rage, de douleur et de fatigue. Son index, glissé dans le pontet du pistolet, pressait peu à peu la détente.

– Je vois le tableau, aussi beau que celui de del Sarto : votre enfant pantelant, ensanglanté, immolé dans vos bras, son corps abandonné au bourreau, son père... Vous touchiez enfin le fond, le fond de l'abysse.

Et là, il n'y avait plus que vous et le reflet de votre monstruosité.

Les policiers de la BAC se déployaient dans le parc. Ils se servaient des troncs de grands arbres comme boucliers. La véranda était dans leur ligne de mire. Une détonation assourdie leur parvint de l'intérieur de la maison. Le chef de groupe donna l'ordre de se porter en avant. Ils se ruèrent de part et d'autre de la véranda et de la fenêtre ouverte et s'adossèrent au mur.

Le fauteuil de Dieulefit avait basculé sous l'impact de la balle. Le tueur était allongé sur le dos. Une tache de sang s'élargissait sur son pull à la hauteur de la poitrine. Il râlait. Des glaires rosâtres encombraient sa bouche et donnaient naissance à des bulles. Il étouffait.

Skolvan, le menton contre la poitrine, laissait pendre le Colt au bout de son bras. Il avait commis le geste qu'il redoutait de la part des policiers. Il avait tiré sur Dieulefit de sang-froid, comme sur Maillard. L'histoire se répétait comme une malédiction. Il ne réagit même pas lorsque les trois premiers hommes cagoulés firent irruption dans le salon.

– Jette ton arme ! hurla l'un d'eux.

Le Colt fit le bruit dérisoire d'un jouet en cognant le sol.

– Pousse-le du pied !

– Peux pas…, murmura Skolvan à bout de force.

Le policier, couvert par ses collègues, se rapprocha prudemment et fit valdinguer le pistolet à l'autre bout de la pièce. Dieulefit, en partie dissimulé par le fauteuil renversé, lui apparut. Il verrouilla la sécurité de son arme et parla d'une voix neutre dans son talkie.

– Terminé. Il y en a un salement amoché. Envoyez le toubib.

Les hommes en civil de la brigade, Narval en tête, se répandirent dans le musée oublié. D'un coup d'œil, le commissaire évalua la situation.

– Skolvan, bon Dieu, pourquoi vous l'avez buté ? s'exclama-t-il avec colère. Je croyais qu'il fallait le prendre vivant !

Skolvan reconnut la voix de Narval. Il releva péniblement la tête. Des larmes de honte et de souffrance avaient délavé la peinture rouge et noire de son visage. Son front et sa tempe, tuméfiés par les coups, formaient de terribles blessures. Narval n'était pas au bout de ses surprises. Lorsque Skolvan ouvrit le manteau de cuir et qu'il montra les broches enfoncées dans sa poitrine, le commissaire comprit le calvaire qu'il avait enduré. Il se mit à crier :

– Une civière, vite ! Dunoyer, appelez l'hélico pour une évacuation ! Putain, qu'est-ce qu'il fout ce toubib !

– Voilà, voilà, il arrive !

Un médecin pompier apparut, une mallette de premiers soins à la main. Il contempla un instant la poitrine de Skolvan d'un air médusé.

– J'ai jamais vu un truc pareil. Désolé, je peux pas lui enlever ces bouts de bois. Il faut l'évacuer sur l'hôpital le plus proche.

– Hé, toubib, l'autre s'enfonce ! cria un policier agenouillé près de Dieulefit.

Le médecin abandonna Skolvan. On apportait des

civières, des couvertures de survie et du matériel d'urgence.

– Où est Benjamin ? balbutia Skolvan.

– Ne vous inquiétez pas, répondit Narval en lui tapotant le bras. Il est là, dehors. Il va bien.

Skolvan ferma les yeux dans un soupir de soulagement. Il n'entendait plus le médecin qui pestait en tentant de sauver Dieulefit, ni les policiers qui commentaient bruyamment les événements. Il était tout à son bonheur de savoir son fils vivant.

Les retrouvailles eurent lieu dans le parc. Skolvan, transporté dans l'hélicoptère sanitaire qui avait trouvé une aire d'atterrissage devant la maison, tendit la main à Benjamin. L'enfant, autorisé à accompagner son père, connaîtrait son baptême de l'air. Élisa déposa un tendre baiser sur les lèvres du blessé avant que la porte ne se referme. Au moment où l'appareil s'élevait en chahutant la cime des grands arbres, un rayon de soleil déchira la grisaille du ciel et fit étinceler la carlingue.

Plusieurs mois plus tard

Une tapisserie ancienne, représentant une baccha-
nale en contradiction avec la gravité du moment et la
sévérité du lieu, couvrait le mur auquel était adossé un
jury de thèse, composé d'une femme et de trois
hommes derrière une longue table. Élisa leur faisait
face, elle-même assise à un bureau, mais si frêle et si
vulnérable dans ce décor suranné de la Sorbonne. Un
public nombreux se pressait dans son dos, sur des
chaises ou debout. Skolvan se tenait dans un coin,
adossé à une bibliothèque qui occupait le fond de la
pièce. La cicatrice de son front était encore visible. Le
conservateur du département Amérique du musée de
l'Homme, Petrus Mussenbroeck, le surveillait du coin
de l'œil comme s'il redoutait encore de sa part un geste
fantaisiste.

Après quatre longues heures de monologue sur le
thème de *L'Acculturation des Indiens d'Amérique du
Nord*, et une interruption pour le déjeuner, l'examen
avait repris. Les membres du jury, éminents professeurs d'histoire et collègues de Floris Dieulefit, avaient
fait preuve d'une attention et d'une sollicitude parti-
culières à l'égard de la jeune femme, dont ils connais-

saient l'histoire. La première question posée déborda immédiatement le cadre strict de la soutenance de thèse. Un membre du jury voulut savoir comment Dieulefit, un homme « si aimable, si charmant, si cultivé », en était arrivé là.

Élisa hésita. Elle aurait pu répondre que cette question n'était pas de sa compétence. N'osant pas se retourner pour trouver un encouragement dans le regard de Skolvan, elle se jeta à l'eau.

– Le récit de la vie de... mon professeur est banal. Une mère abusive et un père absent ont façonné la personnalité de l'enfant. Floris avait sans doute des prédispositions. Il racontait parfois à ses étudiants, pour justifier l'intérêt culinaire des Indiens pour le ragoût de chien, qu'il aimait, adolescent, torturer les animaux.

Un malaise flotta sur l'assistance.

– Un jour, il apprend – à l'époque, il a peut-être dix-huit ou vingt ans – qu'il a un demi-frère, un métis, du même âge que lui. Son père avait mis enceinte une Indienne, une jeune fille qui servait des repas aux routiers de Rapid City. Les deux frères se rencontrent là-bas. Très vite, ils développent une folle amitié. L'Indien s'appelle He Many Horses, *Celui qui possède des chevaux*. Floris évoquait parfois ses chevauchées fantastiques dans les plaines du Dakota en compagnie de ce jeune Indien dont il a toujours caché la parenté. Peu à peu, He Many Horses bascule dans la drogue et l'alcool. Il est tué une nuit d'un coup de fusil au cours d'une beuverie. Meurtre ou accident, on n'a jamais su la vérité.

Skolvan regarda sa montre. Il connaissait la fin de

l'histoire. Lorsqu'il quitta discrètement sa place, Mussenbroeck fit mine de ne pas le voir. Élisa l'aperçut du coin de l'œil glisser le long du mur et lui adresser un signe de tendresse. Concentrée sur son récit, elle ne lui répondit pas.

– Floris est brisé par cette disparition. C'est le premier facteur déclenchant. Il rentre en France et consacre sa vie à l'étude des Indiens d'Amérique du Nord. Opposant l'état de nature, l'Indien idéalisé, à la civilisation de l'homme blanc, fossoyeur de la culture indienne, il se sent confusément coupable de la mort de son demi-frère. Il est comme Caïn qui a tué le pâtre Abel. Les crimes commis par Floris Dieulefit étaient une quête spirituelle, la recherche du « guerrier purifié ». Comme il ne l'aurait jamais trouvé, il aurait continué à tuer…

Skolvan referma la porte sans bruit.

Il s'était longtemps demandé si, au cours du face-à-face dans le salon de la propriété, Dieulefit, sachant la fête finie, ne l'avait pas volontairement poussé à bout pour qu'il presse la détente du pistolet et le tue. Cette question l'obsédait. Maintenant que les mois avaient passé, que le temps avait cicatrisé les plaies, il ressentait le désir de vérifier cette hypothèse. Dieulefit avait survécu à sa blessure. Il vivait avec un poumon en moins dans l'aile psychiatrique de la prison de la Santé en attendant son procès en assises, qui ne manquerait pas de faire couler, après tant de sang, beaucoup d'encre.

Le psychiatre qui le guida dans les couloirs vétustes

de la prison avait la moitié du visage emportée par une tache de vin. Ils pénétrèrent dans une pièce austère, meublée d'une modeste table et de deux chaises. Une glace sans tain couvrait en partie un mur. Le psychiatre tourna la molette d'un rhéostat. La lumière baissa d'intensité. Celle de la pièce voisine, derrière la vitre, monta proportionnellement. Lorsque Skolvan fut dans l'obscurité, il vit un homme, assis sur un tabouret, qui lui tournait le dos. Une couverture rouge lui recouvrait la tête et les épaules, comme à une vieille femme.

– C'est un prisonnier modèle et un patient très calme, affirma le psychiatre en regardant l'homme au-delà de la vitre.

Skolvan eut un mouvement instinctif de défense lorsque Dieulefit pivota sur le tabouret et lui fit face. Son visage et son torse nu étaient peints de stries bleues et jaunes. Son regard avait une fixité redoutable, comme deux billes d'acier prêtes à fracasser la vitre protectrice. Il caressait du bout des doigts, avec une lenteur et une délicatesse insoutenables, l'horrible boursouflure qu'avait laissée la balle en pénétrant dans sa poitrine, à l'emplacement même de celle de la danse du Soleil.

– Vous connaissez la phrase de Nietzsche, demanda le psychiatre en veine d'érudition : « Quiconque combat les monstres »…

Skolvan le coupa d'un non tranchant.

– Il est au fond de l'abysse, certifia toutefois le médecin.

Skolvan laissa passer un temps avant de répondre :

– Non. Il en est loin. Il simule. Ne le relâchez

jamais. Dehors, il recommencera. Gardez-le ici jusqu'à la fin de ses jours.

– Vous voulez le voir ?

– Non merci.

Skolvan venait de comprendre, dans cette ultime rencontre, qu'il n'avait pas été le bras rédempteur qui ôte la vie pour sauver l'âme. Dieulefit, en le provoquant, n'avait pas appelé la mort. Il s'était prêté à un jeu pervers de plus. Skolvan avait appuyé sur la détente du pistolet et le coup était parti. Il n'y avait rien à ajouter.

Mes remerciements pour leur aide précieuse à :

Marcel Beaulieu
Stéphane Bourgoin
Vincent Copéret
Philippe Jacquin

Jacques Rouxel
Michèle et Gilbert Schlogel

LE PRIX DU QUAI DES ORFÈVRES, fondé en 1946 par Jacques Catineau, est destiné à couronner chaque année le meilleur manuscrit d'un roman policier inédit, œuvre présentée par un écrivain de langue française.

Le montant du Prix est de 5 000 F, remis à l'auteur le jour de la proclamation du résultat par M. le Préfet de police. Le manuscrit retenu est publié, dans l'année, par la Librairie Arthème Fayard, le contrat d'auteur garantissant un tirage minimal de 50 000 exemplaires.

Le jury du Prix du Quai des Orfèvres, placé sous la présidence effective de M. le Directeur de la Police judiciaire, est composé de personnalités remplissant des fonctions ou ayant eu une activité leur permettant de porter un jugement sur les œuvres soumises à leur appréciation.

Toute personne désirant participer au Prix du Quai des Orfèvres peut en demander le règlement à M. Éric de Saint Périer, secrétaire général du Prix du Quai des Orfèvres, 53, rue de Babylone, 75007 PARIS (01 47 05 87 84). La date limite de réception des manuscrits est fixée au 15 avril de chaque année.

Ouvrage réalisé en Aster
par Dominique Guillaumin, Paris

Imprimé en France par BRODARD ET TAUPIN
Usine de La Flèche, le 10-11-1997

N° d'édition : 5265 – N° d'impression : 1561T-5
35-17-0088-01/1
ISBN : 2-213-59888-6